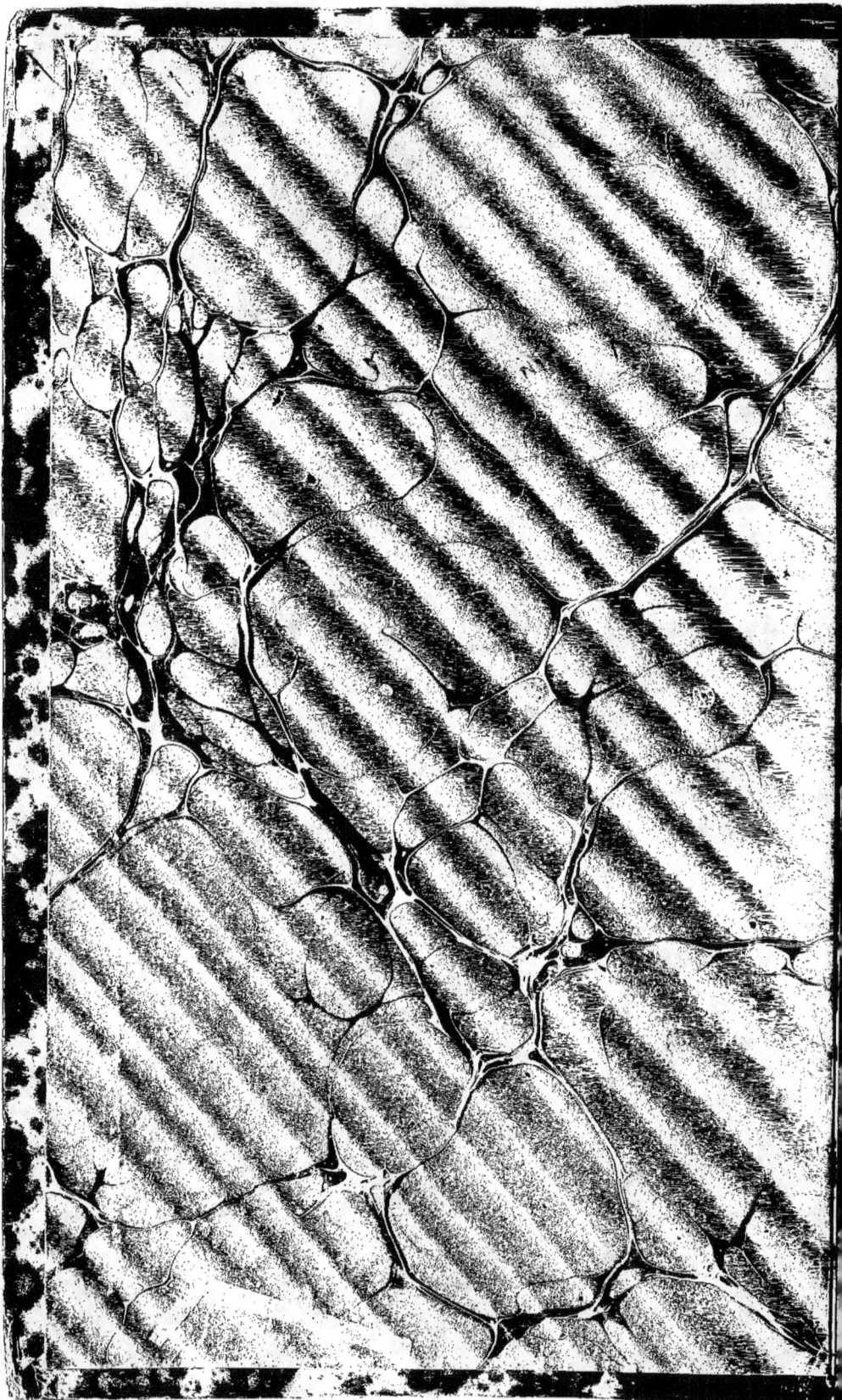

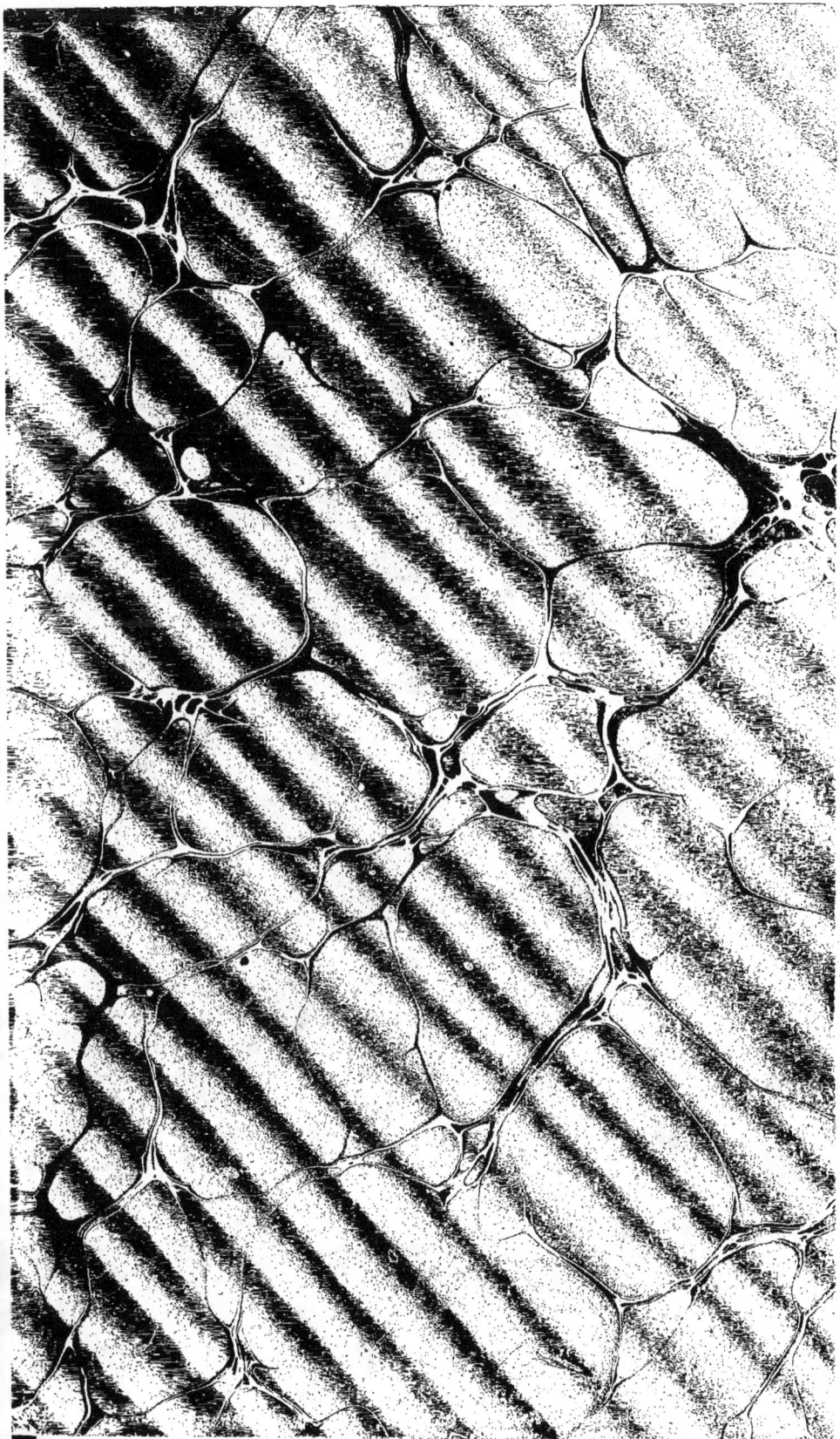

SOUVENIRS MILITAIRES ET INTIMES

DU

GÉNÉRAL Vᵀᴱ DE PELLEPORT

Bordeaux. — Imprimerie générale de Mme CRUGY, rue et hôtel Saint-Siméon, 16.

SOUVENIRS MILITAIRES ET INTIMES

DU GÉNÉRAL

Vᵀᴱ DE PELLEPORT

De 1793 à 1853

PUBLIÉS PAR SON FILS

SUR MANUSCRITS ORIGINAUX, LETTRES, NOTES ET DOCUMENTS OFFICIELS
LAISSÉS PAR L'AUTEUR,

Avec le portrait du Général, 2 fac-simile et 14 cartes spéciales.

TOME SECOND

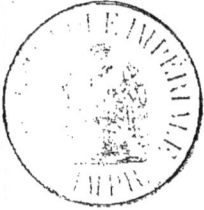

PARIS

DIDIER & Cᵉ, LIBRAIRES–ÉDITEURS, QUAI DES AUGUSTINS, 35.

BORDEAUX

P. CHAUMAS, LIB.-ÉDIT., FOSSÉS DU CHAPEAU-ROUGE, 34.

Réserve de tous droits.

1857

Fac-Simile de l'écriture du Général Vte de Pelleport
tiré du Manuscrit même de ses souvenirs

Tome 1er. Chap. III. Page 77

1797
Italie
Division
Massena
18e. brigade
2e ligne

Les avantages remportés par Bonaparte lui avaient coûté cher & les pertes essuyées dans les dernières journées avaient porté principalement sur les cadres qui s'étaient dévoués pendant toute à Arcole. les hopitaux, par suite de tout de combats et de fatigues étaient encombrés de fiévreux et blessés. Dans cet état des choses, il fallut se restreindre à une position d'observation, en face du Tyrol des armées impériales, s'occuper de la réorganisation des corps, attendre l'arrivée des renforts &c.

Campagne de 1809

Tome 1er. Chapitre X. Page 257

Autriche

Faits historiques
du 18e regt. de ligne

4me corps d'armée Mal Massena
3me Division — Gl. Legrand
1er brigade — Gl. Ledru
18e. regiment de ligne colonel Racine
et Pelleport.

Le 18me regiment de ligne, venu de la Vistule pendant les mois de novembre et décembre 1808, avait à son arrivée à Mayence en effectif sous les armes d'environ deux mille hommes formant cinq bataillons de guerre, les cadres laissaient à désirer, on y remarquait quelques officiers et sous officiers par l'âge et les services

+ fatigués

CHAPITRE PREMIER.

—

CAMPAGNE DE RUSSIE — LA MOSKOWA

1812

Le 18ᵉ de ligne, fort de 4,000 hommes, s'organise pour la guerre. — Il fait partie du 3ᵉ corps d'armée (maréchal Ney). — Entrée de la grande armée en campagne. — Passage du Niémen. — Situation de l'armée. — Prise de Witebsk. — Halte à Liosna. — Premier combat de Krasnoë. — Belle conduite du général Newerowski. — Prise de Smolensk. — Bataille de Valoutina. — Je suis nommé commandeur. — Difficultés des transports. — Prise de Viasma. — Nous atteignons les Russes. — Le champ de bataille. — La Moskowa. — Résultats de cette terrible affaire.

L'un des grands regrets que je puisse éprouver aujour-d'hui, c'est de penser qu'il me faudra peut-être mourir sans avoir pu lire dans Thiers l'histoire de notre immortelle campagne de Russie [1]. Seul, en effet, l'historien vé-

[1] Composition de l'armée de Russie :

Général en chef : S. M. l'Empereur et Roi.

Major général : S. A. le maréchal prince de Wagram.

1ᵉʳ CORPS. Maréchal prince d'Eckmühl. — *Divisions françaises :* Morand, Friant, Gudin, Desaix, Compans. — *Brigades légères :* Bordessoule et Pajol. — 65,000 hommes d'infanterie, 2,400 chevaux.

2ᵉ CORPS. Maréchal duc de Reggio. — *Divisions françaises :* Legrand, Verdier et Merle. — *Brigades légères :* Corbineau et Castex. — 32,000 hommes et 2,400 chevaux.

3ᵉ CORPS. Maréchal duc d'Elchingen. — *Divisions françaises :*

ritable et sérieux des armées de la République et de l'Empire saura rapporter d'une manière complète et im-

Ledru et Razout. — *Division wurtembergeoise :* Marchand. — *Brigades légères :* Mouriez et Beurmann. — 35,000 hommes et 2,400 chevaux.

4e CORPS. Le prince Eugène. — *Divisions françaises :* Delzons et Broussier. — *Garde royale italienne :* Division Pino. — *Cavalerie de la garde royale :* Villata. — 38,000 hommes et 2,400 chevaux.

5e CORPS. Maréchal Poniatowski. — *Divisions polonaises :* Ficher, Dombrowsky et Zayonschek. — *Cavalerie légère.* — 36,000 hommes et 2,400 chevaux.

6e CORPS. Maréchal Gouvion Saint-Cyr. — *Divisions bavaroises :* Deroy et de Wrede. — *Brigades légères bavaroises :* Preissing et Seidewitz. — 25,000 hommes et 2,400 chevaux.

7e CORPS. Lieutenant général comte Reynier. — *Divisions saxonnes :* Lecoq et Zeschau. — *Cavalerie légère :* Funk et Gablentz. — 24,000 hommes et 2,400 chevaux.

8e CORPS. Lieutenant général duc d'Abrantès. — *Divisions westphaliennes :* Orchs et Darreau. — *Cavalerie légère.* — 18,000 hommes et 1,200 chevaux.

9e CORPS. Maréchal duc de Bellune. — Divisions Partouneaux, Daendels et Girard. — 30,000 hommes et 2,500 chevaux.

10e CORPS. — Maréchal duc de Tarente. — *Division française :* Grandjean. — *Corps prussien :* Général Yorck. — *Cavalerie prussienne :* Général Massenbach. — 26,000 hommes, 3,000 chevaux.

Garde impériale. Maréchaux duc de Dantzig et duc de Tarente. — *Cavalerie.* Duc d'Istrie. — 32,000 hommes, 3,800 chevaux.

Réserve de cavalerie. 1er CORPS : Général comte de Nansouty ; divisions Bruyères, Saint-Germain et Valence. 7,200 chevaux. — 2e CORPS : Général comte de Montbrun ; divisions Watier, de France et Sébastiani. 7,200 chevaux. — 3e ET 4e CORPS : Général comte de Grouchy et général Latour-Maubourg ; divisions Kellermann, Lahoussaye, Chastel, Rosnietzky (polonaise), et Thielmann (saxonne). En tout 12,000 chevaux.

La division Doumec, forte de 2,300 sabres, fut détachée au 2e corps.

Corps autrichien (11e CORPS). Divisions Siegenthal, Bianchi et Trantemburg ; division de cavalerie Frimont. — 24,000 hommes, 6,000 chevaux. — Général en chef : Prince de Schwartzemberg.

Total général : 385,000 hommes et 62,000 chevaux. — En tout, 447,000 hommes. *(Note de l'éditeur.)*

partiale, et sans tomber dans le roman, cette grande phase de nos victoires et de nos revers. Que pouvons-nous raconter, nous autres, acteurs partiels de ce long drame? nos marches et contre-marches sur ce vaste échiquier de neige et de cadavres, nos pertes, nos agonies, nos privations sans nombre, l'héroïsme de nos soldats ! C'est ce que je vais essayer, à mon tour, de retracer religieusement et sans phrases [1].

C'est le 3 février 1812 que le 18e régiment de ligne, composé de quatre bataillons, chacun de six compagnies, et d'une demi-batterie de campagne, se réunit à La Haye pour s'organiser et être dirigé ensuite vers le point de rassemblement général de l'armée qui allait entrer en campagne contre la Russie.

Sa force, officiers, sous-officiers et soldats compris, était de quatre mille et quelques hommes. Cet effectif pouvait se diviser en deux parties presque égales : dans la première, se trouvaient les hommes âgés pour la plupart de vingt-cinq ans au moins, habitués aux fatigues et aux privations de la guerre; l'autre partie renfermait les dernières levées : ces jeunes soldats avaient envie de bien faire, mais ils n'étaient pas éprouvés. Quant aux cadres, ils avaient été préparés avec le plus grand soin pour suffire à tous les besoins d'une longue campagne.

De La Haye, point de rassemblement, le régiment se

[1] On ne saura jamais bien l'histoire de notre campagne, parce que les Russes n'écrivent pas ou écrivent sans aucun respect pour la vérité, et que les Français se sont pris d'une belle passion pour déshonorer et discréditer eux-mêmes leur gloire..... J'ai entrepris la guerre de Russie pour refouler les Russes au delà du Borysthène, relever la Pologne, barrière naturelle de cet empire, et défendre l'Occident ! (*Mémoires de Napoléon.*)

rendit à Dusseldorf, ensuite à Leipsig; il passa l'Oder à
Francfort, et la Vistule à Thorn. Cette longue route se fit
par étape. Le corps ne laissa que peu d'hommes dans les
hôpitaux.

Arrivé au lieu de rassemblement général de la grande
armée, le 18e fut incorporé dans la 2e brigade de la 2e division du 3e corps d'armée, ayant pour général en chef le
maréchal Ney duc d'Elchingen, pour divisionnaire le général comte Razout, pour chef de brigade le général baron
Joubert. La brigade se composait du 18e, que je commandais, et du 4e de ligne, qui fut commandé successivement,
pendant cette campagne, par le baron Massy [1] et le duc de
Fezensac.

Le 15 mai, le 18e prit des cantonnements dans le cercle de Culm; on lui donna plusieurs villages pour y faire
ses vivres d'entrée en campagne. Chaque corps de l'armée
devait avoir, au passage du Niémen, du biscuit pour quinze
jours et de la viande sur pied pour un mois; à cet effet,
on fit une razzia générale. L'administration de l'armée
n'intervint que pour faire sa part. De la Vistule au Niémen,
tout le pays fut ravagé.

Le 9 juin, le 18e reprit sa marche, traînant avec lui des
bestiaux et des voitures chargées de biscuit et de farine. A
mesure qu'il avançait vers la frontière russe, il trouvait
des fourgons pleins d'outils, des parcs d'artillerie, des
caissons de munitions, des équipages de pont, et de nombreux chariots d'ambulance et d'administration. Ce matériel était immense, toutes les routes en étaient encombrées.

---

[1] Le fils du colonel Massy est devenu préfet des Hautes-Pyrénées.
Mon fils, étant sous-préfet d'Argelès, servait sous ses ordres.

Le 24 juin [1], les divisions Ledru, Razout et Marchand, la cavalerie, l'artillerie, les ambulances et les équipages du 3e corps (maréchal Ney) se trouvèrent réunis à deux lieues environ du Niémen. Chaque chef de corps, d'après les ordres formels de l'Empereur, fit l'appel de sa troupe ; à cette revue d'effectif, le 18e régiment présenta 3,800 hommes : sa perte de La Haye au Niémen n'était donc que de 200 hommes environ. Si de cette situation on défalque les non-valeurs, c'est-à-dire les hommes hors rang, employés aux divers services du corps, on peut avancer, sans trop s'éloigner de la vérité, que le régiment ne pouvait mettre en ligne que 3,600 combattants.

Le 28 juin, une proclamation de l'Empereur fut mise à l'ordre du jour du 3e corps.

« Soldats, dit-il, la seconde guerre de Pologne est com-
» mencée. La première s'est terminée à Friedland et à
» Tilsit; à Tilsit, la Russie a juré une éternelle alliance
» à la France et la guerre à l'Angleterre. Elle viole aujour-
» d'hui ses serments; elle ne veut donner aucune explica-
» tion de son étrange conduite, que les aigles françaises
» n'aient repassé le Rhin. *La Russie est entraînée par la*
» *fatalité;* ses destins doivent s'accomplir, etc., etc. »

L'attention de l'Empereur s'arrêta sur l'angle que le cours

---

[1] L'armée russe, réunie à cette époque sur les bords du Niémen, était divisée en première et deuxième armée. La première, commandée directement par le général Barklay de Tolly, généralissime, défendait les passages aux environs de Kowno. La deuxième, commandée par le prince Bagration, défendait Grodno. Tous deux formaient un total de 230,000 hommes. A l'extrême gauche, 68,000 hommes, commandés par le général Tormazow, couvraient la Volhynie; à l'extrême droite, 34,000 hommes défendaient la Courlande. La Russie avait donc 330,000 hommes sous les armes. (Le duc DE FEZENSAC, pag. 8, *Journal de 1812.*)

du Niémen ouvre entre Tilsit et Grodno. Ce fleuve, en face de Kowno, est large d'une centaine de toises ; son lit est encaissé, mais l'escarpement de la ligne polonaise domine l'autre : c'est ce point que l'Empereur choisit pour opérer son passage.

A mesure qu'on travaillait à la construction des ponts, les troupes de toutes armes arrivaient et se plaçaient sans confusion, et de manière à se suivre sans laisser d'intervalle d'un corps à un autre. Le rassemblement du matériel s'exécuta aussi avec un ordre parfait.

Les anciens officiers n'osaient se communiquer leurs pensées sur cette étonnante campagne que nous allions commencer.

Le 24, les ponts étant parfaitement établis, l'armée française, forte d'environ 200,000 hommes sur ce point, se forma en colonnes, descendit la rive, et s'écoula sur les ponts pour gagner le sol moscovite. Napoléon, placé sur la partie la plus élevée de l'escarpement, voyait défiler ses troupes ; il en était salué à mesure que chaque corps passait devant lui. Ce spectacle était magnifique [1]. Je fus bien

---

[1] État des officiers des 1er, 2e, 3e et 4e bataillons au 1er février 1812 (18e de ligne) :

Colonel : Pelleport, baron de l'Empire (O ✻). — *Chefs de bataillon* : Materre, Chauford, Cressonnier, Lacombe. — *Capitaine payeur*, Berchet. — *Adjudants-majors* : Desbarrat, Chamarois, Sapet, Desnos. — *Porte-aigle* : Tremeaux. — *Chirurgien-major* : Foustet. — *Aides* : Halgout, Grattepain, Kuhn, Bernier, Ribis. — *Capitaines* : Fournier, Legros, Juglard, Poulverel, Planteau, Materre, Lamarre, Hannevin, Bancke, Dervieux, Janin, Charron, Haak, Struick, Drouot, Delevesge, Bonnet, Nardon, Sebille, Gloriot, Carcenac, Reissemback. — *Lieutenants* : Sébastiani, Derouvroy, Bergonke, Laveine, Boudin, Forest, Druot, Dariel, Cottier, Flamand, Escudier, Gares, Queya, Gachet, Bosch, Garbillon, Caillet, Dumont, Delachaux (artillerie). — *Sous-lieutenants* : Bou-

heureux ce jour-là de me trouver à la tête de quatre bataillons, animés d'un excellent esprit et dévoués à leur
chef. Il faudrait une plume plus exercée que la mienne
pour rendre un compte exact du tableau que nous avions
sous les yeux. Tel fut le premier pas de cette campagne,
qui devait, disait-on, faire pâlir celle d'Égypte[1].

Les parcs de réserve, les convois de vivres et les équipages restèrent sur la rive gauche, afin de rendre les premières marches faciles et légères. Il fallait se porter, en
toute hâte, sur Wilna.

Après le passage du Niémen, le 3e corps laissa la grande
route de Wilna, et prit à gauche, en longeant la Wilia. Il
passa cette rivière à Sonderwa, aux environs de Riconti,
sur un pont de chevalets jeté en trois heures de temps. Il
se tint derrière le roi de Naples et le duc de Reggio pour
leur servir de réserve, tout en poussant de fortes reconnaissances sur sa gauche.

dousquier, Ricord, Boulard, Vandepols, Giroux, Boyer, Cassier,
Chaubat, Ferejacque, Henri, Denuelle, Vilard, Pauvert, Clément,
Blanche, Chatillon, Astor, Desarie, Larnois, Visdelon, Meunier,
Baldehuygens, Chomel, Jessaume, Vielle (artillerie), Vanderhagen
(à la suite).
État des officiers du 5e bataillon au 1er mai :
Major : Sauset. — *Adjudant-major* : Gachet (lieutenant). — *Chi-
rurgiens* : Vallat et Bernord. — *Quartier-maître* : Faugeyron. —
Capitaine d'habillement : Cordel. — *Capitaines* : Coste (capitaine-
commandant), Astor, Lambert, Ollier, Abadie. — *Lieutenants* :
Rol, Marchery, Poulet, Pascal. — *Sous-lieutenants* : Geoffroi,
Samson, Astor, Benoit, Bigot de Préameneu. — *Détachement de
recrutement* : Villepique, capitaine; Vialette, lieutenant; Castagnié,
sous-lieutenant.
[1] Nous allons nous engager dans un douloureux et héroïque récit,
dit l'auteur du *Consulat et de l'Empire*, dans son 13e volume; la
gloire, nous la trouverons à chaque pas; le bonheur, hélas! il faut
y renoncer au delà du Niémen. *(Note de l'éditeur.)*

Le 3ᵉ corps souffrit beaucoup d'une pluie froide et abondante. Ce changement brusque dans la température causa la perte d'un grand nombre de chevaux, et fut probablement une des causes de la dyssenterie qui se déclara dans l'armée. La pluie dégrada les chemins, et retarda la marche des convois de vivres. Les soldats avaient épuisé les rations qui leur avaient été distribuées en partant du Niémen, et le pays n'offrait aucune ressource.

La marche du 3ᵉ corps jusqu'à la Dwina fut toujours subordonnée à celle du roi de Naples, qui avait le commandement de cette partie de l'armée. Nous n'eûmes pas d'engagement sérieux avec l'ennemi; mais nous éprouvâmes de grandes difficultés pour nous procurer des vivres. Chaque soir, après l'établissement du bivouac, des corvées, composées d'hommes énergiques et commandés par des officiers intelligents, se répandaient au loin, sur notre gauche, pour marauder; elles trouvaient peu de chose et revenaient avec quelques hommes de moins. C'est à cette époque que commencèrent ces bandes de traînards qui furent une des grandes calamités de cette campagne; la discipline des corps et même les cours prévôtales furent impuissantes pour réprimer leurs désordres [1].

Le 23 juillet, le 3ᵉ corps borde la Dwina; le 24, il appuie à droite, laissant le duc de Reggio à Polotsk; le 27, à neuf heures du soir, il établit ses bivouacs près de Witebsk [2] : il n'était séparé de l'armée russe que par une pe-

---

[1] Mon honorable ami et ancien compagnon d'infortune reconnaît comme moi cet état déplorable, et constate que, dès ce moment, le nombre des traînards était très-considérable. (Pag. 11, le duc DE FEZENSAC, *Journal de 1812.*)

[2] Pendant que nous manœuvrions ainsi, l'Empereur était entré à Wilna et avait organisé la Lithuanie et la Confédération de Pologne.

tite rivière. On s'attendait à une bataille pour le lendemain : l'ennemi paraissait s'y disposer ; mais Barklay de Tolly se retira dans la nuit, afin de se réunir à Bagration, qui, après avoir fait un grand détour, arrivait à Smolensk.

Le 28, au point du jour, l'armée étonnée s'avance à travers les positions que l'ennemi occupait la veille. Elle prend possession de la ville de Witebsk, dont les habitants ont disparu.

Le 29, le 3e corps se dirigea sur le Borysthène [1] ; le 30, il reçut l'ordre de s'arrêter à Liosna pour y prendre quelques jours de repos ; il fallait aussi laisser à la longue file de traînards et de malades le temps de rejoindre leurs corps, et attendre les parcs qui se traînaient péniblement dans les sables de la Lithuanie.

Nous arrivâmes à Liosna presque épuisés de faim et de fatigue. Ce misérable bourg et ses environs nous présentaient peu de ressources ; il nous fut impossible de nous procurer le bois et la paille nécessaires pour nous abriter des ardeurs du soleil et de l'humidité des nuits. Notre troupeau de bœufs, considérablement diminué, n'arriva que trois jours après nous.

L'armée française, pendant cette grande halte, était disposée comme il suit : Le quartier impérial, avec la garde, à Witebsk ; le roi de Naples, le prince Eugène et le maréchal duc d'Elchingen, sur le plateau élevé qui sépare les eaux de la Dwina de celles du Borysthène, sur la frontière de la vieille Russie ; le maréchal prince d'Eckmuhl remontait ce dernier fleuve sur ses deux rives avec toutes les troupes qui avaient été mises à la poursuite de Bagration ; le maréchal duc de Reggio occupait Polotsk ; le général

---

[1] Borysthène ou Dnieper.

comte Gouvion Saint-Cyr était en marche avec les Bavarois
pour le renforcer; le duc de Tarente, avec les Prussiens,
étonnés de se trouver avec nous, formait l'extrême gauche
de la grande armée; le prince de Schwartzemberg, avec les
Autrichiens, qui se battaient à contre-cœur, et le comte
Reynier avec les Saxons, gens d'honneur, mais froids,
couvraient le grand-duché de Varsovie; le maréchal duc
de Bellune s'avançait sur Minsk, et le maréchal duc de
Castiglione occupait Berlin. Ces deux derniers corps
d'armée, de nouvelle création, n'avaient pas la consistance
des autres.

Quelques jours après [1], on apprit au quartier impérial
que l'empereur Alexandre avait traité avec la Suède et la
Turquie [2], et qu'une levée en masse était prêchée dans
toutes les églises de son vaste empire : « *La croix dans*
» *le cœur et le fer dans la main, vous écraserez l'effronté*
» *Goliath qui vous apporte des chaînes!* » Ainsi s'exprimait le métropolitain, surnommé Bouche d'or. Cependant Napoléon se décida à marcher sur Moscou, *la nou-*
velle Jérusalem [3], malgré le sentiment de ses lieutenants.

----

[1] L'Empereur passa quinze jours à Witebsk. Tous les jours il assistait à la parade, et là, en présence de l'état-major général, il entrait dans les plus grands détails sur tous les objets de l'administration; les officiers de santé étaient sommés de déclarer dans quel état
étaient les subsistances, etc. (*Journal du duc de Fezensac*, aide de
camp du major général.)

[2] En apprenant cette nouvelle, l'Empereur s'écria : *Les Turcs*
paieront cette faute bien cher! (*Manuscrit de 1812.*)

[3] L'Empereur disait, à Sainte-Hélène, que, dans la nouvelle com-
binaison politique de l'Europe, le sort de cette partie du monde ne
tenait plus qu'à la capacité d'un seul homme.

Qu'il se trouve, disait-il, *un Empereur de Russie vaillant, im-*
pétueux, capable, en un mot, un czar qui ait de la barbe au men-
ton (ce qu'il exprimait du reste plus énergiquement), *et l'Europe*

Ne pouvant rester dans la position où il se trouvait, ni rentrer sans compromettre sa réputation, qu'il lui importait surtout de conserver, il marche en avant pour livrer bataille aux Russes, les battre, s'emparer de Moscou et faire la paix.

Dans la nuit du 8 au 9, le comte Sébastiani, souvent malheureux, fut surpris à Inkovo par 6,000 cavaliers russes. Cette attaque annonça la marche de Barklay de Tolly et de Bagration, qui, après avoir opéré leur réunion, s'avançaient sur nous; elle indiqua aussi que les plans de l'ennemi étaient plus décidés et ses opérations plus hardies. Dans l'armée française, au contraire, on remarquait du refroidissement, sans murmures [1].

Le 10, le maréchal Ney passa la revue d'effectif du 18e régiment, qui ne présenta que 2,900 hommes. Les autres régiments du corps d'armée avaient perdu davantage, proportionnellement à leur effectif de départ, et nous n'avions pas tiré un coup de fusil! La division wurtembergeoise, commandée par le général Marchand, qui comptait 11,000 hommes à son départ de la Vistule, était réduite à 1,800 officiers, sous-officiers et soldats. Cette troupe, moins industrieuse que les Français et les Polonais, était entièrement démoralisée. En compulsant les contrôles des

<hr>

est à lui..... Puis, mesurant avec un compas des distances sur la carte, il ajouta que *Constantinople était placée pour être le centre et le siége de la domination universelle.* (NAPOLÉON, *Mémorial.*)

N. B. La guerre actuelle n'a-t-elle pas été entreprise pour tenter la réalisation de cette prophétie?........

[1] Les quinze jours passés à Witebsk avaient développé un grand refroidissement dans les esprits. Toutefois tous les officiers sentirent que plus la position devenait difficile, plus il fallait de courage, et qu'une parole qui refroidirait le zèle serait une trahison. (DE SÉGUR, tom. 1, pag. 257.)

compagnies du 18e, il me fut démontré que les quatre cinquièmes des pertes portaient sur les dernières levées : on
pourrait conclure hardiment de cette observation qu'en
diminuant la grande armée de 50,000 jeunes soldats, on
lui aurait donné de l'élasticité sans diminuer sa force réelle.

Le 12 août, le 3e corps leva son camp de Liosna
pour se porter sur le Dnieper; il passa ce fleuve le 14,
en face de Khomino, et prit l'avant-garde de l'armée,
la division Ledru en tête de la colonne. Ainsi commença
cette grande manœuvre qui avait pour objet d'éviter les
arrivées de Barklay de Tolly et Bagration, de tourner
leur gauche en passant le Dnieper, de surprendre Smolensk, de repasser ensuite le fleuve pour prendre en queue
les armées ennemies [1].

Pendant que la garde impériale et les corps d'armée du
roi de Naples, du prince Eugène et du maréchal Ney se
portaient sur le Dnieper, le maréchal Davoust, les Westphaliens et les Polonais suivaient le mouvement général
par des routes parallèles qui les conduisaient aussi à Smolensk : ainsi, le centre de la grande armée se trouva transporté tout entier sur une nouvelle ligne d'opérations.

---

[1] De peur d'être trahi par mes souvenirs, je m'adressai, en
1840, au général Bonnet, ancien chef de bataillon du 18e, pour
avoir des renseignements sur les opérations du 18e pendant cette
campagne et sur le compte des officiers qui s'étaient le plus distingués. Ce brave et digne officier général, homme de cœur et de
tête, me répondit, en m'envoyant un précieux document, l'*Itinéraire
de la campagne*, qu'il ne se rappelait que de la conduite courageuse
du capitaine Berchet, trésorier du 18e; que, *quant aux autres, ils
n'avaient fait que leur devoir*. Je crois devoir ajouter que Bonnet
fut l'un des premiers à *ne faire que son devoir*, comme il le dit lui-
même, c'est-à-dire, à lutter contre l'ennemi, le froid, la faim, et à
montrer un courage et un dévouement au-dessus de tout éloge.

Le 3ᵉ corps ne tarda pas à trouver des Cosaques; on en voyait partout : il les chassa de Krasnoë. Il trouva un régiment d'infanterie, qui se retira avec quelque désordre sur un corps de 7 à 8,000 hommes placé en arrière du bourg; cette troupe était commandée par le général Newerowski. (Ce nom doit être conservé, car il rappelle un beau fait d'armes.) Newerowski, ayant apprécié de suite sa position, se décide à la retraite; il divise d'abord sa troupe en deux colonnes, il les échelonne, et prend les deux côtés de la route; plus tard, il les réunit et n'en forme qu'une seule, et, quoique enveloppé de toutes parts par notre cavalerie, il continue à marcher, et ne s'arrête que lorsqu'il est serré de trop près : alors il se fait jour à coups de fusil, et reprend ensuite son mouvement de retraite. Une circonstance sauva ces braves, l'absence de l'artillerie : elle était en arrière, à cause du mauvais état de la route; sans ce retard, il est probable qu'elle eût fait, dans la colonne ennemie, de larges brèches dont la cavalerie légère aurait profité[1]. Dans cette affaire, la fortune ne fut pas pour nous : cela se passait le 15 août. Nous désirions tous célébrer la fête de l'Empereur par une victoire, mais notre cavalerie, sans artillerie, fut impuissante; son élan venait toujours s'amortir contre cette foule de braves qui se pelotonnaient et se serraient sous les sabres. Voilà le soldat russe !

Newerowski rentra à Smolensk après avoir fait de grandes pertes et laissé son artillerie, qui l'embarrassait. L'Empereur, s'étant arrêté sur le bord de la grande route pour voir

[1] Le général russe divisa alors son monde en deux colonnes serrées; ensuite, il les réunit en un grand carré plein. Quoique enveloppé de toutes parts, il se releva en se battant toujours. (Le maréchal NEY, rapport du 2 novembre.)

défiler le 3e corps, fit appeler successivement les colonels, et les interrogea sur l'effectif des régiments et l'état des subsistances. J'avais été prévenu que ces questions me seraient adressées. Appelé à mon tour, je répondis sincèrement à la première; quant à la seconde, mon embarras fut grand : je ne voulais pas déplaire au maréchal, qui m'avait dit d'être circonspect à cet égard, et il me répugnait de mentir. Mais, réfléchissant que ma réponse ne changerait pas l'état des choses, je crus me tirer d'affaire par des phrases, je ne fis que du pathos; l'Empereur devina la cause de mon embarras et me renvoya en me disant : *Bien, bien !*

Le 15, le maréchal Ney et le roi de Naples s'approchèrent de Smolensk; ils chassèrent devant eux les Cosaques qui tenaient la campagne, et firent rentrer dans la place les tirailleurs placés en avant du faubourg de Krasnoë. Non content de ce succès, le duc d'Elchingen lança un bataillon du 46e; les murailles arrêtèrent cette attaque téméraire, et le maréchal fut obligé de retirer sa troupe et de l'abriter. La perte du bataillon fut d'une centaine d'hommes [1].

Smolensk était environné d'un mur de vingt-cinq pieds de hauteur, dégradé en plusieurs endroits, et flanqué par des tours; un fossé et des ouvrages extérieurs défendaient l'enceinte. Sa garnison se composait de la troupe de Newerowski et de la division de Rajewski, qui était venue au secours de la place, formant ensemble un effectif de 15 à 18,000 hommes.

L'Empereur, informé de ce qui était arrivé au maréchal

[1] Le maréchal Ney, dans son rapport, cita cette attaque victorieuse d'un seul bataillon contre 4,000 hommes, protégés par de l'artillerie et des retranchements, comme le plus beau trait qu'il ait vu depuis qu'il faisait la guerre. *(Note de l'éditeur.)*

Ney, disposa les corps d'armée, à mesure qu'ils arrivaient, de manière à réserver un champ de bataille entre sa ligne et les remparts, dans le cas où Barklay de Tolly et Bagration, dont les troupes se massaient déjà sur l'autre rive du Dnieper, accepteraient la bataille. Le reste de la journée se passa à faire des préparatifs pour le lendemain.

Le 17, Napoléon, ne comptant plus sur une bataille, donna l'ordre d'attaquer la place. Tous les faubourgs furent bientôt emportés ; mais l'ennemi défendit ses portes et son enceinte jusqu'à minuit [1].

Le 18ᵉ étant resté en réserve les 16 et 17, entre Korytnia et Smolensk, il m'est impossible de donner des détails circonstanciés sur l'attaque de la ville.

Le 18, au point du jour, on prit possession de Smolensk [2]. On s'occupa de suite de disputer aux flammes tout ce qui pouvait être sauvé ; mais les Russes avaient mis à détruire, l'ordre et l'à-propos qu'on apporte à conserver [3].

[1] Voici la force totale de l'armée française devant Smolensk, le 17 août 1812 :

Garde impériale, 24,000 hommes ; 1ᵉʳ corps, 60,000 ; 2ᵉ, 22,000 ; 3ᵉ, 22,000. Cavalerie, 18,000. En arrière : 4ᵉ corps, 30,000 ; 8ᵉ, 14,000. Total 190,000 hommes. *(Note de l'éditeur.)*

[2] Smolensk peut être considérée comme une des belles villes de la Russie. Sans les circonstances de guerre qui y ont mis le feu, cette ville eût été d'une grande ressource pour l'armée.

Au milieu d'une belle nuit d'août, Smolensk offrait aux Français le spectacle qu'offre aux habitants de Naples une éruption du Vésuve.

Le combat de Smolensk peut, à juste titre, s'appeler une bataille, puisque 100,000 hommes ont été engagés de part et d'autre. (13ᵉ et 14ᵉ Bulletins, 21 et 23 août 1812.)

[3] Les Russes perdirent dans cette bataille plus de 4,000 hommes. Notre perte fut de 1,200 morts et de 3,000 blessés. A cette occasion, les Russes publièrent un rapport dans lequel ils disaient *que trois escadrons de Cosaques avaient battu toute la cavalerie de Murat!* L'armée russe s'élevait dans Smolensk à 128,500 hommes.

Le 19, à quatre heures du matin, le duc d'Elchingen
passa le Dnieper et gravit les hauteurs que Barklay de
Tolly occupait la veille, et qu'il avait abandonnées dans la
nuit pour prendre une route de traverse qui conduit à Lu-
bino, situé sur la grande route de Moscou, pendant qu'un
autre corps moscovite longeait le Dnieper.

Le maréchal ne trouva sur les hauteurs que des bandes
de Cosaques, qui prirent divers chemins et disparurent entièrement, et, ne pouvant interroger que le terrain pour
reconnaître la direction que suivait l'armée russe, s'arrêta
quelque temps, et envoya des reconnaissances, afin de se
bien fixer avant d'engager son corps d'armée; il hésitait
encore, lorsqu'il reçut l'ordre de déboucher, sans différer,
sur la route de Moscou, et d'avancer rapidement dans cette
direction.

Le duc d'Elchingen ne tarda pas à trouver l'arrière-
garde russe, qui avait pris la route directe; il la fit attaquer par la division Ledru. L'ennemi, après une faible ré-
sistance, abandonna sa position pour en prendre une
autre plus en arrière. Ainsi, la division Ledru se trouva
engagée dans une suite de combats qui se livrèrent sous
les hauteurs placées à notre gauche.

Pendant ce temps, la division Razout, ayant le 18e régiment en tête, continua sa marche; elle enleva le passage de la Stabna, mais elle fut arrêtée au bas de la hauteur de Valoutina-Gora. L'ennemi y avait massé beaucoup
de troupes, afin de défendre cette position, qui était de la
plus grande importance pour couvrir le débouché de Barklay de Tolly sur la route de Moscou au village de Loubino.
Les premiers efforts des 18e et 93e furent repoussés; il
fallut nécessairement manœuvrer pour contenir l'ennemi
et donner le temps à la division Ledru d'arriver. Aussitôt

qu'elle parut, le 18e abandonna la grande route et se porta
à droite pour empêcher les Russes de passer la petite et
marécageuse vallée de Samioscki. Arrivé sur le terrain qui
lui avait été indiqué, le 18e s'engagea avec un corps russe.
La fusillade fut vive et se prolongea jusqu'à la nuit. Nous
ne perdîmes pas un pouce de terrain, et nous n'en gagnâ-
mes pas sur l'ennemi. Notre perte fut de 250 hommes. Le
capitaine Pascal fut tué : cet excellent officier, quoique malade, voulut commander sa compagnie; on le remarquait
à cheval au milieu de ses voltigeurs, les excitant à bien faire.
Les chefs de bataillon Materre, le capitaine Reissemback,
les lieutenants Dumont et Escudier montrèrent autant de
courage que d'intelligence dans cette guerre de tirailleurs.

Le combat de Valoutina-Gora [1], que Napoléon appela plus
tard *un combat de géants,* devint une bataille; 30,000
hommes, de part et d'autre, y furent engagés successivement [2]. La fortune était pour nous, et nous n'en profitâmes
pas. Junot, avec les Westphaliens, suivait un chemin, sur
notre droite, qui allait rejoindre la grande route de Moscou, en arrière du plateau de la Valoutina ; mais il s'arrêta
à notre hauteur, et ne comprit rien au rôle brillant qui lui
était échu dans cette journée.

---

[1] Par suite d'une tradition religieuse, les Russes regardaient
cette position comme inexpugnable et l'appelaient le Champ sacré.
(*Victoires et Conquêtes,* pag. 193, tom. 21.) Le 3e corps déploya,
dans cette journée, une valeur si brillante, que les Russes crurent
avoir affaire à la garde impériale. (Journal du lieutenant-général DE
FEZENSAC, pag. 35.) Après la bataille, les bataillons ne paraissaient
plus que pelotons; ils se montraient d'autant plus fiers qu'ils étaient
plus réduits. L'Empereur couvrit toutes ces horreurs de gloire.
(SÉGUR, tom. 1, pag. 303.) (*Note de l'éditeur.*)

[2] Le baron Fain, dans le *Manuscrit de 1812,* évalue les forces
françaises à 25,000 hommes, et les forces russes à 35,500.

TOME II.   2

Le 20, l'Empereur vit les régiments du 3ᵉ corps qui avaient combattu la veille; il nomma aux emplois vacants. *La croix de commandeur de la Légion-d'Honneur me fut donnée, sur la demande du maréchal Ney, en récompense de la brillante conduite du 18ᵉ dans cette affaire* [1].

Après un jour de repos sur le champ de bataille de Valoutina-Gora couvert de cadavres, l'armée, divisée en trois colonnes, reprit sa marche sur Moscou : l'Empereur, le roi de Naples, Davoust et Ney au milieu, sur la grande route; le prince Eugène à gauche, dans les terres; et Poniatowski à droite. Chaque division avait son artillerie, chaque corps d'armée sa réserve; arrivaient ensuite les ambulances, les voitures et fourgons du quartier impérial et de l'état-major de chaque corps d'armée, le matériel de l'administration, dont on aurait pu se passer dans cette campagne, les équipages des régiments, les chariots de la maraude, et enfin les troupeaux. Jamais l'armée n'avait traîné avec elle autant d'*impedimenta*. La chaleur et la poussière nous étouffaient, et nous n'avions habituellement que des mares sales, souvent infectes, pour nous désaltérer.

La colonne principale, celle qui suivait la grande route, ne trouvait rien; celles de droite et de gauche dévoraient

---

[1] L'Empereur remit les décorations lui-même; ses bienfaits furent grands en eux-mêmes et par leur forme. On le vit s'entourer successivement de chaque régiment comme d'une famille. Les officiers désignaient les plus braves, les soldats confirmaient, l'Empereur approuvait. Aussi, comme il l'a dit lui-même, les choix furent faits sur-le-champ, inscrits devant lui, et confirmés par acclamation. C'était un monarque, mais c'était celui de la Révolution, et les soldats aimaient un *souverain parvenu qui les faisait parvenir.* (SÉGUR, liv. VI, pag. 8.)

ce que les paysans n'avaient pu emporter. L'existence de
l'armée était un prodige, que l'esprit actif et industrieux
des Français et des Polonais renouvelait chaque jour.
Quant aux Allemands, ils mouraient de faim, c'est à la
lettre. Les maraudes, poussées à trois et quatre lieues
dans les terres, furent quelquefois abondantes; mais elles
ne rentrèrent jamais sans perdre des hommes. La viande
sur-pied que nous avions fut d'une grande ressource [1].

La direction de la colonne du centre appartenait au roi
de Naples, quand Napoléon ne s'y trouvait pas. Le prince
d'Eckmuhl s'irrita souvent de la dépendance dans laquelle
il se trouvait; toutefois il obéit, mais de mauvaise grâce :
ces deux chefs ne se convenaient pas. La discorde était
aussi dans l'armée ennemie. Barklay de Tolly, méthodique
et étranger, ne pouvait aller avec Bagration, russe pur
sang.

La retraite des Russes se faisait avec beaucoup d'ordre ;
ils ne laissaient aucune trace qui indiquât de l'embarras.
Les positions où ils s'arrêtaient étaient bien choisies et défendues, chacune en raison du temps que le général en
chef voulait gagner.

Le 23 août, à quelques verstes de Dorogobouge, un bois
que le roi de Naples voulut reconnaître lui fut vivement disputé; il ne s'en rendit maître qu'après un combat assez vif.

Le 27, notre cavalerie poussa l'ennemi au delà de l'Osma,
rivière étroite, mais profonde et encaissée. L'arrière-garde
russe, couverte par cet obstacle, résista longtemps; il fallut déployer beaucoup de troupes pour les contraindre à se
retirer. A cette occasion, Davoust se plaignit du roi de

---

[1] Le sac, contenant ordinairement *deux pains et quelques bis-
cuits*, sauva l'armée, beaucoup plus que toutes nos voitures et nos
équipages.

Naples, qui, disait le maréchal, fatiguait les troupes sans nécessité.

Le 28, l'armée entra dans le gouvernement de Viasma. L'ordre habituel de la marche éprouva quelques changements; les troupes furent plus serrées que les jours précédents, et Napoléon marcha avec l'avant-garde. Il espérait trouver l'armée ennemie et lui livrer bataille; mais il fut trompé dans son attente. Le feu était à Viasma, et les habitants avaient abandonné leurs maisons [1].

L'armée française parvint à sauver les deux tiers de cette ville, où l'on trouva quelques vivres.

Le 30, nous fîmes séjour. Le bruit se répandit dans les bivouacs que Barklay de Tolly avait été remplacé par Kutuzoff, et que celui-ci était arrivé avec 20,000 hommes de renfort.

Le 1er septembre, l'avant-garde envahit Gjath jusqu'à la rivière qui sépare cette ville en deux parties. Dans la journée, on se procura les moyens d'entrer à Gjath, et les Russes disparurent derrière les flammes qu'ils avaient allumées.

Enfin, Napoléon annonça la grande bataille qui devait décider de Moscou. Il donna deux jours à l'armée pour s'y préparer et faire des vivres. Il savait bien que nous n'en trouverions pas; mais il voulait constater sa sollicitude à cet égard par un ordre du jour. Cela se pratiquait ainsi depuis Wilna.

Un appel, fait par ordre de l'Empereur, ne donna au 18e régiment que 2,200 hommes, dont 2,000 combattants au plus, et la situation générale de l'armée présenta 110,000 hommes : on peut juger, par ce dernier chiffre, de l'énormité de nos pertes.

---

[1] C'est le 29 que l'Empereur fit publier un ordre du jour pour ordonner qu'on brûlât toutes les voitures qu'on verrait au milieu des troupes. Il fit commencer, devant lui, par celle du général Narbonne.

Le 3e corps partit de Gjath le 4 septembre, et s'arrêta à Gridnewo. Nous trouvâmes des bandes nombreuses de Cosaques. L'avant-garde de l'armée fut obligée de se déployer plusieurs fois devant cette *canaille* (mot de Murat), qui tenait plus ferme que de coutume ; elle osa même attaquer un régiment de chasseurs italiens ; il est vrai que Platoff, accompagné de son *sorcier,* était présent à cette affaire.

Le 5, le maréchal duc d'Elchingen continua sa marche ; arrivé au couvent de Koloskoi, il fit une halte. Il fallait avancer avec précaution, car on approchait du champ de bataille choisi par Kutuzoff. A deux heures après midi, nous reprîmes notre mouvement, et bientôt nous aperçûmes toute l'armée russe, placée sur une ligne de collines qui s'étend depuis le village de Borodino jusqu'au bois de Passarewo. A trois heures, l'Empereur arrive ; après avoir jeté un coup d'œil sur le terrain occupé par l'ennemi, il donne l'ordre à l'avant-garde de la cavalerie et à la division Compans de chasser les Russes de leurs positions avancées. A quatre heures, l'attaque commence ; à cinq heures, nos troupes occupaient la redoute de Schwardino. En même temps, Poniatowski, avec ses Polonais, chassait les Russes de Passarewo ; mais, à l'entrée de la nuit, Compans fut forcé, dit-on, d'abandonner le terrain dont il s'était emparé[1]. Cette journée fit le plus grand honneur à ce général et au 61e régiment de ligne, qui laissa un bataillon dans la redoute[2].

---

[1] Le général Gourgaud affirme que cette redoute ne fut pas reprise. (*Examen critique,* pag. 104.)

[2] Napoléon, passant le lendemain la revue du 61e régiment, qui souffrit le plus dans cette affaire, demanda au colonel ce qu'il avait fait de l'un de ses bataillons. « Sire, répondit l'officier, il est dans la redoute. » *(Note de l'éditeur.)*

Le 6, à deux heures du matin, l'Empereur fit une reconnaissance générale de la position de l'ennemi. Le pays qui l'environnait était en général découvert. Kutuzow avait choisi pour champ de bataille un terrain fortement accidenté; son aile droite, placée en arrière du village de Borodino, était couverte par la Kolocza; sa gauche s'appuyait à la vieille route de Smolensk à Moscou, et son centre était couvert par un ravin profond et défendu par des batteries fortement armées.

Les maréchaux firent aussi la reconnaissance de la partie de la ligne que chacun d'eux devait attaquer, et ils en rendirent compte à l'Empereur. La journée se passa ainsi [1].

Cependant on remarquait dans le camp ennemi un mouvement extraordinaire, qui nous fut connu plus tard; toute l'armée russe était sous les armes. Kutuzoff, entouré de toutes les pompes religieuses et militaires, passait devant

---

[1] La Moskowa est ma plus grande bataille, disait l'Empereur, à Sainte-Hélène, au grand maréchal : *c'est le combat des géants*. Les Russes avaient sous les armes 170,000 hommes; ils avaient pour eux tous les avantages : supériorité d'infanterie, de cavalerie, d'artillerie, une position excellente. Ils furent vaincus! Intrépides héros, Ney, Murat, Poniatowski, c'est à vous que la gloire en est due. Que de grandes, que de belles actions l'histoire aurait à recueillir! Elle dirait comment ces intrépides cuirassiers forcèrent les redoutes, sabrèrent les canonniers sur leurs pièces; elle raconterait le dévouement héroïque de Montbrun, de Caulaincourt, qui trouvèrent la mort au milieu de leur gloire; elle dirait ce que nos canonniers découverts en pleine campagne firent contre des batteries plus nombreuses et couvertes par de bons épaulements; et ces intrépides fantassins qui, au moment le plus critique, au lieu d'avoir besoin d'être rassurés par leur général, criaient : « *Sois tranquille; les soldats ont tous juré aujourd'hui de vaincre, et ils vaincront!* » Quelques parcelles de tant de gloire parviendront-elles aux siècles à venir; ou le mensonge, la calomnie, le crime prévaudront-ils!...... (NAPOLÉON, *Mémoires*.)

les rangs ; après cette revue ou procession , le feld-maréchal prononça un discours , dont je ne rapporterai que
les mots suivants : « *Napoléon est un despote universel,*
» *le tyrannique perturbateur du monde, un vermisseau,*
» *un archi-diable ; il renverse nos autels et les inonde*
» *de sang, etc.* » Ce spectacle solennel , les bénédictions
des prêtres et les exhortations des officiers exaltèrent l'esprit de l'armée, qui demanda à grands cris la bataille , pour
se dévouer à la défense de la patrie et de la religion.

Du côté des Français , il n'y eut d'appareil ni religieux ,
ni militaire ; aucun moyen d'excitation ne fut employé que
la proclamation de l'Empereur , qui ne fut lue aux compagnies que le lendemain , au moment de marcher en avant ;
chacun se prépara à bien faire , éloignant de son esprit les
suites d'une défaite et ne songeant qu'aux résultats glorieux de la victoire. Disons-le toutefois, nous commencions à être inquiets de poursuivre , sans pouvoir sérieusement l'atteindre , un ennemi puissant. Nous commencions
à faire , nous aussi , nos plans de campagne , et à nous demander comment nous reviendrions ; ce n'était pas l'armée
ennemie qui nous préoccupait , ni les combats à livrer pour
nous en débarrasser , mais bien les difficultés provenant
du manque de subsistances et du terrain lui-même. Le
nombre même de nos soldats faisait notre faiblesse [1].

A l'entrée de la nuit , les divers corps d'armée, la cava-

---

[1] M. Thiers, dans son 14e volume , dit, page 305, que l'Empereur se plaignait, par une lettre du 3 septembre, que le 3e corps
perdait tous les jours plus de monde que s'il livrait bataille ; mais
que l'Empereur avait tort, car le maréchal Ney n'y pouvait rien.
Le passage de ces *Souvenirs* faisant connaître les difficultés qu'é-
prouvait l'armée pour vivre, confirme bien cette assertion. *(Note de
l'éditeur.)*

lerie et les batteries de réserve prirent les positions indi-
quées par l'Empereur. Notre ligne se trouva séparée en
trois parties bien distinctes, mais bien liées entre elles :
à notre gauche, le prince Eugène avec les Italiens et deux
divisions du 1er corps ; ces troupes formaient le pivot sur
lequel l'armée devait tourner ; — au centre, les maréchaux Ney et Davoust ; ils devaient engager sérieusement
la bataille, et avaient pour réserve les Westphaliens, totalement démoralisés et réduits à un quart de leur effectif
d'entrée en campagne ; le roi de Naples, avec trois divisions de cavalerie et la garde impériale, formait la seconde ligne ; — à la droite, les Polonais ; ils devaient, après
s'être emparés de la redoute qui était devant eux, marcher
sur le flanc de l'ennemi, mais ils étaient trop faibles pour
le rôle qui leur était échu [1].

Davoust proposa des modifications à ce plan d'attaque ;
il voulait marcher avec ses quatre divisions et les Polonais
sur le flanc gauche de l'ennemi, et le forcer de faire un
changement de front en arrière sur sa droite. Mais ce
mouvement hardi parut trop dangereux à Napoléon : il
était à plus de cent lieues de ses ailes et à cinq cents lieues
de sa capitale ; nous ne pouvions plus manœuvrer comme
en Italie. Ceux qui ont reproché à l'Empereur ses tergi-
versations n'étaient pas en Russie avec nous !

Le lendemain, à cinq heures du matin, au signal donné

[1] État des deux armées en présence le 6 septembre 1812 :

ARMÉE FRANÇAISE. — *Aile gauche :* Prince Eugène, 40,000
hommes. — *Centre :* L'Empereur, 70,000 hommes. — *Aile droite :*
Prince Poniatowski, 10,000 hommes. — Total 120,000 hommes.

ARMÉE RUSSE. — *Aile gauche :* Les généraux Miloradowitch et
Barklay de Tolly, 43,500 hommes. — *Centre et réserves :* Le
feld-maréchal Kutuzoff, 81,000 hommes. — *Aile droite :* Le général Toutchkoff, 9,000 hommes. — Total 183,500 hommes.

par les tambours, toute l'armée prit les armes. Les colonels firent battre un ban, et l'ordre du jour de l'Empereur
fut lu aux compagnies :

« Soldats !

» Voilà la bataille que vous avez tous désirée ! Désor-
» mais la victoire dépend de vous; elle nous donnera de
» l'abondance, de bons quartiers d'hiver et un prompt re-
» tour dans la patrie. Conduisez-vous comme à Austerlitz,
» à Friedland et à Smolensk; que la postérité la plus re-
» culée cite avec orgueil votre conduite dans cette jour-
» née, et que l'on dise de vous : *Il était à cette grande
» bataille dans les plaines de Moscou*[1]. »

Le 3ᵉ corps se forma en colonne par bataillons déployés,
et attendit dans cet ordre le signal de l'attaque. Les troupes étaient en tenue de parade. Le plus grand silence ré-
gnait dans les rangs. Chacun de nous se livrait à ses souvenirs et à ses réflexions. Il n'y a pas d'*esprit fort* en
pareille situation; les fanfarons ne cherchent qu'à s'étourdir.

A six heures, l'artillerie française commença l'attaque.
Le duc d'Elchingen arrive ; il se place à la tête de sa formidable colonne, et marche fièrement à l'ennemi, en prenant pour direction l'espace compris entre Semenowshié et
la grande batterie, où venait s'appuyer l'aile gauche de
Barklay de Tolly. Ce mouvement s'exécuta avec autant
d'ensemble que de rapidité [2].

[1] Le jour parut. L'Empereur, le montrant à ses officiers, s'écria :
Voilà le soleil d'Austerlitz ! Mais il nous était contraire ; il se levait
du côté des Russes. (SÉGUR, tom. 1, pag. 283.)
[2] Nous ne laissâmes pas aux Russes le temps de retirer leurs
pièces. (Récit de M. DE BUTTURLIN, officier russe.)

La division Ledru, qui avait la droite du 3e corps, traverse d'abord un bois de hautes broussailles, et tourne ensuite à droite pour se joindre aux troupes de Davoust, chargées spécialement de l'attaque de Semenowshié; mais la division Razout marche droit devant elle. Arrivée sur le plateau qui lui avait été désigné, elle s'empare de deux batteries ennemies; elles sont bientôt reprises par les Russes, qui en sont chassés à leur tour. Cette partie du champ de bataille, fort peu étendue, est disputée avec un acharnement incroyable. Il m'est impossible aujourd'hui de rappeler avec exactitude les diverses circonstances des combats qui se livrèrent. Je dirai toutefois que le 3e corps se montra digne de son chef, et que les aigles furent noblement défendues [1].

A neuf heures, l'avantage du terrain, que l'ennemi avait eu dans le début, nous appartient; mais il faut encore de grands efforts pour nous y maintenir, car les Russes renouvellent leurs attaques à mesure qu'ils reçoivent des renforts de leurs réserves, placées à Gorki.

Vers trois heures, le maréchal Ney réunit les troupes dispersées en tirailleurs, n'en forme qu'une colonne, marche en avant, et franchit les ravins profonds qui nous séparent de l'ennemi. Cette attaque, combinée avec la droite et la gauche de l'armée, protégée par l'artillerie de réserve et soutenue par la grosse cavalerie, est suivie d'une

---

[1] L'audacieux et invulnérable Ney était au milieu de la mêlée comme un capitaine de grenadiers.... (THIERS, tom. 14, pag. 323, le Consulat et l'Empire.) (Note de l'éditeur.)

Sur ces débris fumants, sur ces monceaux d'affûts de fusils, de morts et de mourants, le maréchal Ney a marqué son rang à la pointe de l'épée : il sera le prince de la Moskowa. (FAIN, tom. 1, pag. 35, Manuscrit de 1812.) (Note de l'éditeur.)

mêlée affreuse. Les Russes résistent quelque temps et ne se retirent qu'après avoir éprouvé de grandes pertes. Leur mouvement de retraite s'opère sinon avec ordre, au moins avec ensemble. Leurs masses informes et mutilées par notre artillerie ne se désunissent pas. Le 3e corps, épuisé par les efforts qu'il vient de faire, est impuissant pour les harceler dans leur retraite. De toute part on demande la garde impériale pour terminer la journée, mais Napoléon la retient. Cette circonspection s'explique facilement : la garde entamée, il n'y avait plus de réserve pour l'armée[1]. Il se contente d'envoyer le maréchal duc de Tarente pour garder seulement le champ de bataille, laissant à l'artillerie le soin de terminer la journée.

La perte du 18e régiment fut de 600 hommes environ[2], tués et blessés; son colonel eut un cheval tué sous lui. Les chefs de bataillon Lacombe, Materre et Fournier, les capitaines Bonnet, Lamarre, Desbarrat et Carcenac[3], les lieutenants Boudousquier[4], Boyé et Meunier[5], furent cités honorablement dans le rapport du colonel, ainsi que plusieurs sous-officiers et soldats dont les noms m'ont échappé.

Cette victoire, tant poursuivie et si chèrement achetée,

[1] M. de Ségur et le général Gourgaud partagent cette opinion, souvent combattue, mais évidente pour ceux qui étaient présents à cette terrible affaire.

[2] Le 18e régiment eut 34 officiers blessés et 8 de tués. Furent tués : les capitaines Hannevin, Bancke, Juglard, Chamerois; les lieutenants Garbillon, Drouot, Vielle; le sous-lieutenant Jessaume. Le capitaine Poulverel, blessé, mourut de ses blessures, et le lieutenant Vanderhagen disparut dans l'affaire.

[3] Fait prisonnier le 18 novembre, devenu colonel, excellent officier.

[4] Fait prisonnier le 17 novembre, rentré en France, devenu député de Montauban.

[5] Fait prisonnier le 18 novembre.

était incomplète ; elle nous attrista ! Vers la fin de la journée,
les Russes, quoique chassés de toutes les positions qu'ils
avaient occupées dans le combat, voulurent, ne se voyant
pas poursuivis, constater leur présence par quelques coups
de canon, pendant que leur général en chef expédiait des
courriers de tous côtés pour donner le change sur les résultats de la journée [1].

[1] La perte fut excessive de part et d'autre ; elle peut être évaluée
à 28,000 Français et 50,000 Russes.

Voici le détail exact des pertes de l'armée française : 10 généraux
tués, 39 blessés, total 49 ; 10 colonels tués, 27 blessés, total 37 ;
6,547 officiers et soldats tués, 21,453 blessés, total 28,000.

Pendant cette journée, l'artillerie a tiré 60,000 coups, et l'infanterie a brûlé 1 million 400,000 cartouches. (Le duc DE FEZENSAC,
pag. 46, *Journal de 1812.*)

Les Russes avouent qu'ils avaient sous les armes 132,000 hommes
et 640 pièces. (DE BUTTURLIN, pag. 320.)

Souvenirs Militaires et intimes
du Général V.te de Pelleport

CAMPAGNE DE RUSSIE

1812

Itinéraire
de la marche de l'armée de Kowna à Witebsk.

Carte N.º 10.

GOLFE DE FINLANDE

Orianienbaum

Revel

Hapsal

Hambourg

Ghdov

Darpt

GOLFE

DE

RIGA

Pernou

Pleskov

Porkhov

Pillau

Pestchou

L I V O N I E

Tournland

Vendn

Novorjer

MER

Velski Louki

RIGA

Libaux

MITAU

Friedrichstadt

Opatchka

B A L T I Q U E

Bauske

Rogitou

C O U R L A N D E

Pitkis

Nevel

Memel

Rossiena

Pinony

Dunabourg

Kladlenoi

Braslav

Droui

Drissa

Dina

Tilsit

Niemen R.

Pollotni

Vidsom

Drinsa

POLOTSK

GOLFE

Koenigsberg

Labiau

Fouberg

Nepouhki

Friencisau

Glubokoi

Kamen

Nvel

DE

Ouchatz

Witebsk

DANTZICK

Wehlau

Stanaguni

Gumbinnen

Wilkowski

Praga

2nd Korps

VILNA

Novoi Leoel

Miens

Liosna

Preuss-Eylan

Novoi Probi

Vileika

Orscha

DANTZICK

Roudski

Ochmiana

Tolotchin

Marienbourg

Allenstein

Lida

Boyinov

Krougloi

Druein

P R U S S E

Args

MINSK

Cubin

Lautenburg

GRODNO

Mohilew

Thorn

Berdija

Novogrodek

Bobruisk

Novigrod

BIALYSTOK

Masvge

SLONIM

G R A N D D U C H É D E V A R S O V I E

Pultusk

F O R Ê T

Mebrin

Block

D E S

Wiesogrod

VARSOVIE

B I A L O W E Z E

Lovion

Prougnoui

Gorodossoui

Nexrin

Kock

PINSK

Kozovira

Petrikau

Wlodam

Gorostsol

Deieper

Avise de O Charlol B.

Le Pelleport fecit

CHAPITRE II

—

RETRAITE DE RUSSIE. — L'ARRIÈRE-GARDE.

1812.

Moscou et l'incendie. — L'Empereur passe en revue le 18ᵉ au Kremlin. — Je suis proposé
pour le grade de général de brigade. — Réponse de l'Empereur. — Mouvement général
de l'armée. — Grave embarras de la marche. — Conservation de la caisse de mon régiment. — Bataille de Viasma. — Le maréchal Ney prend le commandement de l'arrière-
garde. — Arrivée à Smolensk. — Le 18ᵉ est réduit à 600 hommes. — Il forme l'arrière-
garde du corps de Ney. — Le maréchal me donne un commandement d'officier général.
— Grande affaire de Krasnoë. — Héroïsme du maréchal Ney. — Le 18ᵉ est détruit. —
Retour sur Smolensk. — Le maréchal nous sauve. — Nous rallions les autres corps. —
— Passage de la Bérésina. — Arrivée à Wilna. — Passage du Niémen. — Je suis nommé
général.

———

Telle fut la bataille de la Moskowa[1]. Le lendemain,
le troisième corps resta sur le terrain où il avait combattu
la veille. Chaque régiment fit enterrer ses morts, secourut

---

[1] Ceux qui ne l'avaient pas quitté, dit M. de Ségur en parlant de
l'Empereur, virent seuls que le vainqueur de tant de nations avait
été vaincu par une fièvre brûlante. Ceux-là citèrent alors ces mots,
que lui-même avait écrits, en Italie, quinze ans plus tôt : « *La santé
est indispensable à la guerre et ne peut être remplacée par rien.* »
(De Ségur, tom. 1, pag. 409.)

Il est incontestable que l'Empereur n'employa pas tous les moyens
qu'il avait à sa disposition pour anéantir l'armée russe. Il n'osa pas,
lui, habitué cependant à de si habiles coups de main ; mais, je le

ses blessés, rallia ses hommes égarés en ramassant les armes abandonnées ; enfin tous les corps s'efforcèrent de se réorganiser. Le champ de bataille présentait un spectacle hideux. Le ciel était obscur, il pleuvait, il ventait, et partout des cadavres défigurés. Quel tableau ! Il eût été difficile de conserver quelques illusions. C'était bien le cas ou jamais de répéter le grand mot de l'antiquité : « *Encore une victoire, et tout est perdu !* » — Lorsque la France, et ce jour ne peut être éloigné, ne comptera plus dans son sein que quelques vieux soldats de la Moskowa, qu'elle les respecte : ce sera justice, car ils l'ont bien honorée [1] !

Pendant que nous nous reconnaissions, Murat poussait l'arrière-garde ennemie, qui s'arrêta pour couvrir Moscou. On se canonna de part et d'autre jusqu'à la nuit, qui mit fin au combat. Les Russes avaient besoin de quelques heures pour évacuer leurs blessés et former leurs colonnes. Les Français avaient, aussi, bien des choses à faire avant d'engager une nouvelle bataille.

Le 9, le roi de Naples s'empara de Mojaïsk. Toutes les maisons de ce bourg étaient encore remplies de morts et de blessés ; il présentait un spectacle horrible.

Les jours suivants, l'ennemi continua sa retraite sans laisser de traces de désordre, ni même d'embarras. Il est vrai qu'il était admirablement servi par les habitants. *Religion et Czar* sont des mots magiques en Russie.

répète, la garde et les quelques corps de réserve entamés, que restait-il ! Rien, absolument rien ; et l'Empereur en savait plus que nous tous sur la désorganisation de l'armée et sur les difficultés que présentait la solution de ce grave problème, à savoir, *sinon de vaincre, du moins de revenir.*

[1] La perte des Russes s'éleva à près de 50,000 hommes, au dire même de M. de Butturlin (tom. 1, pag. 349), qui appelle cette bataille le massacre de Borodino. *(Note de l'éditeur.)*

Les 11, 12 et 13, il n'était bruit dans l'armée française que d'un nouveau champ de bataille préparé par Kutuzoff, à quelques lieues de Moscou.

Le 14, deux heures avant le jour, l'armée russe se mit en marche pour traverser Moscou, et sortir ensuite par la porte de Kolomna. A midi, le roi de Naples pénétra dans la ville; elle était inanimée. Frappé d'étonnement, Murat avance avec précaution. La tête de colonne étant arrivée près du Kremlin, des cris féroces se font entendre, et des hommes et même des femmes, appartenant aux dernières classes du peuple, se montrent sur les murs de la forteresse. Murat leur fait porter des paroles de paix, elles sont mal reçues; il fait avancer deux pièces de canon, brise les portes, et chasse ces fanatiques dégoûtants d'ivresse [1].

L'avant-garde, continuant à suivre l'armée ennemie, se trouva mêlée quelque temps avec les Cosaques. Murat, après s'être débrouillé, ralentit sa marche, et l'armée russe acheva d'évacuer la ville.

Le même jour, vers trois heures, le 3e corps aperçut

[1] Entrepôt de l'Asie et de l'Europe, Moscou est une ville aussi grande que Paris. En parlant de cette capitale, le prince de Ligne a dit que c'étaient cinquante villages groupés autour de trois cents châteaux. (19e et 20e Bulletins, 16 et 17 septembre 1812.)

Moscou est partagée en quatre enceintes. Au centre, le Kremlin, antique citadelle qui renferme un palais superbe et plusieurs églises, les tombes des empereurs près du lieu de leur couronnement; tous les édifices sont bizarres, et il serait difficile de dire à quel ordre d'architecture ils appartiennent. Autour du Kremlin est la ville chinoise, quartier habité par les marchands. La ville blanche entoure la ville chinoise; c'est le quartier de la noblesse. Enfin, la ville de terre est la dernière enceinte; c'est proprement un vaste faubourg circulaire qui entoure Moscou. (Le duc DE FEZENSAC, *Journal de la Campagne de 1812.*) *(Note de l'éditeur.)*

les coupoles dorées de Moscou. A cinq heures, nous établissions nos bivouacs sur la gauche de la grand'route de Smolensk à Moscou, près du mont du *Salut*. Pendant cette première nuit, personne ne sortit du camp.

Le 15, à la pointe du jour, on apprit que le feu s'était manifesté dans plusieurs quartiers de la ville, et que de tous les régiments de l'armée [1] étaient parties des corvées [2]

---

[1] L'incendie de Moscou fut allumé par le comte Rostopschine. Je suis bien de l'avis du général Ségur : *cette résolution, comme tout ce qui est grand et entier, fut admirable;* c'est, à mon avis, le *nec plus ultrà* du patriotisme. Les Parisiens ne brûlèrent rien en 1814, et je doute que jamais ils sachent, dans un moment critique, imiter cette patriotique résolution : le *patriotisme des citoyens* ne dépasse pas, en France, et l'enceinte des clubs et les limites des colonnes de quelques journaux faisant profession et parade de leurs sentiments.

[2] Nous croyons devoir rapporter ici les proclamations du comte Rostopschin au peuple de Moscou :

$$\frac{\text{30 août.}}{\text{11 septembre.}}$$

« S. A. le prince Kutuzoff, afin de se réunir plus tôt aux troupes qui allaient le joindre, a quitté Mojaïsk pour venir occuper un endroit fortifié où il est probable que l'ennemi ne se présentera pas de sitôt. On va envoyer au prince quarante-huit canons et des munitions. *Il dit qu'il défendra Moscou jusqu'à la dernière goutte de son sang, et qu'il est prêt à se battre, même dans les rues de cette ville.* On a fermé les tribunaux; mais que cela ne vous inquiète pas, mes amis : il faut mettre les affaires en ordre. Nous n'avons pas besoin de tribunaux pour faire le procès *au scélérat;* si cependant ils me devenaient nécessaires, je prendrais des jeunes gens de la ville et de la campagne. Dans deux ou trois jours, je donnerai le signal. Armez-vous bien de haches et de piques, et, si vous voulez faire mieux, prenez des fourches à trois dents : le Français n'est pas plus lourd qu'une gerbe de blé. Demain, j'irai voir les blessés de l'hôpital de Sainte-Catherine : j'y ferai dire une messe et bénir l'eau pour leur prompte guérison. Pour moi, je me porte bien; j'avais mal à un œil, mais maintenant je vois très-bien des deux. »

pour y faire des vivres. Je me décidai à imiter les autres corps, en régularisant de mon mieux cette grande maraude, qui devint un combat affreux entre l'armée et l'incendie. L'ennemi ne fut jamais une difficulté pendant toute cette campagne. Trouver des vivres était le point difficile, et fut même l'une des principales causes de nos désastres. L'armée française fut battue, en 1812, par le froid et la faim !... [1]

31 août.
12 septembre.

« Je pars demain pour me rendre près de S. A. le prince Kutuzoff, pour prendre, conjointement avec lui, des mesures pour exterminer nos ennemis.

» Nous renverrons au diable ces hôtes, et nous leur ferons rendre l'âme.

» Je reviendrai pour le dîner, et nous mettrons la main à l'œuvre pour réduire en poudre ces perfides. »

[1] Voici la composition du 3e corps à cette époque :

Général en chef : Maréchal Ney. — *Chef d'état-major :* Le général Gouré.

1re DIVISION. — Ledru des Essarts. — *Généraux de brigade :* Gengoult, Lenchantin, Bruni. — *Colonels :* 24e léger, Debellier ; 46e de ligne, Bru ; 72e, N...

2e DIVISION. — Razout. — *Généraux de brigade :* Joubert, d'Hénin. — *Colonels :* 4e de ligne, Fezensac ; 18e de ligne, Pelleport ; 93e de ligne, Baudouin.

Deux brigades de cavalerie légère : Généraux Beurman et Valmabelle.

Artillerie : Général Touchet.

Voici quelques notes sur les chefs du 3e corps, extraites du *Journal* du duc de Fezensac : Le général Ledru était un bon officier d'infanterie ; le général Razout avait la vue tellement basse, que ses dispositions se ressentaient nécessairement de l'incertitude perpétuelle à laquelle il était livré ; le général Joubert était un officier d'un mérite ordinaire ; le général d'Hénin avait un peu perdu l'usage de la guerre ; *le colonel Pelleport, engagé volontaire au 18e de ligne, avait fait tout son avancement dans le même régiment, qu'il commandait alors avec une rare distinction.* (*Journal de 1812*, le duc DE FEZENSAC.) *(Note de l'éditeur.)*

Le 16, les bivouacs présentaient déjà un singulier as-
semblage d'abondance et de disette. On manquait des
choses les plus essentielles, comme le pain et la viande,
et on avait du sucre, du café, et surtout du thé et de
l'eau-de-vie, à profusion. Les jours suivants, les bivouacs devinrent des marchés où l'on échangeait le superflu contre le nécessaire; le désordre commençait à se
glisser dans nos rangs, et il était impossible d'empêcher
cet état de choses.

Le 19, le 18e traversa Moscou pour se rendre dans un
petit village entièrement ruiné, à une lieue de la ville. Peu
de temps après, il rentra dans Moscou, et se logea dans le
faubourg allemand, où nous trouvâmes assez de maisons
pour nous abriter. Là, on forma des ateliers, afin de réparer les effets d'habillement, d'équipement et l'armement;
on y établit aussi une boulangerie pour manutentionner du
biscuit.

Le 30 septembre, le maréchal Ney me donna le commandement de toutes les compagnies d'élite de la division
Razout pour faire une reconnaissance sur la route de Wla-
dimir. Le 3 octobre, le maréchal, accompagné de sa cavalerie légère et de quatre pièces de campagne, vint prendre
la direction de ce mouvement, et nous nous avançâmes
jusqu'à Bogorodsk, à 24 verstes de Moscou.

Nous trouvâmes des vivres dans les villages situés sur la
route; mais, à mesure que nous avancions, les Cosaques
fermaient nos communications avec le quartier impérial.
Nous rentrâmes à Moscou le 14.

La position de l'armée devenait chaque jour plus inquié-
tante; la guerre était partout, devant, derrière et sur les
flancs. Les hommes et les chevaux, qui allaient au loin
chercher des vivres et des fourrages, revenaient épuisés de

fatigue, et, après avoir fait des pertes considérables, n'apportaient que peu ou point de provisions[1].

Entièrement occupé par les soins que j'apportais aux approvisionnements, à la réorganisation des compagnies et à la réparation des effets de toute espèce, je n'entrai en ville qu'une fois pour affaire de service.

Les 16 et 17 octobre, on réunit les blessés qui pouvaient être transportés, pour les envoyer à Smolensk, sous l'escorte des Westphaliens; chaque régiment fournit les moyens de transport pour les siens. Cette opération s'exécuta difficilement; il fallut agir brutalement contre l'égoïsme. Je remarquai, dans cette circonstance comme dans tant d'autres pendant cette campagne, que généralement on est sans pitié pour les autres quand on craint pour soi.

Le 18, par un temps magnifique, l'Empereur passa la revue du 3ᵉ corps dans la cour du Kremlin : le 18ᵉ avait, ce jour-là, 1,600 hommes sous les armes, parfaitement habillés et équipés. L'Empereur m'accorda toutes les récompenses que je lui demandai pour les officiers, sousofficiers et soldats. Je fus proposé pour le grade de général de brigade par le maréchal Ney, duc d'Elchingen et prince de la Moskowa. L'Empereur répondit : *Après la campagne; j'ai besoin de mes bons colonels pour me sortir d'ici...* Il avait appris dans la matinée l'attaque de notre avant-garde par l'armée russe. Dans cette affaire, la cavalerie du roi de Naples avait été presque détruite, et l'artillerie de Sébastiani enlevée par l'ennemi. Ce pauvre général était vraiment malheureux[2].

---

[1] Nous n'étions plus que 8,000 hommes dans le 3ᵉ corps; nous avions perdu 17,000 hommes.

[2] La cour de l'Empereur au Kremlin se composait du prince Eugène, des maréchaux prince de Wagram, duc de Dantzig, duc de

Moscou, à l'exception du Kremlin, fut évacué le 19. Le
temps était très-beau. Il fallut toute la journée pour déboucher de la ville. Les voitures d'artillerie et d'équipages,
les chariots des vivres, les calèches, les chevaux de selle
et de bât se mêlaient, s'embarrassaient, se heurtaient et
gênaient la marche des colonnes. 10,000 soldats valides
étaient employés à l'escorte; chaque corps, chaque compagnie, chaque état-major y était représenté par des hommes de confiance. On se battait et on se disputait partout.
On jurait en français, en allemand, en polonais et en
italien. Nous commencions à revenir en arrière, et c'est de
ce moment que commencèrent nos grands revers et cette
immortelle retraite bien digne de figurer à côté de celle des
dix mille. Je crois, tout amour-propre de côté, que nous
avons, en cette circonstance, laissé bien loin de nous les
Romains dont l'Empereur nous parlait tant en Italie et
en Égypte. Ces cohues présentaient un spectacle aussi
étrange qu'effrayant [1].

Trévise, duc d'Istrie, prince d'Eckmuhl, duc d'Elchingen; des
généraux comtes de Lariboissière, de Chasseloup-Laubat; comte
Mathieu Dumas, intendant-général; comte Daru, ministre d'Etat;
du grand maréchal duc de Frioul; du grand écuyer duc de Vicence;
des aides de camp comtes Rapp, Lauriston, Mouton, duc de Plaisance, comte Durosnel, comte L. de Narbonne, comte Kossakowski;
des officiers d'ordonnance A. de Montesquiou, Mortemart, d'Hautpoult, de Caraman, de Chabrillant, Lauriston, d'Aremberg; du
chambellan comte de Turenne; du comte de Ségur, maréchal-des-
logis; du baron de Saluces, écuyer; du docteur baron Yvan.

[1] Voir le *Journal* du général DE FEZENSAC, pag. 72.

Sur les 140,000 hommes qui sortirent de Moscou, 100,000 tout
au plus pouvaient combattre; les autres gardaient les prises au
milieu desquelles l'on traînait la gigantesque croix du grand Yvan,
les canons, les voitures, fourgons, etc. Nous ressemblions à l'une
de ces nations nomades du désert revenant d'une grande expédition
et rapportant leur butin.

On prit d'abord la vieille route de Kalouga, sur laquelle se trouvait l'armée russe ; on la quitta le 24 pour passer sur la nouvelle, qui, de Moscou, passe à Borowsk et à Malo-Jaroslawe. Ce mouvement fut masqué par le maréchal Ney et le roi de Naples. Beaucoup de voitures restèrent dans les boues du chemin de traverse, que nous suivîmes pour passer d'une route à l'autre. L'artillerie y perdit des chevaux. Cette circonstance nous démontre d'une manière évidente que l'armée, trop appesantie par son immense matériel, ne pouvait se mouvoir que sur une grande route, et que, dans cet état de choses, il fallait marcher, tou-jours marcher, et ne combattre que pour s'ouvrir un pas-sage [1].

Le 23, la marche de l'armée était disposée comme suit : Le vice-roi en tête, suivi du maréchal Davoust ; venait

[1] Si Moscou n'eût pas été livré aux flammes, disait l'Empereur, j'aurais donné le spectacle singulier d'une armée hivernant paisible-ment au milieu d'une nation ennemie qui la presse de toutes parts ; c'eût été le vaisseau pris par les glaces. Cambacérès, comme de coutume, eût mené en France les affaires publiques, et tout eût été son train comme si j'eusse été présent. Au printemps, chacun se fût réveillé à la fois, et l'on sait que les Français sont aussi lestes qu'aucuns. *Le destin a dû être plus fort que moi. J'ai défait des armées, mais je n'ai pu vaincre les flammes, la gelée, l'engour-dissement, la mort !*

La paix dans Moscou accomplissait et terminait mes expéditions de guerre ; c'était, pour la grande cause, la fin des hasards et le commencement de la sécurité.... J'aurais eu aussi mon *Congrès* et ma *Sainte-Alliance* ; ce sont des idées qu'on m'a volées... Nous eussions traité de nos intérêts de famille, et compté de clerc à maître avec les peuples. La cause du siècle était gagnée, et la ré-volution accomplie. Je devenais, enfin, l'arche de l'ancienne et de la nouvelle alliance, le médiateur naturel entre l'ancien et le nouvel ordre de choses. *Ma gloire eût été dans mon équité.* (NAPOLÉON, *Mémorial.*) *(Note de l'éditeur.)*

ensuite la garde impériale; le maréchal Ney et le roi de
Naples protégeaient la marche et formaient la gauche.
Vers quatre heures du soir, une division du vice-roi occupa Malo-Jaroslawe. Kutuzoff, averti enfin de notre mouvement, se porta en toute hâte sur ce point; il n'arriva que
le lendemain. Le 24 eut lieu la bataille de Malo-Jaroslawe [1];
18,000 Italiens et Français battirent une armée de 40,000
Russes. Cette journée fut glorieuse pour le prince Eugène;
mais l'armée ne retira pas l'avantage qu'elle en espérait,
car elle abandonna la route de Kalouga pour ne pas être
obligée de livrer une nouvelle bataille, et prit la route directe de Moscou à Smolensk. Ce changement de direction
nous affligea; nous ne vîmes devant nous qu'un désert
couvert de glaces !...

La garde impériale prit la tête de la colonne; venait
ensuite le maréchal Ney, puis le prince Eugène; Davoust
fut chargé de faire l'arrière-garde. Cette marche sur un
sol pourri fut pénible, à cause des difficultés que nous
rencontrâmes pour faire avancer le matériel. Les Cosaques
profitèrent de toutes les circonstances pour s'emparer des
voitures embourbées ou restées en arrière : leur apparition
produisait toujours un grand désordre à l'arrière-garde [2].

---

[1] Malo-Jaroslawe est situé, de l'autre côté de l'Ougla, sur une hauteur dont l'escarpement dominait notre route. *(Note de l'éditeur.)*

[2] Je ne saurais trop vous recommander ce qui nous reste de
blessés.... Les Romains donnaient des couronnes civiques à ceux
qui sauvaient des citoyens; combien n'en mériterez-vous pas à mes
yeux pour tous les malheureux que vous sauverez ! Il faut les monter sur vos propres chevaux; c'est ainsi que j'ai fait à Saint-Jean-
d'Acre. On doit commencer par les officiers, et préférer les Français.
Assemblez les généraux et les officiers sous vos ordres. Faites-leur
sentir tout ce que l'humanité exige dans cette circonstance. (Lettre
de l'Empereur au maréchal Mortier, du 21 octobre 1812.)

Le 26, le 3ᵉ corps s'arrêta à Wereja, où se trouvait
déjà le maréchal Mortier avec une partie de la jeune garde
et une troupe de 3 à 4,000 hommes appartenant à toutes
les armes ; ils se dispersèrent dans la nuit, au lieu de rejoindre leurs corps [1].

Le 27, le 3ᵉ corps s'approcha de Ghorodock-Borisow,
dont la plupart des maisons renfermaient encore des blessés.
Je fis prendre ceux du 18ᵉ qui étaient transportables.

Le lendemain, nous traversâmes une partie du champ
de bataille où tant de nos camarades, avides de gloire et
de renommée comme nous, avaient péri. Chaque régiment
rendit les derniers honneurs militaires à leurs dépouilles
mortelles. Les souvenirs d'une ancienne et franche cama-
raderie firent verser quelques larmes. Les cadavres étaient
déjà congelés.

Après dix jours de marches et de contre-marches, nous
n'étions qu'à trois bonnes journées de Moscou. L'hiver se
faisait déjà sentir, et la disette aussi. Les chariots de nos
vivres avaient été pillés par les traînards, dont la masse
grossissait chaque matin.

A l'abbaye de Kolotskoï, où nous nous arrêtâmes, se
trouvaient un grand nombre de blessés et malades, dévorés
par la misère, le typhus et la gangrène, et abandonnés du
monde entier : ces malheureux n'avaient ni eau pour se

---

[1] L'armée française avait en ce moment derrière elle six lignes de
dépôts et magasins.

Les magasins de la 1ʳᵉ ligne étaient à Smolensk, à dix jours de
marche de Moscou ; ceux de la 2ᵉ ligne, à Minsk et Wilna, à huit
jours de marche de Smolensk ; ceux de la 3ᵉ ligne, à Kowno, à
Grodno et à Byalystock ; ceux de la 4ᵉ ligne, à Elbing, à Marien-
werder-Thorn, Plock et Varsovie ; ceux de la 5ᵉ ligne, à Dantzig,
à Bromberg, à Posen ; ceux de la 6ᵉ ligne, à Stettin, Custrin et
Glogau. (MONTHOLON, tom. 11, pag. 111.)

désaltérer, ni paille pour se coucher. Étant entré dans l'abbaye avec quelques officiers du 18°, je cherchai les miens, et je les fis mettre sur les voitures des cantinières : ils périrent tous avant d'arriver à Smolensk. J'ai toujours la consolation d'avoir rempli, en cette circonstance, mon devoir en chef de famille responsable, *devant Dieu et l'Empereur,* de la vie de mes soldats[1].

Le 30, l'armée abandonna des fourgons et des voitures de toute espèce dont les attelages, exténués par la faim et les difficultés de la route couverte de verglas, ne pouvaient plus avancer. Arrivé au bivouac, je fis ouvrir les caissons du régiment pour que les officiers disposassent de leurs effets comme ils l'entendraient. Je fis compter la caisse militaire ; elle renfermait 120,000 *francs en or.* J'en fis plusieurs parts. Chacun des officiers, sous-officiers et soldats reçut une petite somme, en promettant de ne pas abandonner ce dépôt confié à son honneur, et de le remettre à un camarade s'il venait à succomber. Grâce aux soins du capitaine Berchet, payeur du 18°, grâce à l'honnêteté de mes braves camarades, *les* 120,000 *francs furent remis en caisse après la campagne.* Je ne sais si beaucoup de régiments furent aussi heureux que le 18° de ligne. Dans tous les cas, je m'honorerai toujours d'avoir commandé à des hommes capables d'accomplir de tels actes d'héroïsme [2] !...

----

[1] L'Empereur, d'ailleurs, les généraux en chef et le respectable baron Larrey nous avaient donné l'exemple en abandonnant leurs propres voitures aux blessés. Un sous-lieutenant de carabiniers, nommé, je crois, de Beauveau, de la famille des princes de ce nom, fut placé dans le landau de l'Empereur.

[2] Le comte de Turenne devait en faire autant vers la fin de la campagne pour le trésor particulier de l'Empereur ; *pas une pièce d'or ne fut perdue.*

Le 2 novembre, le 3ᵉ corps atteignit Viasma. L'Empereur en était parti la veille avec sa garde, laissant l'ordre au maréchal Ney d'attendre dans cette ville le prince Eugène et le maréchal Davoust, et de remplacer ce dernier à l'arrière-garde ; il lui recommandait aussi de faire observer avec le plus grand soin le chemin de Medouyn, qui débouche à Viasma ; il supposait que l'armée russe le suivait pour y gagner cette ville.

On se plaignait généralement du maréchal Davoust, trop méthodique pour une retraite irrégulière ; on le blâmait de s'arrêter trop souvent, de manœuvrer devant les Cosaques, et de ne pas faire la part du *diable*. Cependant il convient de faire remarquer, pour être juste envers le maréchal, que des gués défoncés, des ponts rompus, et qu'une foule indisciplinable de traînards, à pied, à cheval et en voiture, retardaient sa marche et fournissaient à l'ennemi de fréquentes occasions de l'inquiéter, de le serrer de près et de le forcer à combattre.

Le 3 novembre, se donna la bataille de Viasma, entre l'avant-garde russe, commandée par le général Miloradowitsch, *le Murat moscovite,* et les corps d'armée du prince Eugène et du maréchal Davoust. On aurait pu l'éviter, si ces deux officiers généraux, au lieu de s'arrêter, le 2, à deux lieues environ de Viasma, avaient continué leur marche, afin de mettre le défilé entre eux et l'ennemi, conformément à la règle [1]. Cette bataille désorganisa complètement ces deux corps d'armée, et leur fit éprouver de grandes pertes, en hommes, canons et bagages ; leur retraite, qui s'opéra sous la protection du 3ᵉ corps, fut pitoyable. La division Ledru, du 3ᵉ corps,

[1] Le général Compans s'illustra de nouveau dans cette affaire.

placée au débouché de la route de Medouyn, prit part à la bataille; celle de Razout ne tira pas un coup de fusil.

Le 4, le maréchal Ney, prince de la Moskowa, prit le commandement de l'arrière-garde, du poste d'honneur de la grande armée. De tous les maréchaux de l'Empire, nul n'était plus digne que le Brave des braves d'exercer ce suprême et sublime commandement.

La neige tombait à gros flocons [1], le vent était glacial, et les Cosaques, avec une artillerie montée sur des traîneaux aussi légers que leurs chevaux, nous harcelaient de tous côtés; nous fûmes obligés de nous arrêter souvent pour leur faire face et protéger notre artillerie, que nous voulions conserver jusqu'au dernier moment. Beaucoup d'hommes isolés, sourds à nos recommandations et même à nos prières, tombèrent au pouvoir de l'ennemi, qui s'empara aussi de plusieurs voitures.

Les capitaines Reissemback et Gloriot, les lieutenants Derouvroy et Venderbagen, qui commandaient nos éclaireurs, montrèrent autant d'intelligence que de vigueur dans cette cruelle journée.

Le 5, la neige cessa de tomber vers midi, mais le froid devint plus vif; vers deux heures, le 3e corps s'arrêta pour faire face à une troupe régulière d'infanterie qui, avec des Cosaques, serrait notre arrière-garde, que j'avais l'honneur de commander.

Un grand nombre d'hommes isolés furent pris; des voitures, abandonnées par leurs conducteurs, tombèrent

---

[1] Le froid, qui avait commencé le 6, s'accrut subitement le 7; chaque nuit, les chevaux mouraient par milliers. Les hommes que la nature n'a pas trempés assez fortement pour être au-dessus de toutes les chances du sort et de la fortune parurent ébranlés... (29e Bulletin.) *(Note de l'éditeur.)*

aussi au pouvoir de l'ennemi. Je me rappelle avoir vu ce jour-là des officiers et même des généraux, totalement démoralisés, faire la retraite pour leur propre compte, n'ayant d'autre idée que de gagner le Niémen [1] !

Le 6, nous fûmes encore vivement attaqués par un corps régulier; il se manifesta de l'hésitation dans nos rangs; il fallut toute l'énergie du maréchal Ney pour ranimer la troupe et la conduire au combat.

Le 7, le froid augmenta d'intensité. Les difficultés et les pertes furent plus grandes que les jours précédents [2].

Le 8, nous arrivâmes à Dorogobouge. Nous espérions y trouver un abri pour y passer la nuit, lorsque, vers quatre heures, l'ennemi parut et nous força à nous éloigner de ce bourg. Nous nous établîmes à une lieue plus loin. Le bivouac fut horrible; nous passâmes la nuit sans feu. La désertion fut plus considérable cette nuit que les précédentes. Beaucoup de nos soldats quittèrent le bivouac pour se répandre dans la campagne, afin de chercher un abri et du pain, et ils n'y trouvèrent qu'une population armée et des Cosaques [3].

Le 9, nous nous arrêtâmes à Michatelwska. Pendant cette journée, nous fûmes peu inquiétés par la cavalerie ennemie.

Le 10, nous trouvâmes à Pniewo la queue des équipages du quartier impérial et des corps d'armée qui nous précé-

[1] Voir dans SÉGUR, pag. 191, tom. 11, l'état du 3ᵉ corps. Ce récit est des plus exacts; ce n'est pas du roman.

[2] C'est à dater du 6 novembre, dit le 29ᵉ Bulletin, que commencèrent les grands froids et la grande désorganisation de l'armée. Lire ce document. *(Note de l'éditeur.)*

[3] Lire, dans M. THIERS, tom. 4, pag. 545, la manière d'être du maréchal Ney pendant la retraite. *(Note de l'éditeur.)*

daient. Il fallut y rester pour les protéger pendant qu'ils
passaient sur la rive droite du Dniéper. Nous en fûmes
chassés par le canon de l'ennemi le 11 au soir.

Les 12 et 13, le 3ᵉ corps continua sa marche au milieu
des débris du matériel, rencontrant des cadavres partout,
et combattant sans cesse contre les Cosaques et les populations armées. Des masses de traînards gênaient souvent
ses mouvements. Enfin, il arriva à Smolensk, où tant de
déceptions l'attendaient [1].

Nous ne trouvâmes dans cette ville que désordre et misère. La garde en était partie avec les débris de la cavalerie et des Polonais. Le maréchal prince d'Eckmuhl s'y
trouvait encore. Le prince Eugène y arriva le lendemain
sans bagages et sans canons; il avait quitté la grande route
de Smolensk à Dorogobouge pour se jeter à droite. Quant
aux Westphaliens, ils avaient disparu entièrement.

Au départ pour Moscou, l'Empereur avait laissé 200,000
hommes au moins, sur une ligne fort étendue, à la vérité.
Ces troupes devaient assurer sa retraite, mais une suite
d'événements les avaient successivement détournées des
positions où nous espérions les trouver. Tous ces échelons
nous manquant, plus de point d'appui.

Le 3ᵉ corps passa la nuit du 13 au 14 dans le faubourg
de Saint-Pétersbourg. Nos corvées, envoyées aux vivres,

---

[1] Depuis que nous étions à l'arrière-garde, tous les hommes qui
s'écartaient de la route tombaient entre les mains de l'ennemi. La
rigueur du froid vint augmenter nos embarras et nos souffrances.
Beaucoup de soldats, épuisés de fatigue, s'arrêtaient partout où ils
trouvaient un morceau de bois pour faire cuire un quartier de
cheval. Je vis des soldats, ivres par le besoin, ne plus reconnaître
leur régiment et leurs camarades. (*Journal de 1812*, le duc DE
FEZENSAC.)

ne rentrèrent que le lendemain, n'apportant que des bribes échappées au pillage et à l'avidité des autres corps.

Le 15, le 3ᵉ corps traversa la ville [1] pour s'établir dans le faubourg par lequel on débouchait pour prendre la route de Krasnoë; on y trouva quelques maisons épargnées par l'incendie.

Le 16, je fis l'appel de mon régiment; il se trouvait réduit à 600 hommes sous les armes. Ainsi, la perte de ce corps, depuis Moscou jusqu'à Smolensk, était de 1,000 tués, blessés, gelés, malades, traînards et égarés.

Le maréchal Ney me donna le commandement des 4ᵉ et 93ᵉ régiments de ligne et de deux bataillons d'Illyriens arrivés la veille. Ces troupes formèrent la 1ʳᵉ brigade de la division Razout. Le 18ᵉ seul forma la 2ᵉ brigade sous les ordres du général d'Hénin. A cette occasion, le maréchal me dit : « *En attendant votre promotion au grade de général de brigade, je vous en donne l'emploi.* » Il voulut aussi, par cette distinction hors des habitudes et des convenances militaires, me témoigner sa satisfaction pour les soins et le zèle que j'avais apportés à réunir, à pelotonner et même à faire combattre les hommes isolés appartenant à tous les corps de l'armée et même aux administrations, dont je renforçais chaque jour l'arrière-garde. Je rappelle cette circonstance comme l'une des plus honorables de ma carrière militaire. Je suis fier de pouvoir dire aujourd'hui : *Je commandais en Russie*

---

[1] Lorsque le 3ᵉ corps arriva sous les murs de Smolensk, il s'occupa à en défendre les approches; aussi fut-il oublié par ceux qu'il avait protégés. Pendant que nous tenions tête à l'ennemi, les autres corps d'armée achevaient le pillage des magasins. (FEZENSAC, *Journal de 1812*, pag. 100 et 101.)

l'arrière-garde de l'arrière-garde de la grande armée [1].

Dans les journées des 14, 15 et 16, on réunit le matériel de l'artillerie, du génie et de l'administration, que nous ne pouvions traîner avec nous et qui était considérable encore, et on enfouit les poudres dans les mines pratiquées sous les remparts pour produire la plus grande destruction possible.

Le 17, à cinq heures du matin, le 3ᵉ corps prit les armes et se forma en bataille, face à Smolensk ; on mit le feu aux mines : l'explosion fut immense. Ainsi périt ce matériel dont la conservation avait retardé notre retraite et causé une partie de nos malheurs.

Le 3ᵉ corps se mit en marche ensuite et se dirigea sur Krasnoë. Le temps était beau et le froid supportable. L'ennemi ne parut pas de la journée.

Le 3ᵉ corps s'arrêta à Koritnya et y passa la nuit. La troupe, à force de travail, d'industrie et même d'argent, s'était procuré du biscuit pour deux ou trois jours. C'est dans ce bivouac que nous apprîmes les désastres du maréchal Davoust et du prince Eugène au défilé de Krasnoë, et les combats de la garde pour protéger leur arrivée. D'après ces nouvelles, nous devions nous attendre à combattre, le lendemain, l'armée de Kutuzoff pour nous ouvrir le passage.

Le 18, le 3ᵉ corps, précédé de la division du comte

---

[1] Le général baron d'Hénin avait peu servi ; il venait des prisons d'Angleterre. Je l'ai complètement perdu de vue depuis notre campagne ; je ne sais ce qu'il est devenu. Le maréchal avait été très-mécontent de sa conduite dans une affaire antérieure. C'est ce qui motiva cette mesure extraordinaire, de mettre un officier général sous les ordres d'un colonel.

Ricard, que le maréchal Davoust avait mise à la disposition du maréchal Ney pour le renforcer, s'avança vers Krasnoë. Sur la route que nous suivions, on voyait les débris des combats de la veille. Vers deux heures, nous fûmes vivement canonnés par un corps russe qui flanquait notre gauche. Je fis sortir les Illyriens de la colonne pour reconnaître l'ennemi; ils ne reparurent plus !... Le 3e corps continua sa marche, et arriva bientôt sur le bord d'un ravin large et profond; il fut accueilli par un feu épouvantable. Le maréchal forma de suite ses colonnes d'attaque, et les disposa comme il suit : La première brigade de Razout, que je commandais[1], au centre, sur la grande route; le 18e seul, commandé par le baron d'Hénin, à la droite de la division; Ricard à la gauche. Le maréchal donna l'ordre au général Ledru de disposer sa division de manière à protéger la retraite au besoin. Ces choses étant faites, on marcha en avant. Le ravin est passé rapidement, et les troupes ennemies qui veulent s'y opposer sont renversées. Nos colonnes se précipitent ensuite sur l'artillerie ennemie[2] dont la mitraille nous écrase. Nous n'en sommes qu'à une centaine de pas, lorsqu'un corps nombreux d'infanterie s'avance, la baïonnette croisée. Nos colonnes s'arrêtent, bientôt elles tourbillonnent; la cavalerie survient, et tout est perdu !...

Le 18e régiment fut presque détruit; son aigle, qui

---

[1] Pelleport, commandant de la brigade, forte d'un régiment d'Illyriens, du 4e de ligne et du 18e, conduisit l'attaque et chargea avec le quatrième. (Général BONNET, *Manuscrit sur 1812.*)

[2] Lire avec recueillement, dans SÉGUR, tom. 2, pag. 287 et suivantes, le récit de notre marche. Je le déclare ici, si je n'eusse été l'un des acteurs de ce lugubre mais héroïque épisode, je ne pourrais croire à tant de gloire et de revers.

avait été portée en tête par ordre exprès de son colonel,
resta sur le champ de bataille [1]; 600 hommes, dont 350 périrent, se dévouèrent à sa défense et à l'honneur de la noble famille à laquelle ils appartenaient. Les autres régiments laissaient leurs aigles en arrière ou les démontaient
pour les sauver. Je m'opposai à ce qu'on prît ces précautions dans le 18e; elles me paraissaient honteuses. Nos
aigles ne nous avaient pas été données pour être cachées;
elles devaient périr avec nous [2]!

Les divisions Ricard et Razout, meurtries, désorgani-
sées et réduites à la moitié de l'effectif qu'elles avaient au
commencement de l'affaire, repassent le ravin sous la protection de la division Ledru, et se rallient en arrière. Le
maréchal me fait dire par un de ses aides de camp *de
marcher sur Smolensk* [3]. Cet ordre ne me surprit pas, car
nous ne pouvions ni avancer ni rester sur le terrain que
nous occupions; il fallait donc reculer, et profiter de la nuit

---

[1] Ce combat de Krasnoë a été appelé par le général anglais Wil-
son *la bataille des héros*. Dans son rapport à l'Empereur Alexandre,
le général Kutuzoff dit, en propres termes : *que les Français, loin
de se laisser abattre par la cruelle extrémité où ils se trouvaient réduits, n'en étaient que plus enragés à courir sur les pièces qui les
écrasaient.*
Jamais soldats français n'ont, je crois, reçu une plus précieuse
reconnaissance de leur héroïque dévouement. Les Russes étaient
80,000; nous étions à peine 6,000 hommes sous les armes.
[2] Il ne resta du 18e que le commandant Bonnet, le capitaine Reissemback, trois officiers, le colonel, et 25 à 30 voltigeurs. (Général
Bonnet, *Manuscrit sur 1812.*)
[3] Voici quel fut le plan du maréchal Ney, plan d'une hardiesse
et d'une conception admirables : Marcher sur le Dnieper, qui était
gelé, et dont nous n'étions éloignés que de deux lieues; le passer
sur la glace, et rejoindre l'armée impériale au grand coude d'Orscha !....

pour nous arrêter quelque part et prendre ensuite un parti : nous étions entourés par 50 à 60,000 hommes !...

Nous commencions à nous mettre en route, lorsqu'un major russe se présenta pour nous sommer de déposer les armes. Ce parlementaire dit au maréchal que les corps d'armée qui avaient précédé le 3e avaient été détruits, ainsi que la garde impériale, et que, réduit à ses propres forces et coupé par toute l'armée russe, il devait se rendre. Ney répondit : *Un maréchal de France ne se rend pas !* Le feu de l'ennemi ayant recommencé avant la rentrée du parlementaire, le maréchal profita de cette circonstance pour retenir l'officier russe et l'empêcher de revenir vers Kutuzoff. (Il était dans son droit.)

La marche rétrograde dura une heure environ. Les troupes étant arrivées près d'un ruisseau assez considérable, il fut bientôt reconnu qu'il était un des affluents du Dnieper. Le maréchal s'écria alors : « Voilà notre guide [1] ! il faut le suivre ! Notre salut est sur l'autre rive du fleuve ! »

En descendant le ruisseau, nous trouvâmes un village où une bande nombreuse de traînards s'était établie pendant le combat. Ces misérables manœuvraient toujours de manière à se procurer des vivres et à s'éloigner du feu. Cette rencontre, qui devait nous renforcer, nous fit perdre des hommes ; tout ce que nous pûmes leur dire pour les engager à nous suivre fut inutile.

A huit heures, nous continuâmes le mouvement de retraite ; il pleuvait à verse. Dans cette marche difficile et silencieuse à travers les champs, la colonne se divisa en plusieurs tronçons. Nous avions bien un paysan que nous

---

[1] En adoptant ce parti, Ney sauvait l'honneur de l'armée et le sien. (THIERS, tom. 4, pag. 573, *Consulat et Empire.*) *(Note de l'éditeur.)*

avions trouvé dans une cachette du dernier village, mais il ne pouvait pas nous comprendre. Arrivés sur le bord du Dnieper, le maréchal fit faire une halte pour attendre les hommes égarés, les blessés et deux pièces de canon sans caissons qui nous restaient encore [1].

Le 19 (un mois après notre départ de Moscou), vers cinq heures du matin, le passage commença; il s'opéra sur plusieurs lignes, les hommes marchant sur une seule file, l'un à la suite de l'autre. La glace se fendit sur plusieurs points avec des craquements sinistres; on redoubla de précautions; les rangs et les hommes s'espacèrent davantage, et enfin on atteignit la rive droite, où l'on trouva encore la guerre. Quelques hommes et quelques chevaux périrent; on n'essaya pas de faire passer les voitures [2]. Le 3e corps et la division Ricard ne présentèrent, après le passage du Dnieper, qu'un effectif d'environ 3,000 hommes au plus.

Divisés en trois masses inégales, et marchant en échelons aussi longtemps que le terrain pouvait le permettre, ces troupes s'avancèrent dans le pays. Le général Ricard était en tête; venait ensuite le général Ledru. Je marchais

---

[1] Nous fîmes, dans deux jours, vingt lieues, ne suspendant le combat que pour reprendre la marche. *O patrie ! n'oublie jamais ce que tu dois à celui qui t'a sauvé de tels soldats !* (Le baron FAIN, *Manuscrit de 1812*, pag. 326.)

[2] Ney s'aperçut qu'il n'avait avec lui qu'une partie des siens; il pouvait toujours passer l'obstacle, assurer par là son salut, et attendre sur l'autre rive. Il donna trois heures au ralliement; et, sans se laisser agiter par l'impatience et le péril de l'attente, on le vit enveloppé dans son manteau, et, ces trois heures si dangereuses, les passer à dormir profondément sur le bord du fleuve : tant il avait le tempérament des grands hommes, une âme forte dans un corps robuste, et cette santé vigoureuse sans laquelle il n'y a guère de héros. (DE SÉGUR, tom. 11, pag. 299.) *(Note de l'éditeur.)*

ensuite avec les débris de la division Razout, me tenant à la gauche. On entra brusquement dans le village de Gu-sinoï; on y trouva quelque chose, et on y prit un poste de Cosaques qui nous annoncèrent la présence de Platoff sur cette rive.

A dix heures, nous nous reposâmes dans deux villages très-rapprochés l'un de l'autre. Vers midi, on aperçut des nuées de Cosaques sortir des forêts; mais le maréchal, qui ne voulait pas commencer le combat de si bonne heure, nous fit former les faisceaux, après avoir pris les précautions exigées par la présence de l'ennemi.

A quatre heures, nous reprîmes la marche; mais l'ar-tillerie ennemie nous força bientôt à abandonner la direc-tion que nous suivions pour nous rapprocher du Dnieper, descendre ce fleuve et en couvrir notre gauche. La nou-velle direction nous mena dans un terrain profondément raviné, qui convenait parfaitement à notre position. Nous n'avions que de l'infanterie; elle passe partout. Pendant cette horrible nuit, nous ne fîmes pas de halte, afin de gagner quelques heures sur l'ennemi.

Le 20, nous retrouvâmes les Cosaques en plus grand nombre que la veille, et avec quelques pièces de plus. Il fallut s'arrêter souvent pour se préparer à repousser les charges dont nous étions menacés sans cesse. Vers trois heures, ma colonne fut un moment ébranlée. Le maréchal, s'en étant aperçu, arrêta la marche; il parla aux soldats, et la confiance se rétablit. Vers cinq heures, nous établî-mes nos bivouacs sur la lisière d'un bois par lequel passait la route d'Orscha.

Le 21, vers deux heures du matin, les troupes, ne for-mant qu'une seule colonne, reprirent leur marche sur Orscha; elles traversèrent la forêt sur la lisière de laquelle elles avaient bivouaqué, sans répondre aux feux de l'ennemi et en observant le plus grand silence. Elles rencontrèrent, vers quatre heures, les troupes du 4ᵉ corps qui étaient venues à leur rencontre [1]. A son arrivée à Orscha, le maréchal n'avait que 1,500 hommes environ; là, aussi, nous trouvâmes confusion, désordre et misère : deux rations de biscuit furent cependant distribuées à chaque homme. Je trouvai à Orscha une centaine de soldats de mon régiment sortis des hôpitaux [2].

Le 22, le 3ᵉ corps prit la route de Borisow. Le 23, il bivouaqua à Toloczin, et le 24 à Bobr. Le 25, après s'être arrêté quelques heures à Natcha, il prit la route de Studianka : c'est là que se préparait le passage de l'armée. Nous fûmes témoins du dévouement des pontonniers, marins et sapeurs, plongés dans l'eau glacée jusqu'aux épaules; ils travaillèrent sans relâche pour le salut de tous; ils firent, dans cette circonstance, ce qui eût été jugé impossible dans toute autre.

L'ennemi n'inquiéta pas nos travaux. Tchitchagoff, dans le partage de ses forces pour s'opposer à notre passage, avait négligé la partie supérieure de la Bérézina, suppo-

---

[1] Le vice-roi témoigna hautement au maréchal Ney l'admiration que lui causait sa conduite. Il félicita les généraux et les deux colonels qui restaient, Pelleport et Fezensac. C'est ainsi que se termina cette marche hardie, l'un des plus curieux épisodes de la campagne. Elle couvrit de gloire le 3ᵉ corps, si l'on peut donner le nom de corps d'armée à 8 ou 900 hommes qui arrivèrent à Orscha. (FEZENSAC, *Journal de 1812*, pag. 125.)

[2] *Est-ce bien vrai !* s'écria l'Empereur en apprenant que Ney était sauvé. *J'ai deux cents millions dans mes caves des Tuileries; je les aurais donnés pour le sauver.* Le quartier général nous accabla d'éloges; on ne parlait que de la résolution héroïque du maréchal et de notre intrépidité. (Extrait du *Manuscrit de 1812*, pag. 325, tom. 11.)

sant toujours à l'Empereur l'intention de se rendre à Minsk.

L'armée française se trouvait renfermée dans un espace de quinze à vingt lieues, entre Kutuzoff, Wittgeinstein et Tchitchagoff, dont les forces réunies présentaient 150,000 combattants, et nous n'avions que 100,000 hommes au plus, dont 20 à 30,000 étaient hors des rangs [1].

Le 26, le pont destiné au passage des troupes étant achevé, l'Empereur fait passer le corps du duc de Reggio, qui est suivi de la cavalerie du général Castex, des divisions des comtes Maison [2] et Legrand, des Croates et des Suisses du général Merle [3]. Ces troupes étant arrivées sur la rive droite, le duc de Reggio s'empresse d'occuper le débouché du bois qui conduisait à Borisow. Par ce mouvement, la route de retraite que l'armée doit suivre pour gagner Wilna est mise à couvert. Le vice-roi et le maréchal Davoust, restés en arrière, reçoivent l'ordre de hâter leur marche sur Studianka [4].

Le 27, avant le jour, le maréchal Ney passe la Bérézina avec tout ce qui reste du 3e corps et la division du comte Claparède, afin de soutenir le duc de Reggio, qui avait déjà

---

[1] Dans cette situation, la plus périlleuse où il se soit jamais trouvé, ce grand capitaine ne fut pas au-dessous de lui-même. Sans se laisser abattre par l'imminence du danger, il osa le mesurer avec l'œil du génie, et trouva encore des ressources où un général moins habile ou moins déterminé n'en aurait pas même soupçonné la possibilité. (M. DE BUTTURLIN, tom. 2, pag. 362.)

[2] Devant devenir maréchal de France, ses manœuvres autour de Lille, dans la crise de 1814, avaient attiré mon attention et l'avaient gravé dans mon esprit. (Mémorial.) Le maréchal Maison a été l'un de nos meilleurs ministres de la guerre et un général en chef d'une très-grande distinction.

[3] Venait d'Espagne où il s'était distingué.

[4] 9,300 hommes environ passèrent, le 26 novembre, la Bérézina.

obtenu de grands succès sur les premières troupes de Tchitchagoff. Nous nous établissons à une lieue du pont, sur
la gauche de la grande route de Zembin.

Le duc de Trévise traverse aussi la rivière et vient s'établir en troisième ligne.

L'Empereur, apprenant que les corps du prince Eugène
et du maréchal Davoust s'approchent de Studianka, se
décide alors à passer sur la rive droite avec sa garde.

On proposa à l'Empereur, avant son départ, de faire
brûler toutes les voitures à l'exception de celles de l'ambulance, et de ne conserver qu'une artillerie strictement nécessaire pour arriver jusqu'au Niémen; si cette proposition, qui fut combattue par le major général, eût été
approuvée, elle eût diminué nos désastres.

Dans la nuit du 27 au 28, Eugène et Davoust reçoivent
l'ordre de filer par la route de Zembin. Après le départ de
ces corps, il ne reste que le duc de Bellune sur la rive
gauche, et Tchitchagoff, Wittgeinstein et Kutuzoff se réu-
nissent pour l'attaquer.

Le 28, à sept heures du matin, le canon se fait entendre
dans les bois de Borisow et sur la rive gauche : Tchitchagoff attaque le duc de Reggio, et Wittgeinstein le duc de
Bellune; la bataille est engagée sur les deux rives de la
Bérézina.

Tous ceux qui ne sont pas combattants, ainsi que les
traînards, s'empressent alors d'accourir aux ponts; des voitures s'y jettent aussi; il survient un désordre et une mêlée
horribles; quelques chevalets faiblissent, on parvient à les
soutenir, et le passage, un moment interrompu, est repris avec la même impétuosité et le même désordre.

Cependant l'attaque de Tchitchagoff échoue; on le repousse, et on lui fait 1,800 prisonniers. Celle de Wittgeins-

tein n'est pas plus heureuse, mais l'artillerie de ce dernier fait de grands ravages dans les masses groupées près du pont ; les voitures, les calèches, les chariots d'artillerie, les fourgons, etc., sont renversés et brisés, et, pour comble de malheur, le pont se rompt une seconde fois.

Le duc de Bellune étant parvenu à faire reculer l'artillerie de Wittgeinstein, dont les boulets et les obus pleuvaient sur la multitude qui s'entassait sur les ponts, le tumulte se calme un peu.

Des secours envoyés par Kutuzoff étant arrivés à Wittgeinstein et à Tchitchagoff, les combats reprirent avec un nouvel acharnement : la victoire se réduisait, pour les Français, à protéger le passage du matériel. Le feu se ralentit à l'entrée de la nuit, et on en profita pour réparer et consolider les ponts, et faire passer ensuite des voitures et les bandes de traînards : ces misérables s'étaient obstinés à ne point passer la rivière dans les nuits du 26 au 27 et du 27 au 28 [1].

Le 29, à une heure du matin, le duc de Bellune commença son mouvement de retraite, ne laissant qu'une faible arrière-garde à Studianka. Tout ce qui restait encore sur la rive gauche se précipita sur les ponts ; on tua sans pitié pour s'ouvrir un passage [2].

Le maréchal Victor prit la route de Zembin, sur laquelle se trouvait l'armée, à l'exception du 2e corps, commandé

[1] La foule des non-combattants pouvait s'élever à 45,000 hommes, se ruant les uns sur les autres pour essayer de se frayer un passage.

[2] L'armée française, défendant la rive gauche, sous les ordres du duc de Bellune, pouvait s'élever à 10,000 combattants. Les troupes combattant sur la rive droite, sous les ordres du duc de Reggio, présentaient un effectif de 16,000 hommes environ. C'était donc une force totale de 26,000 hommes que nous pouvions opposer aux deux armées russes.

par le comte Maison, et du 3e, qui restèrent aux débouchés des bois de Borisow, afin de protéger la marche sur la route de Wilna, et faire ensuite l'arrière-garde confiée encore au maréchal Ney. L'armée ne présentait plus qu'une colonne, tous les corps étaient à peu près mêlés, tous les grades et tous les rangs y étaient confondus[1].

La division Partouneaux[2], qui masquait Borisow, pendant que les derniers corps de l'armée débouchaient de la route d'Orscha pour se porter à Studianka, et qui devait former l'arrière-garde de l'armée, s'égara pendant la nuit et tomba au pouvoir de l'ennemi.

Pendant toute cette dernière crise, les Polonais rendirent les plus grands services; bien que leur cause fût perdue, ils bravaient tout pour porter les dépêches, ouvrir les marches et protéger les retraites; ils se dévouèrent jusqu'au dernier moment.

Dans la nuit du 29 au 30, le maréchal Ney, avec les 2e et 3e corps, réduits à 3,000 hommes environ, passa les longs ponts en bois jetés sur marais, de 1,000 à 1,200 toises, que les Russes auraient pu brûler ou couper, lorsque notre mouvement sur Wilna fut prononcé. Le général Maison s'arrêta à l'entrée de ce défilé avec quelques centaines d'hommes; il le défendit quelque temps contre Tchitchagoff, et, en l'abandonnant, il y mit le feu.

Le 30, notre marche ne fut pas inquiétée. Le 1er dé-

---

[1] Le général Bonnet, ancien officier du 18e, raconte, dans son *Itinéraire de 1812*, qu'il fut témoin, dans la nuit du 14 décembre, d'une grave dispute entre un sergent nommé Logeat et le général Ledru des Essarts. Le sujet de la querelle était un chapon que l'on cherchait, de part et d'autre, à s'arracher; le sergent eut le dessus.

[2] Le comte Partouneaux avait longtemps servi en Italie. Sous la Restauration, il commandait une division de la garde.

cembre, en vue de Plechenitzg, nous fûmes vivement attaqués par toute la cavalerie ennemie. Le maréchal Ney, parfaitement secondé par le comte Maison, officier général d'une grande énergie, fit bonne contenance, et l'ennemi se retira, après avoir sabré un grand nombre de traînards qui s'étaient obstinés à rester en dehors de la colonne.

Le 4 décembre, vers quatre heures du soir, en vue de Malodeczno, la cavalerie ennemie paraît et nous suit de près : nous étions réduits à 1,500 hommes environ. Nous nous arrêtâmes à l'entrée du bourg; toute l'artillerie, que nous n'avions plus espoir de conserver, est mise en batterie, et nous faisons un feu terrible. La cavalerie russe en est brisée ; elle s'arrête un instant, puis elle se porte vers une autre entrée, quand tout à coup elle rencontre le duc de Bellune, qui avait rétrogradé pour venir à notre secours. Le combat ne finit qu'à onze heures du soir.

Le 5 décembre, le maréchal Ney fut remplacé dans le commandement de l'arrière-garde. Il ne me restait, au 18e, qu'une cinquantaine d'hommes qui, par honneur et un peu par attachement pour le colonel, ne voulurent pas le quitter[1].

---

[1] L'armée respirait encore dans le maréchal Ney. Depuis Viasma, c'est la quatrième arrière-garde qui s'use et se fond entre ses mains; il en cherche une cinquième... C'est encore à lui qu'on a confié l'honneur de nos armes et tout le péril du dernier pas de la retraite; il l'accepte... Ney, que tout abandonne, ne s'abandonne pas lui-même. Après d'inutiles efforts pour retenir les fuyards, il ramasse leurs armes encore toutes chargées, il redevient soldat, et, lui cinquième, il fait face à des milliers de Russes; alors il traverse Kowno et le Niémen, toujours en combattant, ne reculant jamais et ne fuyant pas, marchant après tous les autres, soutenant jusqu'au dernier moment l'honneur de nos armes, et, pour la centième fois depuis quarante jours et quarante nuits, sacrifiant sa vie et sa liberté pour sauver quelques Français de plus...; il sort enfin,

Tous les régiments, tous les généraux, officiers et soldats ont certainement montré, dans cette désastreuse retraite, un héroïsme au-dessus de tout éloge. Je me bor-
nerai toutefois à revendiquer, pour le 3e corps commandé
par le *Brave des braves,* pour la mémoire des généraux
comte Razout et vicomte Joubert, pour le colonel du 4e
de ligne duc de Fezensac [1], pour le 18e de ligne enfin,
une grande et noble part de gloire et de reconnaissance.
Toujours à l'arrière-garde et luttant toujours, le 3e corps
fut digne du choix qu'en fit l'Empereur en le chargeant de
battre en retraite, face à l'ennemi. Honneur à Ney prince
de la Moskowa! Honneur à ceux qui sont revenus, comme
à ceux que nous avons laissés au milieu des neiges de la
Russie [2]!

A Smorgoni, où j'arrivai le 7 avec ma petite troupe,
nous apprîmes le départ de l'Empereur pour la France, et,
en même temps, la conspiration de Malet. Ces nouvelles,
bien qu'importantes, ne produisirent aucun effet sur les
masses; elles n'avaient d'autre sentiment que celui de leur
conservation; aussi elles marchaient presque sans s'arrêter, pour se soustraire à la misère et à l'hiver mos-

---

le dernier de la grande armée, de cette fatale Russie, montrant au
monde l'impuissance de la fortune contre les grands courages, et
que pour les héros tout tourne en gloire, même les plus grands désastres. (DE SÉGUR, tom. 11, pag. 431.) *(Note de l'éditeur.)*

[1] Le colonel de Fezensac est devenu lieutenant général, pair de
France, ambassadeur, et a été l'un de nos officiers généraux les
plus distingués par les qualités du cœur et de l'esprit. Héritier d'un
grand nom, il l'a noblement porté.

[2] Par un message au Sénat, daté du 8 janvier 1813, l'Empereur,
voulant reconnaître les immortels services rendus par le maréchal
Ney dans la campagne de Russie et honorer en sa personne ses héroïques soldats, le créa prince de la Moskowa. *(Note de l'éditeur.)*

covite. Aucun ordre ne réglait les journées; on allait à
volonté [1].

Le 9, à l'entrée de la nuit, nous arrivâmes à Wilna.
Nous eûmes beaucoup de peine pour y pénétrer; des masses
d'hommes isolés s'étaient emparées de toutes les portes.
Cette ville renfermait, avant l'arrivée de la tête de l'armée,
de grands approvisionnements de toute espèce; mais il fut
impossible de les distribuer. Les magasins furent pillés;
40,000 affamés remplirent la ville, demandant du pain et
un abri.

Le lendemain, le canon se fit entendre. Vers neuf heures
du matin, de Wrede avec les Bavarois, et Loison avec une
division arrivée récemment d'Allemagne, réduite déjà à un
quart de son effectif par le froid, couvraient la ville; néanmoins on se précipita pêle-mêle sur la route de Kowno.
Les malades, les blessés et tous les hommes qui étaient
à bout de leur courage et de leurs forces, restèrent en
ville et tombèrent au pouvoir des Russes, qui entrèrent
ce jour-là en ville, après avoir chassé de Wrede et Loison
des positions qu'ils occupaient.

Le 13, les débris des 1er et 3e corps, avec quelques

---

[1] Nous étions tous dans un tel état d'abattement et de torpeur,
que nous avions peine à nous reconnaître les uns les autres. L'or-
gane de la vie et les forces musculaires étaient affaiblis au point
qu'il était très-difficile de suivre sa direction et de conserver l'équilibre... La mort était devancée par la pâleur du visage... (Le baron
LARREY, *Mémoires*, tom. 10, pag. 106, 107 et 127.)

J'ai remarqué, dit encore le docteur Larrey, que les sujets bruns
et d'un tempérament bilioso-sanguin, presque tous des contrées
méridionales de l'Europe, résistaient plus que les sujets blonds,
d'un tempérament flegmatique. Les Allemands perdirent, en proportion, plus que les Français. (*Mémoires de Chirurgie*, tom. 4,
pag. 26.)

hommes isolés qu'on avait ralliés, se logèrent à Kowno [1];
là aussi il y avait des approvisionnements considérables,
dont la distribution fut arrêtée par le pillage [2].

[1] On lit dans le *Journal de 1812*, du duc de Fezensac : *Nous
passâmes la journée, ainsi que le 18e, chez un juif.* Deux régiments logés dans une maison ! *(Note de l'éditeur.)*

[2] M. Thiers, dans le récit qu'il fait de la situation dans laquelle se
trouvait l'armée française à sa sortie de Kowno, le 13 décembre
1812, dit : « *A ce nouveau danger* (les Cosaques avaient tourné
» l'armée française), *les 5 ou 600 hommes de Ney et de Gérard se
» dispersèrent dans l'obscurité, chacun cherchant son salut où il
» espérait le trouver.* »

Dans une lettre datée de Valence (1er octobre 1856), le général
Bonnet, dont il a déjà été si brillamment question dans le cours de
cette campagne, relève cette assertion, et déclare, d'après des notes
prises sur les lieux mêmes, qu'elle est erronée. Nous ajouterons
que nous avons en notre possession une copie du journal du général
Bonnet, adressée en 1840 à l'auteur de ces *Souvenirs*, et qu'il fut
reconnu parfaitement exact à l'époque. Les pages que l'on vient de
lire en sont d'ailleurs la meilleure preuve. *(Note de l'éditeur.)*

Voici, au surplus, la lettre du général Bonnet, extraite du *Journal
des Débats*, 4 octobre 1856 :

« Valence, le 1er octobre 1856.

» Monsieur,

....
....

» Écrit le 14 décembre 1812. — En cherchant, le 11, de très-grand
» matin, à sortir de Wilna, où j'étais entré pour acheter des vivres, je ren-
» contrai le colonel près de la porte de Kowno. Nous fûmes de nouveau sé-
» parés à la fameuse montée de la Villia, où il resta tant d'or par terre. Ce
» qui constituait encore le régiment, une quarantaine d'hommes, se rallia
» en route, et nous arrivâmes le soir dans un grand village occupé par beau-
» coup de monde, à travers des lignes de faisceaux abandonnés du jour
» même. La terreur et le froid avaient chassé les hommes de la division qui
» les avaient apportés. Nous étions toujours réunis au colonel, avant-hier 12,
» en arrivant à Kowno. Je logeai avec les aides de camp du roi Murat.

» Le régiment avait un petit dépôt dans cette ville, où étaient aussi les
» équipages des officiers, à moitié pillés par les nôtres avant de l'être complè-
» tement par les Cosaques. Les Russes arrivèrent devant Kowno ; c'était

Le 14, le maréchal Ney protégea le passage du Niémen, et il ne quitta Kowno que vers quatre heures du soir. Nous passâmes avec lui sur la glace; le pont était obstrué par des cadavres.

Arrivés sur l'escarpement de la rive gauche (nous étions

» hier; quelques Cosaques passèrent le Niémen sur la glace et se placèrent » en travers sur la route d'Insterbourg que nous devions suivre. Vers une » heure après midi, nous allâmes prendre position au débouché de la ville » en face d'eux. Le maréchal disputait les portes de la ville, à l'autre extré- » mité, du côté de l'ennemi. On faisait assez bonne contenance.

» La nuit venue, nous sommes redescendus au bord du Niémen, laissant » les Cosaques se morfondre sur la grande route. Un bon chemin nous a per- » mis de suivre ce fleuve jusqu'à un grand village à deux lieues, où nous » nous sommes arrêtés et reposés dans les maisons, ayant repris un peu l'air » soldat, grâce au 29e que le maréchal a recruté je ne sais où. Le régiment » compte une centaine de sous-officiers et de soldats, quatorze officiers avec » le colonel Pelleport en tête. Nous sommes en ce moment, 14 décembre, » logés les 14 officiers ensemble dans un grand village, à la sortie de la forêt » de Wilkowitzki, que nous venons de traverser. »

» J'ajoute de mémoire que c'est bien par ordre du maréchal que les 2 ou 500 hommes de troupes françaises placés sur la route d'Insterbourg ont quitté ce poste, et avec le 29e de ligne ils ont formé une véritable arrière-garde jusque de l'autre côté de la forêt, sur la route de Kœnigsberg, par Pilkerkallen. Plus d'un officier du 4e régiment, y compris M. de Fezensac, peut le certifier. Au reste, j'ai fini; *je devais cette réclamation à la mé-moire du colonel Pelleport, si excellent et si digne officier au 18e de ligne, dont les derniers hommes n'ont pas quitté leur maréchal avant le dernier jour de la retraite.*

» En entrant en campagne, j'étais capitaine de grenadiers au 18e de ligne, division Razout, corps de Ney, et je fus nommé chef de bataillon à Moscou.

» Mon itinéraire, ou journal, a été écrit tous les jours, à deux exceptions près, l'une de Viasma à Smolensk, et l'autre de Smolensk au Niémen, près de Kowno.

» Vous excuserez mes ratures, car depuis le 12 septembre j'ai passé soixante-douze ans, et je n'écris plus avec beaucoup de facilité.

» Agréez, Monsieur, l'assurance de ma considération la plus distinguée.

» BONNET,
Général de brigade (2e section). »

Pour extrait : F. CAMUS.

4 à 500), nous nous trouvâmes bientôt en présence des
Cosaques, qui avaient coupé la route de Gumbinem.

Le maréchal prit un fusil; les généraux et officiers suivirent son exemple, et nous tiraillâmes jusqu'à la nuit. A
sept heures, après avoir allumé notre bivouac, nous descendîmes dans la vallée du Niémen, que nous suivîmes, en
longeant la rive gauche, pendant une heure, et nous nous
jetâmes dans les bois pour reprendre la route de Gumbinem.

Le 3ᵉ corps, après le passage du Niémen, reçut l'ordre
de se rendre d'abord à Kœnigsberg, où nous prîmes deux
jours de repos; puis à Elbing, et enfin dans l'île de Nogat.

A chaque corps d'armée, il fut désigné un point de réunion sur la Vistule.

L'effectif du 18ᵉ s'éleva bientôt à 400 hommes par l'arrivée de quelques détachements et la rentrée des soldats
qui, à notre départ pour la Russie, étaient restés dans les
hôpitaux de l'Allemagne et de la Pologne.

De l'île de Nogat, le 3ᵉ corps fut envoyé sur l'Oder. Je
reçus alors l'ordre de me rendre à Strasbourg, où se trouvait le dépôt de mon régiment. C'est dans cette dernière
ville que le brevet de général de brigade me fut adressé [1].

Ainsi se termina pour moi cette longue et désastreuse

---

[1] Notre unique vainqueur, c'est le froid dont la rigueur prématu-
rée a trompé les habitants eux-mêmes. Ainsi, l'audace inouïe d'un
incendiaire, un hiver surnaturel, de sottes ambitions, quelques
fautes et de honteux mystères qu'on saura sans doute un jour, voilà
ce qui nous ramène au point d'où nous sommes partis. La campagne
de Russie n'en sera pas moins la plus glorieuse, la plus difficile et
la plus honorable dont l'histoire moderne puisse faire mention. (*Manuscrit de 1812.*)

Depuis la campagne de 1812, on dit vulgairement en Russie :
« Ce n'est point le *général Kutuzoff* qui a tué ou dispersé les Français, c'est le général Morosoff (la gelée). »

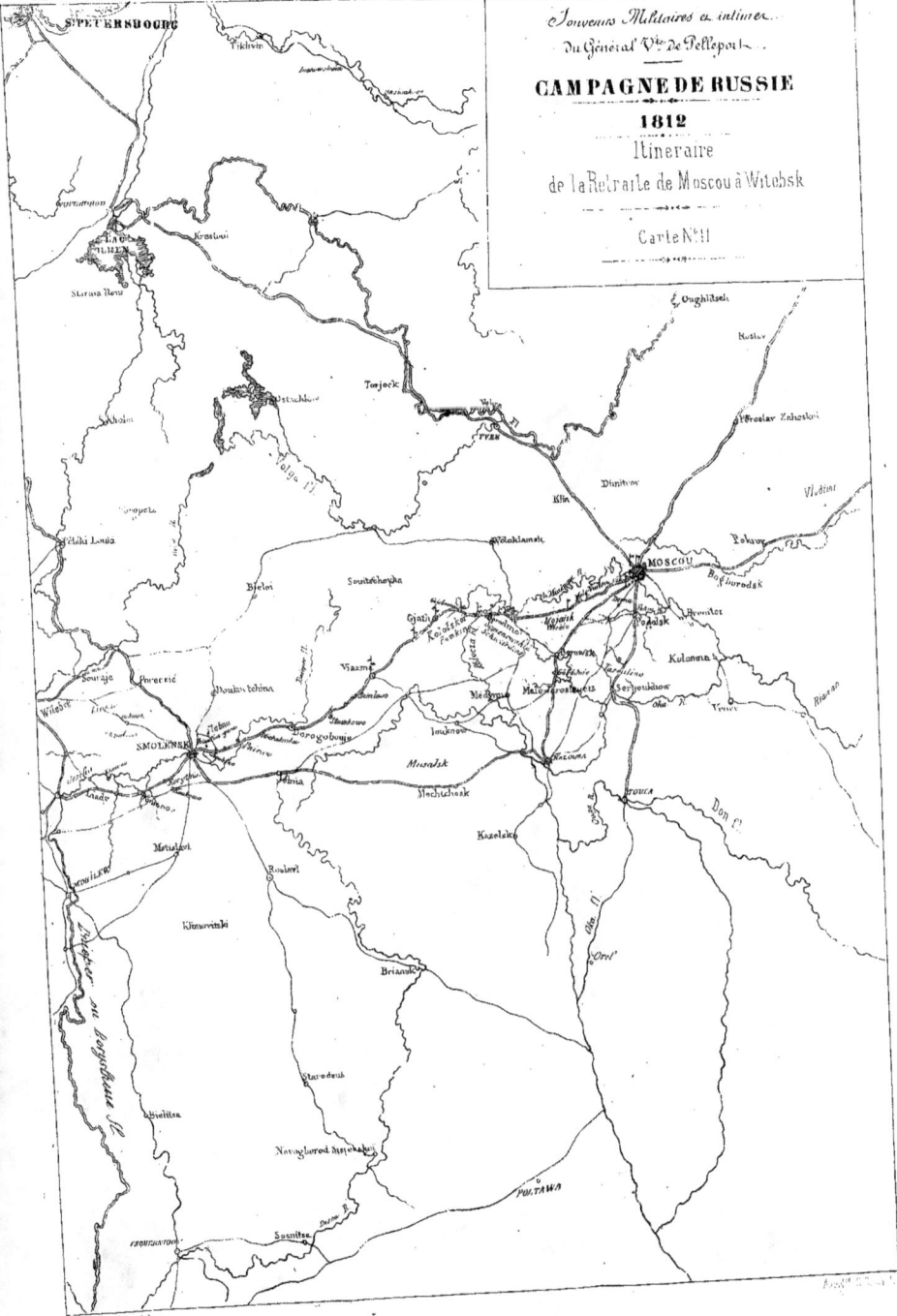

Souvenirs Militaires et intimes
du Général Vte de Pelleport

CAMPAGNE DE RUSSIE
1812
Itineraire
de la Retraite de Moscou à Witebsk

Carte N°11

campagne de Russie, dont ces quelques notes ne peuvent
donner qu'une bien faible idée. L'armée avait fait à pied,
à travers la neige et le feu de l'ennemi, quatorze à quinze
cents lieues. Qu'il me soit permis de dire à mon tour,
comme mon ami et cher compagnon d'infortune, le duc
de Fezensac, ancien colonel du 4ᵉ de ligne : « *Je crois en
avoir dit assez pour conserver au moins le souvenir des
événements dont j'ai été le témoin, et dont plusieurs sont
encore peu connus. Je ne demande à ceux qui me liront
que de partager les sentiments que j'éprouve en terminant ce récit ; je ne leur demande qu'à s'unir à moi
pour admirer tant de courage et plaindre tant de malheurs* [1]. »

[1] État des officiers morts, perdus et faits prisonniers pendant la
campagne de 1812 (18ᵉ de ligne) :

Tués : Sébastiani, adjudant-major; Sebille, Hannevin, Bancke,
Juglard, Chamerois, Pascal, Daviel, capitaines ; Garbilon, Drouot,
Vielle, Clément, lieutenants ; Jessaume, sous-lieutenant ; Vac-
consaint, chirurgien ; Delvesge, Haak, Poulverel, Caillet, Hous-
sard, Gares, capitaines ; Bosck, Forest, lieutenants ; Zœpfeld,
Bret, Chomel, sous-lieutenants.

Égarés ou perdus : Halgout, Kuhn, Ribis, Miller, Grattepain,
Huysmann, chirurgiens ; Boudousquier, Baldehuygens, Vanderhagen, Bouillon, Mereaud, Larochette, lieutenants.

Prisonniers : Labeaume, chef de bataillon ; Tremeaux, adjudant-
major ; Cœuille, sous-lieutenant ; Charron, Carcenac, Materre, Nar-
don, Druot, Astor, Derouvroy, Delachaux, Bergonke, Escudier,
Cottier, Laveine, Larnois, Gloriot, capitaines ; Blanche, Ricord,
Meunier, Jessaume, Visdelon, Ferejacque, Denuelle, Vandepols,
Guerinx, Boulard, Pauvert, lieutenants ; Schwartz, Bigot de Préa-
meneu, Lebriguier, Vilard, Chauffart, Grosset, Davaux, Canalle,
Derosins, Spanoghe, Fremont, Loidrot, Journier, Bertrand, Clautot,
Laprets, Lacombe, Cholat, Desarie, sous-lieutenants.

En résumé : 22 officiers tués ; 12 égarés ou perdus ; 47 prisonniers.

CHAPITRE III

—

CAMPAGNE DE SAXE

1813

Campagne de Saxe. — État des esprits. — Organisation de l'armée. — Je reçois le commandement de la 1re brigade de la division Compans (6e corps duc de Raguse). — Bataille de Lutzen. — Bataille de Bautzen. — Héroïsme du 37e et de l'infanterie de marine. — Bataille de Wurtchen. — Mort du grand maréchal. — Amnistie du 4 juin. — Reprise des hostilités. — Force des deux armées. — Première et seconde journée de la bataille de Dresde. — Désastres de Culm et de Gross-Beern. — Bataille de Wachau. — Combats de la Partha. — Bataille de Leipzig. — Je suis blessé et fait chevalier de la Couronne de fer.

—⁓⁓⁓—

J'étais à peine rétabli des fatigues de la retraite de Russie, que je reçus l'ordre de me rendre au 6e corps de la grande armée, commandé par le maréchal duc de Raguse, pour y prendre un commandement en qualité de général de brigade.

La guerre des Allemands va commencer, avaient dit les Russes en quittant Dresde ; *la nôtre est finie.* Cette phrase résumait la situation. De tous côtés, en effet, en 1813, les peuples se réveillaient pour secouer la domination impériale ; et ce qu'il y avait de plus grave pour nous, c'est que la France venait de s'épuiser pour enfanter la nouvelle armée, et que les braves régiments, créés pour ainsi dire par miracle, étaient le dernier enjeu qu'elle pouvait désormais jeter sur un champ de bataille [1].

Je n'oublierai jamais l'impression que produisit sur moi la vue du grand quartier général au début de la campagne. Calme, l'Empereur, *cherchant à conquérir la paix*, entouré du prince de Wagram, major général; du duc de Frioul, des maréchaux prince de la Moskowa, ducs de Reggio, de Raguse, de Dalmatie, de Trévise; des généraux comte Compans, comte Bertrand, duc de Vicence, comte de Lobau, comte Marchand; du baron Fain, du comte de Turenne, et de tant d'autres, se portait sur le passage de tous ces enfants devenus des soldats, pour saluer ses aigles et leurs jeunes défenseurs; sa vue électrisait les soldats, et, confiants, tous recherchaient l'ennemi.

---

[1] L'Empereur, au début de la campagne, a sous la main : 1° la garde impériale, sous le commandement en chef du maréchal duc de Frioul et des maréchaux duc d'Istrie, commandant la cavalerie; duc de Dalmatie, commandant la vieille garde; duc de Trévise, commandant la jeune garde.

Les généraux Friant, Laborde et Dumoutier y commandent les divisions.

2° Le 3ᵉ corps d'armée, commandé par le maréchal prince de la Moskowa, ayant pour divisionnaires les généraux Marchand, Brenier, Girard, Ricard et Souham.

3° Le 4ᵉ corps d'armée, commandé par le comte Bertrand, ayant pour généraux de division les généraux Pery, Morand et Franquemont.

4° Le 12ᵉ corps, commandé par le maréchal duc de Reggio, ayant sous ses ordres les généraux Pacthod, Lorencez et Raglowitch.

5° Le 6ᵉ corps, commandé par le maréchal duc de Raguse, ayant pour généraux de division les comtes Compans et Bonnet.

L'artillerie, forte de 200 pièces, obéit au général Sorbier. — Le génie a pour général le comte Rogniat. — Le général Mathieu Dumas remplit les fonctions d'intendant général. *(Note de l'éditeur.)*

N. B. Les alliés avaient, dès le début, 218,000 hommes sous les armes, et l'armée française ne s'élevait qu'à 101,000 hommes.

Dès mon arrivée à l'armée, je me rendis au quartier général du duc de Raguse, qui me donna le commandement de la 1re brigade de la division du comte Compans, composée du 37e régiment d'infanterie légère et du 1er de l'artillerie de marine.

Le 37e régiment avait été formé avec les débris de plusieurs bataillons italiens et corses échappés aux désastres de la dernière campagne (Russie); sa force était de 2,500 hommes, tous lettrés, intelligents, animés d'un bon esprit militaire et propres au service d'éclaireurs. La marine, longtemps morcelée par petits détachements sur les bâtiments de nos escadres, présentait un effectif de 4,000 hommes (vieux soldats) habitués aux fatigues et aux dangers de la navigation, mais étrangers au service de terre et peu flexibles à la discipline.

La campagne de 1813 commença pour le 6e corps le 29 avril, jour où nous descendîmes dans la vallée de la Saale par le défilé d'Auerstaedt. La garde et le maréchal Ney étaient avec nous. Le général Bertrand marchait, pendant ce mouvement, à droite, dans la vallée, et le duc de Reggio formait l'extrême droite du côté de Saafeld. Enfin, sur la gauche, entre Querfurt et Halle, manœuvrait le prince Eugène.

Dans le premier moment, la grande armée borde la Saale, depuis Saafeld jusqu'à l'Elbe. Vers la fin de la journée, un aide de camp annonce l'arrivée du prince Eugène. La jonction était faite[1]. Le 30, l'armée marcha sur Weissenfels, et, le 1er mai, le 6e corps arriva dans les environs de Poserna.

---

[1] L'armée, conduite par le prince Eugène, et composée des 2e, 5e et 11e corps, sous les ordres du duc de Bellune, général de Lauriston et duc de Tarente, comptait au plus 40,000 hommes dans ses rangs.

Le 2 mai, eut lieu la bataille de Lutzen. Le 6ᵉ corps prit à cette bataille une part très-active. Dans le principe, nous formâmes l'arrière-garde, puis la droite de l'armée : c'est là que se livra le combat de Starsidel, dans lequel s'illustra la division de marine sous les ordres du brave Compans. Cette héroïque troupe, dont j'avais l'honneur d'avoir une partie sous mes ordres, assaillie par une nuée de cavaliers, soutint jusqu'à sept charges à fond, et donna le temps au reste du corps du maréchal de se développer. Toutefois, pour être juste, je dois reconnaître que toutes les forces ennemies se portèrent plus sur le centre de notre armée que sur les ailes, et que c'était véritablement là que se livrait la bataille. La garde eut une grande part [1] dans cette brillante victoire à l'égyptienne (sans cavalerie). La journée de Lutzen eut pour résultat immédiat de rendre l'Empereur maître de la rive gauche de l'Elbe, depuis la Bohême jusqu'à Hambourg [2].

[1] L'armée française, qui combattait à Lutzen, était forte de 85,000 hommes au plus ; les alliés comptaient dans leurs rangs 105,000 hommes : nous étions d'un cinquième moins forts que l'ennemi. Nous perdîmes 12,000 hommes, et les alliés 17,000 hommes au moins. Voici la proclamation qu'adressa l'Empereur à l'armée au sujet de cette victoire :

« Vous avez, dans la célèbre journée du 2 mai, défait et mis en
» déroute l'armée russe et prussienne commandée par l'empereur
» Alexandre et le roi de Prusse. Vous avez ajouté un nouveau lustre
» à la gloire de vos aigles. Vous avez montré tout ce dont est capable
» le sang français. La bataille de Lutzen sera mise au-dessus des ba-
» tailles d'Austerlitz, d'Iéna, de Friedland et de la Moskowa. »

[2] La veille de la bataille de Lutzen, le duc d'Istrie maréchal Bes-
sières fut frappé par un boulet de canon. L'Empereur, en adressant
à la maréchale ses compliments de condoléance, termina ainsi sa
lettre : « Votre mari est mort au champ d'honneur. Il laisse une ré-
» putation sans tache : c'est le plus bel héritage qu'il ait pu léguer
» à ses enfants. » (2 mai 1813.) *(Note de l'éditeur.)*

Abandonnant le champ de bataille de Lutzen, le 6e corps
(maréchal duc de Raguse) arriva devant Dresde le 8 mai,
passa l'Elbe le 9, et se dirigea ensuite sur Bischofswerda,
précédé du corps d'armée du maréchal duc de Tarente.

Les deux maréchaux bivouaquèrent, le 18 mai, près de
Bautzen. L'ennemi, renforcé par Barklay de Tolly, occupait cette ville.

Le 19, l'Empereur se rendit aux avant-postes pour reconnaître la position des alliés. Leur gauche était appuyée
aux montagnes de la Bohême, le centre à Bautzen, et la
droite à des mamelons fortifiés. Le cours de la Sprée pro-
tégeait cette ligne. A deux ou trois mille toises en arrière,
on voyait les villages de Wurtchen et de Hohkirch, qui
étaient déjà couverts par des retranchements. C'est dans
un espace de trois lieues que va se livrer la bataille.

Le 20 mai, vers dix heures du matin, quatre corps
d'armée bordent la rivière. Le duc de Reggio, placé à la
droite, jette un pont à Grasbschutz, à une lieue sur la
droite de Bautzen, et s'enfonce dans les collines boisées
qui sont entre Bautzen et la Bohême; le duc de Tarente
force le passage sur le pont de pierre qui conduit à Bautzen,
et se dirige ensuite à droite pour soutenir le duc de Reggio;
le général Bertrand manœuvre sur notre gauche pour y attirer l'attention de l'ennemi; le duc de Raguse jette un
pont de chevalets à une demi-lieue au-dessous de Bautzen;
et la garde s'avance pour former la seconde ligne.

Ma brigade, qui était en tête du 6e corps, s'empare alors
des hauteurs de Seydau, et continue ensuite son mouvement
offensif, en s'approchant insensiblement de Bautzen. Arrivé près de cette ville, le 37e se porte sur le faubourg
pour en déloger l'ennemi, pendant que le régiment de la
marine manœuvre pour protéger cette attaque, qui eut le

plus grand succès. Le 37ᵉ se montra, dans cette affaire, aussi hardi qu'intelligent. Ses voltigeurs se firent surtout remarquer par leur hardiesse dans cette circonstance. Les batteries ennemies furent enlevées au pas de charge [1].

Ma brigade se réunit ensuite à celle du général Joubert. La division Compans, étant ainsi complète, s'avança en échelons; elle repoussa deux charges de cavalerie, et fut se placer en arrière de celle du comte Bonnet pour la seconder dans l'attaque des collines de Nider-Kayna, défendues par le général Kleist, qui, après deux heures de combat, nous céda le terrain [2].

A sept heures du soir, nous étions maîtres du cours de la Sprée et des retranchements élevés pour sa défense; à huit heures, le feu cessa sur toute la ligne. Telle fut la part prise par le 6ᵉ corps à la bataille de Bautzen.

A la bataille de Bautzen succéda celle de Wurtchen. Le 21, à cinq heures du matin, le maréchal de Reggio commence à droite la journée; d'abord, il a des succès. A huit heures, il n'avance plus, et bientôt il est obligé de reculer. Le duc de Tarente vient à son secours, et la victoire se balance indécise sur cette partie du champ de bataille.

Au centre, le 6ᵉ corps se masse en avant du front de bandière. A huit heures, il se porte à quelques centaines de toises plus en avant, ayant la garde impériale en seconde ligne. Il attend avec calme, dans cette position, le moment de prendre part à la bataille. A la gauche du 6ᵉ corps se

[1] Les murs de Bautzen et les remparts de la ville furent escaladés, et les Russes qui s'y trouvaient faits prisonniers. (*Mémoires du général* DE VAUDONCOURT, pag. 94.)

[2] C'est aux écrivains militaires à décrire ces belles évolutions qui font de la plaine de Bautzen un Champ-de-Mars où la tactique et la valeur se disputent l'honneur de la journée. *(Manuscrit de 1813.)*

trouve celui du général Bertrand, qui attend aussi de nouveaux ordres ; et Napoléon dort pendant ce temps dans le
fond d'un ravin, *au milieu des batteries* mêmes de notre
corps d'armée [1].

Vers dix heures, un bruit soudain d'artillerie se fait entendre sur notre gauche, et un engagement des plus vifs
nous démasque par derrière les troupes ennemies que nous
avions devant nous : c'est l'attaque du maréchal prince de
la Moskowa et des généraux Lauriston et Reynier sur le
flanc droit et les derrières de Blucher. L'Empereur fait
avancer aussitôt le centre de son armée, composé des
corps du duc de Raguse, du général Bertrand, de la garde
impériale et du général Latour-Maubourg [2]. Ces troupes
sont protégées par une artillerie formidable. Arrivées sur
un plateau élevé qui domine le champ de bataille, elles
s'arrêtent sous le feu du canon ennemi. L'Empereur attend
encore, pour les engager plus avant, que le mouvement
de sa gauche soit plus prononcé. Vers midi, toute l'armée
avance. Le 6ᵉ corps se porte sur les retranchements de
Burschwitz, dont il s'empare sans éprouver une grande
perte ; il tourne ensuite à droite pour faciliter les mouvements des ducs de Tarente et de Reggio.

Ma brigade [3] eut plusieurs combats à soutenir pendant

---

[1] Cet épisode de la bataille de Bautzen-Wurtchen est devenu trop
populaire pour que je n'en fasse pas mention.

[2] Depuis ministre de la guerre et gouverneur général des Invalides, officier général de cavalerie très-distingué.

[3] La grande armée s'était augmentée, la veille de la bataille de
Bautzen, de sept corps forts de 12,000 hommes, de 10,000 cavaliers, de 8,000 de la garde, ce qui, joint aux deux divisions du
4ᵉ corps qui n'étaient pas entrées en ligne à Lutzen, et aux 73,000
hommes engagés dans cette bataille, portait son effectif à 150,000
combattants. *(Note de l'éditeur.)*

l'exécution de cette manœuvre. Le 37ᵉ régiment, tantôt en colonne, tantôt en tirailleurs, selon le terrain et les circonstances, formait l'avant-garde, et le 1ᵉʳ régiment de la marine lui servait de réserve. Ces deux corps se conduisirent à merveille.

De cinq à six heures, l'armée ennemie commença à se retirer. A sept heures, le camp retranché était en notre pouvoir, et le feu avait cessé sur toute la ligne.

Dans la nuit, l'Empereur ordonna qu'il serait élevé un monument sur le mont Cenis, *comme un témoignage de sa reconnaissance envers ses peuples de France et d'Italie* [1], qui, dans deux jours, renouvelant les merveilles des campagnes de la République, avaient remporté deux grandes victoires.

Le 21, dès la pointe du jour, l'armée quitta ses bivouacs et se mit à la poursuite de Miloradowitsch, qui avait marché toute la nuit, et qui mettait toute son habileté à ralentir notre poursuite; il s'arrêtait partout où le terrain lui paraissait favorable, et l'armée française n'avançait que de position en position. Sur ces entrefaites, Napoléon prend la direction de l'avant-garde et en presse les mouvements. Les défilés de Weissemberg et de Schœpp sont occupés successivement; mais celui de Reichembach n'est abandonné par l'ennemi qu'après une vigoureuse défense. Le général comte Bruyères y est tué : c'était un ancien de l'armée d'Italie. De nouveau poursuivi, l'ennemi se retire

---

[1] Grande victoire, mais victoire sans trophées. Grande victoire, car, dans cette double action de Bautzen et de Wurtchen, Napoléon développa les plus savantes combinaisons de son génie. Jamais *il n'improvisa* avec plus de grandeur et de génie. L'ennemi perdit, dans ces deux batailles, environ 18,000 hommes. Nous n'en perdîmes que 12,000. *(Note de l'éditeur.)*

derrière le ravin de Makersdorff ; et l'attaque de cette nouvelle position se préparait, lorsque le grand maréchal duc
de Frioul y est tué. Cette perte, qui fut vivement sentie
par l'armée, fit cesser la poursuite [1].

Le lendemain, on entra à Gorlitz, que l'ennemi avait
évacué pendant la nuit. L'armée s'y arrêta pour préparer
le passage de la Neisse et de la Queisse. Cependant, le bruit
se répand qu'un parlementaire se présente aux avant-
postes. Cette nouvelle est reçue avec plaisir. On pensait
généralement que, l'honneur de nos armes étant rétabli par
les victoires de Lutzen, de Bautzen et de Wurtchen, on
pourrait traiter de la paix.

Le 23, l'armée passa la Neisse ; le 24, la Queisse, et
entra en Silésie ; le 25, le Bober ; le 27, la Katzbach. Les
rivières ne nous présentent point d'obstacles, et l'ennemi
se retire au plus vite sur la haute Silésie. Ma brigade ne
fut pas engagée pendant ces dernières marches.

C'est ainsi que, malgré la demande d'un armistice par les
alliés, l'Empereur continuait sa marche et poursuivait ses
avantages. Les corps d'armée des ducs de Tarente et de
Raguse et du comte Bertrand côtoient la Bohême. Les généraux Reynier et de Lauriston, le maréchal prince de la
Moskowa poussent devant eux Barklay de Tolly sur la route
de Breslaw. Le 29, Glogau est délivré. Le 1er juin, le général de Lauriston prend possession de la capitale de la

---

[1] Le grand maréchal fut tué le jour anniversaire de la bataille
d'Essling et de la mort du maréchal Lannes. *(Note de l'éditeur.)*

L'Empereur, qui portait tant d'intérêt au duc de Frioul, si pur,
si moral, et qui, sous un extérieur peu brillant, possédait les qualités les plus solides, fit poser cette inscription sur la maison dans
laquelle il avait succombé : *Ici le général Duroc, duc de Frioul,
grand maréchal du palais de l'Empereur Napoléon, frappé d'un
boulet, est mort dans les bras de son Empereur et de son ami.*

Silésie. L'armée française est sur les bords de l'Oder. Cette petite campagne ne dura qu'un mois.

Le 4 juin, fut signé l'armistice de Pleswig. L'empereur dit, en partant pour Dresde : « *Si les alliés ne veulent pas de bonne foi la paix, cet armistice peut nous devenir fatal.* » Au moment de la signature de l'armistice, nous avions obtenu, sans cavalerie, et avec des conscrits, des résultats inouïs. Nous avions délivré la Saxe, conquis la Silésie, et nous marchions, pour la seconde fois, sur le Niémen [1] !

Le 6 juin, le 6e corps se mit en mouvement pour prendre des cantonnements entre la Queisse et le Bober.

La division du comte Compans profita de cette suspension d'hostilités pour former les recrues qui lui arrivaient chaque jour; mais les jeunes gens, appartenant à la deuxième levée, étaient trop jeunes pour faire campagne. On s'occupa aussi, d'une manière toute particulière, de l'instruction des régiments de la marine, qu'on ne pouvait manœuvrer qu'avec beaucoup de difficultés. Le tir à la cible fut suivi avec une grande attention; et après de nombreux essais, on parvint à adopter une méthode moins incertaine que celle en usage depuis longtemps dans les garnisons. Nous étions sur le terrain des exercices du matin au soir.

L'armistice, conclu le 4 juin, fut prolongé jusqu'au 10

[1] En revenant de Russie, Napoléon avait dit à son passage à Varsovie : « Je vais chercher 300,000 hommes. Le succès rend les Russes audacieux. Je leur livrerai deux batailles entre l'Elbe et l'Oder, et dans six mois je serai encore sur le Niémen. » Le 2 mai, il était à Lutzen, le 21 à Wurtchen ; le 1er juin, son avant-garde entrait à Breslaw. (M. DE PRADT, pag. 114, tom. 11 de l'ouvrage sur 1821.) *(Note de l'éditeur.)*

août; mais il fut convenu que les hostilités ne pourraient recommencer que le 16 du même mois. A cet effet, on avança la fête de l'Empereur de trois jours, dans la crainte de ne pouvoir la célébrer le 15, veille de la reprise des hostilités. On y remarqua peu d'enthousiasme. Les soldats et même les officiers, malgré les victoires de Lutzen, de Bautzen et de Wurtchen, n'avaient pas encore repris cette idée de supériorité que la campagne de Russie leur avait fait perdre.

Des deux côtés, on n'avait perdu aucun des quarante jours qui venaient de s'écouler. Toutes les ressources avaient été épuisées pour soutenir la grande lutte engagée.

C'est ainsi que Napoléon était parvenu à porter ses forces à 300,000 hommes[1], parmi lesquels 40,000 seulement de cavalerie, dont la plupart des cavaliers et des chevaux n'étaient ni exercés, ni habitués aux fatigues de la guerre. Son matériel d'artillerie était immense. Du côté opposé, les forces avaient également doublé; on y comptait 500,000 hommes d'infanterie, 100,000 chevaux et une artillerie formidable, divisés en trois armées commandées par le prince

[1] Voici la force totale de l'armée française au moment de la reprise des hostilités :

Infanterie.—Garde impériale, 25,000 hommes; 1er corps, 20,000; 2e corps, 20,000; 3e corps, 25,000; 4e corps, 20,000; 5e corps, 20,000; 6e corps, 15,000; 7e corps, 20,000; 8e corps, 10,000; 9e et 10e corps, hors ligne; 11e corps, 20,000; 12e corps, 20,000; 13e corps, 30,000; 14e corps, 15,000. — Total, 250,000 hommes.

Cavalerie.—Garde impériale, 5,000 hommes; 1er corps, 10,000; 2e corps, 5,000; 3e corps, 6,000; 4e corps, 4,000; 5e corps, hors ligne; cavalerie détachée, 10,000. — Total, 40,000 hommes.

Réserve de l'artillerie et du génie. — 10,000 hommes.

Matériel des parcs. — 1,250 bouches à feu.

Récapitulation. — Français, 250,000 hommes; Italiens, 15,000; Polonais, 15,000; Allemands, 20,000. — Total, 300,000 hommes.

de Suède (Bernadotte), le feld-maréchal prince Schwartzemberg et le maréchal Blucher, ayant leurs quartiers généraux à Berlin, à Prague et à Breslaw. Ainsi, l'armistice, qui devait finir la guerre, n'avait servi qu'à lui fournir de nouveaux aliments [1].

Constatons que Napoléon connaissait parfaitement sa position d'infériorité, et que ses lieutenants, bien que résolus à bien faire, ne partageaient pas ses espérances, l'armée étant trop jeune pour inspirer de la confiance.

Avant que la grande armée des alliés débouchât de la Bohême, Napoléon calcula qu'il avait le temps de faire une opération combinée sur Berlin et Breslaw. Le duc de Reggio reçut donc l'ordre de se porter sur la première de ces villes. Un corps de cavalerie lui fut donné; les généraux Bertrand et Reynier devaient suivre ce mouvement et prendre les ordres du duc de Reggio. Ces troupes réunies formaient un effectif de 100,000 hommes. Le prince d'Eckmuhl et le général Lemarrois [2], placés sur l'Elbe, devaient aussi seconder cette opération.

Après avoir confié la garde de Dresde au maréchal comte Gouvion Saint-Cyr [3], dont le corps d'armée n'était que de

[1] Force des alliés au moment de la reprise des hostilités :
Infanterie. — Autrichiens, 110,000 hommes; Russes, 123,600; Prussiens, 152,800; Suédois, 19,800. — Total, 406,200 hommes.
Cavalerie. — Autrichiens, 44,500 chevaux; Russes, 21,840; Prussiens, 29,110; Suédois, 4,800. — Total, 100,250 chevaux.
Différence en plus sur la force de l'armée française : 145,900 fantassins et 58,050 chevaux !... *(Note de l'éditeur.)*
[2] Le général comte Lemarrois était aide camp de l'Empereur, et avait parfaitement bien servi.
[3] Le maréchal Gouvion Saint-Cyr avait sous ses ordres les généraux Razout, Claparède et Bonnet. Ce corps d'armée (le 14e) comptait peu de soldats, mais était admirablement commandé.

15,000 hommes, l'Empereur partit le 15 pour se rendre à égale distance de la Bohême, de la Silésie et du Brandebourg.

Arrivé à Gorlitz, Napoléon change tout à coup de direction et se tourne brusquement sur la Bohême avec le corps d'armée du prince Poniatowski, celui du maréchal de Bellune et deux divisions de cavalerie; mais, après avoir dépassé Gabel, ses courriers ne lui ayant signalé que la présence d'une division autrichienne, il revient en toute hâte sur Gorlitz. Pendant ce temps, le feld-maréchal Blucher s'avançait à grands pas, et l'armée française qui lui était opposée battait en retraite. Apprenant cet événement, l'Empereur pousse sa marche jusqu'à Lauban, où il arrive le 20 au soir. C'est alors qu'il donne l'ordre de retourner sur le Bober[1]. Tout change d'aspect. La confiance de l'Empereur se communique aux chefs.

Le 21, dès la pointe du jour, Napoléon se porte sur les rives du Bober; il entre dans Lowenberg, mais le pont est rompu, et Blucher est au delà dans une position avantageuse. A midi, le passage est rétabli; les corps d'armée de Lauriston, de Macdonald, la garde et le roi de Naples se portent en avant. Les Prussiens d'Yorck, qui font l'arrière-garde, sont maltraités par la division du comte Maison; les maréchaux de la Moskowa et de Raguse chassent l'ennemi de Buntzlau.

Dans la journée du 22, l'ennemi est poussé vigoureusement sur toutes les routes. Le 23, après un combat très-vif à Goldberg, Blucher se retire dans ses lignes de Jaüer,

---

[1] C'est au passage du Bober que le colonel baron Bernard, aide de camp de l'Empereur, et depuis ministre de la guerre, se cassa la jambe. Cet accident priva ainsi Napoléon des services d'un homme de grand mérite, et qu'il appréciait comme il le méritait.

refusant la bataille *pour user l'Empereur*. Ainsi, trois jours suffirent à Napoléon pour replacer ses aigles sur le bord de la Katzbach.

Le 24, le 6e corps reçut l'ordre de suivre à grandes journées la garde impériale qui se portait sur Dresde. Il ne resta en Silésie, pour contenir Blucher, que trois corps d'armée et deux divisions de cavalerie, sous les ordres du maréchal Macdonald. Napoléon laissa le prince Poniatowski à Zittau pour observer ce débouché de la Bohême, et donna l'ordre au maréchal duc de Bellune et au comte Vandamme de le suivre à Dresde.

Le temps était affreux, la pluie tombait par torrents; néanmoins, le 6e corps fit quarante lieues en quatre jours; aussi beaucoup de jeunes gens restèrent en arrière, ne pouvant supporter les fatigues de cette marche.

Le 26, à trois ou quatre heures du soir, le 6e corps prit son rang de bataille en avant des portes de Dippoldiswalde et de Dohna; les alliés, après avoir éprouvé une perte énorme, commençaient à se retirer. Ainsi, le 6e corps ne prit aucune part à la bataille qui se donna ce jour-là devant Dresde, et qui fut l'un des épisodes les plus sérieux de la campagne et la première journée de la bataille dite de Dresde [1].

Le 27, l'Empereur se porta de bonne heure sur les hauteurs de Roecnitz. Après avoir suivi de l'œil la retraite des alliés, il lança toute l'armée à leur poursuite. Le 6e corps descendit dans la vallée de Dippoldiswalde, et atteignit bientôt l'arrière-garde de Colloredo, la força de hâter sa retraite, et lui fit des prisonniers. Vers deux heures du soir,

---

[1] L'armée française devant Dresde était forte de 65,000 hommes le 26 août.

L'armée alliée était forte de 200,000 hommes.

le 6e corps eut une nouvelle affaire, plus sérieuse que la première; l'ennemi n'abandonna le champ de bataille qu'à l'entrée de la nuit, après une lutte acharnée dans laquelle Moreau [1], reniant sa vieille gloire, fut tué dans les rangs ennemis. Telle fut pour nous la seconde journée de la bataille de Dresde [2].

Ma brigade fut en tête du 6e corps pendant cette journée; elle perdit une centaine d'hommes [3].

Les 28 et 29, le 6e corps continua sa marche, arrêté à chaque défilé par l'ennemi; il ne put s'ouvrir le passage qu'à coups de fusil. Arrivé à Altenburg, la brigade du général Joubert prit l'avant-garde, et s'engagea dans le défilé long et difficile qui aboutit à Tœplitz. Ainsi se termina pour nous la bataille de Dresde, le dernier laurier de la victoire, comme a dit le baron Fain [4].

Vers deux heures de l'après-midi, on apprit la défaite du général Vandamme à Culm, et on reçut en même temps l'ordre de revenir sur Dresde. Il fallut beaucoup de temps et de peine pour retirer du défilé l'artillerie du général Joubert; nous ne pûmes quitter Altenburg qu'à neuf heures du soir. Ce désastre de Culm changea en cris de joie la dé-

---

[1] « C'est donc lui qui purge la fatalité », s'écria l'Empereur en apprenant la mort honteuse de l'ancien général en chef républicain.

[2] La force totale de l'armée française s'élevait le 27 à 95,000 hommes.

[3] Les canons de l'ennemi et les drapeaux sont déjà en trophées sur la grande place, et les acclamations des habitants font de la marche de l'Empereur une véritable entrée triomphale. (*Manuscrit de 1813*, tom. 2, pag. 287.)

[4] Résultats de la bataille de Dresde :

Prisonniers, 30,000; tués ou blessés, 20,000; total de la perte des alliés, 50,000 hommes.

Il fut pris, dans ces trois sanglantes journées, 40 drapeaux, 100 canons, 4,500 voitures.

solation qui commençait à se répandre dans les vallées de la Bohême, et rétablit le moral de l'armée alliée [1].

Décidément la fortune se déclarait contre l'armée française : le duc de Reggio, après trois actions principales à Gross-Beern, près Berlin, était en retraite ; il avait contre lui Bernadotte, son ancien camarade, à la tête de 170,000 hommes.

En Silésie, le duc de Tarente revenait sur ses pas après avoir perdu une quinzaine de mille hommes, cent pièces de canon, et repassé, avec de grandes difficultés, le Bober, la Queisse et la Neisse, entièrement débordés.

Les choses étant dans cet état, l'Empereur partit de Dresde avec la garde impériale, le 6ᵉ corps, la cavalerie du général Latour-Maubourg, pour se rendre en Lusace. Le 4 septembre, nous rencontrâmes l'armée du duc de Tarente ; l'Empereur l'arrêta, et lui fit reprendre l'offensive. Blucher, sentant la présence de Napoléon, se retira, et le 6ᵉ corps revint sur Dresde.

Après deux jours de repos, le 6ᵉ corps se remit en marche pour appuyer les reconnaissances que l'Empereur fit faire sur Altenburg et Peterswald, et il ne rentra à Dresde qu'après avoir vu la vallée de Tœplitz. Ces courses nous firent perdre encore des hommes, trop faibles pour de pareilles fatigues.

De tous côtés nous arrivent de mauvaises nouvelles. Nos alliés, à l'exception des Polonais, combattent mollement et désertent successivement notre cause. La Bavière traite déjà avec nos ennemis ; la Westphalie est presque envahie ;

---

[1] En apprenant ce désastre, Napoléon s'écria : « A une armée qui » fuit, il faut faire un pont d'or ou assurer une barrière d'acier ; or, » Vandamme ne pouvait être cette barrière. »

nos derrières sont infestés par les Cosaques ; les sociétés secrètes agissent avec plus d'activité et d'autorité que jamais ; l'armée d'Espagne revient sur notre frontière ; celle d'Italie paraît insuffisante pour se maintenir sur l'Adige. Cependant, l'Empereur se raidit contre les dangers qui le menacent, et met sa confiance dans la force de son génie et le dévouement de ses armées ; mais tout s'appauvrit autour, les hommes et les chevaux.

Le 23 septembre, le 6ᵉ corps cessa de manœuvrer avec la garde impériale et le corps du général de Latour-Maubourg dans les rayons de Dresde ; il descendit l'Elbe jusqu'à Meissen, et se porta ensuite sur Grossenhayen. Par ce mouvement, il se trouva sous les ordres du roi de Naples, et se combina avec les opérations de la réserve de cavalerie.

Toutes ces marches et contre-marches, exécutées avec la rapidité commandée par les circonstances, diminuaient toujours l'effectif des combattants.

Au même moment, le maréchal prince de la Moskowa, qui avait remplacé le maréchal duc de Reggio après sa malheureuse affaire de Gross-Beern, fut battu à Dennewits, grâce à la défection des Saxons. Toutes les opérations sur la Silésie, le Brandebourg et la Bohême ayant échoué complètement, on pensait généralement que Napoléon se déciderait enfin à abandonner la ligne de l'Elbe et à se rapprocher du Rhin : les vieux de l'armée ne furent pas écoutés.

Voici quelle était, à la fin de septembre, la position de l'armée française : La garde, les 1ᵉʳ, 3ᵉ, 5ᵉ, 11ᵉ et 14ᵉ corps occupaient Dresde et les camps de Pyrna et de Wessig ; le 2ᵉ corps était à Freyberg ; le roi de Naples, avec le 6ᵉ et le 1ᵉʳ de cavalerie, à Meissen et Grossenhayen ; le maréchal prince de la Moskowa occupait Dessau et les environs avec les 4e et 7e corps ; le prince Poniatowski, avec le 8e corps et une division de cavalerie légère, se trouvait à Penig et à Altenburg ; le maréchal duc de Reggio s'avançait sur Iéna. « Je ne sors plus d'ici ! » avait dit l'Empereur en rentrant à Dresde et en prenant cette ligne d'opération, « j'attends !... »

Du côté des alliés, l'armée de Bohême était entre Aussig et Brix, ayant le corps de Klenau vers les débouchés de Chemnitz. Blucher, avec l'armée de Silésie, occupait Bautzen, et le prince de Suède, avec l'armée du nord, s'étendait de Hertzberg jusqu'à Jerbot. Beningsen, à la tête d'une nouvelle armée formée en Pologne, allait faire sa jonction avec l'armée de Bohême. L'arrivée de ce renfort, qui présentait un effectif de 60,000 combattants, fut pour les alliés le signal de la reprise des opérations offensives.

Blucher, ne se laissant plus arrêter par le duc de Tarente, part de Bautzen, tourne Dresde, et se dirige sur Wittenberg pour faire sa jonction avec Bernadotte.

L'armée de Bohême quitte ses montagnes, et descend dans les plaines méridionales de la Saxe.

D'après ces marches, il est évident pour tous que les armées du Nord et du Midi vont l'une au-devant de l'autre, et que le projet de nos ennemis est de nous envelopper dans Dresde.

Pendant ces premiers mouvements des alliés, le 6e corps passa l'Elbe à Torgau, et vint se placer entre ce fleuve et la Mulde.

Le 28 septembre, Bernadotte passe à son tour l'Elbe à Rosslau et se porte sur Dessau ; il rencontre l'avant-garde de Ney, qui se retire sur la Mulde.

Le 3 octobre, Blucher surprend le passage de l'Elbe à

Wittenberg. Quant au prince de Schwartzemberg, il est arrivé en personne à Marienberg.

Napoléon quitta Dresde le 7, à six heures du matin, laissant au comte Gouvion Saint-Cyr 25,000 hommes pour défendre cette ville. Ce maréchal reçoit pour instructions de tenir dans Dresde tant qu'il pourra, et de se retirer dans Torgau et Magdebourg dans le cas où il serait forcé d'évacuer Dresde. Dans la pensée de Napoléon, l'armée du maréchal Gouvion Saint-Cyr est destinée à former l'aile gauche de la nouvelle ligne qu'il va prendre sur l'Elbe, dont l'armée de Hambourg formera la droite, et dont le centre se trouvera à Magdebourg. Napoléon se dirige sur cette ville, et fait préparer les instructions nécessaires pour y faire arriver tous les autres corps d'armée.

Napoléon arrive à Wurtzen, où il trouve la garde impériale et les 3e et 11e corps. Le 9, il fut rejoint à Eilienburg par les 4e, 6e et 7e corps. Ces troupes portent à plus de 100,000 hommes les forces dont il peut disposer sur ce point.

Blucher, pris au dépourvu par l'arrivée de Napoléon à Eilienburg, se hâte d'abandonner sa position, et de se retirer sur Zorbig, où l'attendait Bernadotte. Napoléon ne craint pas de trouver ces deux généraux réunis; il marche sur eux, et arrive, le 10 au soir, à Düben : mais Blucher et le prince de Suède ne sont plus derrière la Mulde; ils se sont retirés derrière la Saale par la route de Halle. Pendant ce temps, les comtes Reynier et Bertrand manœuvraient encore sur la rive droite, et, malgré les efforts du roi de Naples et du prince Poniatowski, l'armée de Bohême s'avançait sur Leipsig.

Les journées du 11, du 12 et du 13 s'écoulèrent sans que Napoléon quittât Düben, où se trouvait sa garde. Le 6e corps occupait Delitsch.

Le 14, Napoléon apprit la déclaration de guerre de la Bavière.

Cette circonstance et la crainte de voir le Wurtemberg et Bade suivre l'exemple de la Bavière le décidèrent à renoncer à son plan d'opérations sur l'Elbe, auquel il tenait beaucoup, malgré l'opinion de la plupart de ses lieutenants.

Le 15, l'armée française se mit en mouvement pour se replier sur Leipsig.

Le 16 au matin, l'armée française occupait les positions suivantes : Le 8e corps (prince Poniatowski) à Connewitz, sur les bords de la Pleiss ; le 13e corps (maréchal duc de Castiglione) sur le versant du plateau de Wachau, vers Dosen, flanqué par deux corps de cavalerie ; le 2e corps (maréchal duc de Bellune) en arrière de Wachau ; le 5e corps (général comte Lauriston) à Liebert-Wolkwitz ; le 11e corps (maréchal duc de Tarente) devait déboucher de Holtzhauzen et se former à la gauche du 5e corps ; la garde impériale en réserve.

A la gauche de cette ligne, le 6e corps (maréchal duc de Raguse) avait pris position entre Mokern et Eutrisch ; la division du comte Lagrange, sur la route de Halle ; la division du comte Compans, entre cette route et celle de Landsberg, ayant à sa droite la division du général Friedericks. Deux divisions du 3e corps (maréchal prince de la Moskowa) devaient arriver par la route de Düben pour se joindre au 6e corps. Le 7e corps (général Reynier), s'avançant par Eilienburg, et le 4e corps (général Bertrand), avaient pris position devant Lindnau pour y garder le passage de l'Elster [1].

---

[1] L'armée française était forte de 96,000 hommes, et l'armée alliée de 140,000.

Le prince de Schwartzemberg s'était décidé à combattre l'armée française, bien que l'armée dite de Pologne et celle du Nord, commandée par Bernadotte, n'eussent pas encore rejoint. Les armées de Bohême et de Silésie, formant ensemble un effectif de 95,000 hommes à pied et de 35,000 chevaux, se mirent en bataille. Le généralissime espérait surprendre l'armée française avant sa concentration sur Leipzig.

Je n'ai pas à décrire la bataille de Wachau, le 6e corps ne s'y trouva pas; mais je dois raconter ce qui se passa à l'extrême gauche de la ligne, formée par le 6e corps d'armée (duc de Raguse) [1].

L'armée du Nord, commandée par Bernadotte, prince de Suède, s'était mise en marche avant le jour; cependant, à neuf heures, le maréchal prince de la Moskowa, ne voyant rien paraître sur les routes de Halle et de Landsberg, et entendant une forte canonnade dans la direction de Wachau, crut pouvoir détacher deux divisions du 3e corps (comtes Ricard et Brayer) et les envoyer rejoindre la grande armée à Gohlis. Cette circonstance fut une des plus funestes de la journée. En effet, le 6e corps étant resté seul avec la cavalerie du duc de Padoue, ne tarda pas à voir arriver l'ennemi sur lui.

Vers midi, Gross et Klein-Wetterisch furent attaqués par le corps de Langeron; ces deux villages furent pris et repris plusieurs fois. La division Compans défendit sa position avec une grande opiniâtreté; ma brigade y perdit une centaine d'hommes. Pendant ce temps, le général Yorck attaquait le village de Mokern, où se trouvait la division

---

[1] C'est dans cette bataille que le prince Poniatowski fut créé maréchal d'Empire, en récompense de ses glorieux services.

Lagrange. Celle de Friedericks, placée sur la droite de la route de Landsberg, fut aussi engagée. Ces divers combats se soutinrent avec un avantage égal, malgré l'énorme disproportion des forces, jusqu'à l'arrivée des réserves, qui nous forcèrent d'abandonner les villages que nous défendions[1]. La retraite s'opéra avec un ordre parfait. Arrivé près de Gohlis, le 6e corps s'arrêta, en attendant les renforts qui lui étaient annoncés; mais le maréchal, averti bientôt que les troupes du 3e corps qui devaient le soutenir avaient eu une autre destination, et recevant en même temps l'ordre de reprendre les positions que nous avions quittées, afin de couvrir Leipzig et de mettre cette ville à l'abri du canon, nous ramena vers l'ennemi. A l'approche de la nuit, les deux armées se rencontrent[2], leurs colonnes d'attaque se mêlent, la plus grande confusion règne sur tous les points de la ligne de bataille; la voix des chefs est impuissante pour remédier au désordre : on se heurte et on se frappe au hasard. Après une heure de lutte, le 6e corps abandonna le terrain, laissant au pouvoir de l'ennemi beaucoup de prisonniers et plus de vingt pièces de canon. Il fallut toute la nuit pour se rallier sur la rive droite de la Partha. Ma brigade perdit 500 hommes environ dans cette affaire.

Dans cette journée, les deux armées combattirent avec un grand courage, mais la victoire fut indécise; les Français et les Autrichiens reprirent les positions qu'ils occupaient avant la bataille. Napoléon et Schwartzemberg

[1] Nous eûmes, dans cette affaire, 2,000 hommes de tués; le général Compans y fut blessé.

[2] Nous étions 25,000 hommes contre 70,000, et nous luttâmes toute la journée sous le feu de cent pièces de canon. L'élite de nos marins y périt.

furent déçus dans leurs espérances, chacun voulant empêcher son adversaire de réunir toutes ses forces. Ce
n'est que du côté de Lindnau que l'armée française obtint
un résultat. Le comte Bertrand, après un combat très-vif,
se rendit maître de la route d'Erfurt.

Les Allemands ont donné à ce terrible choc le nom de
bataille des nations. Tous les peuples de l'Europe y furent
représentés, à l'exception des Anglais et des Espagnols.
On évalue à un demi-million d'hommes la force totale
des deux armées. Nos adversaires étaient dans la proportion de 1 contre 3. Ce furent trois batailles livrées les 15,
16 et 17 sur une surface de près de trois lieues carrées.

Le lendemain, le 6e corps passa la Partha à Schœnfeld,
et s'établit en avant de ce village, en observant par ses
postes le cours de cette rivière. Il rallia quelques hommes
restés en arrière, et reçut quelques détachements qui
avaient été retenus à Leipzig. Pendant cette journée, les
deux armées réunirent toutes leurs forces pour recommencer le lendemain. Dans la nuit, les équipages et les
caissons inutiles se mirent en marche pour gagner Lindnau.

Environné de toutes parts par des forces beaucoup supérieures aux siennes, Napoléon sentit alors la nécessité de
rétrécir son front pour remplir l'intervalle qui le séparait de
sa gauche. En conséquence de cette résolution, les troupes
du 6e corps reprirent les armes à deux heures du matin, et
exécutèrent un changement de front en arrière sur leur
gauche, afin de se joindre au 3e corps sans cesser de s'appuyer sur Schœnfeld.

Vers dix heures, l'ennemi força nos postes placés sur la
Partha, et, bientôt après, attaqua Schœnfeld. La possession
de ce village fut vivement et longtemps disputée. L'ennemi

finit par en rester le maître, après un combat des plus acharnés. Vers deux heures, le 6e corps se porta sur Kohl-gaerten, et se dirigea ensuite sur Pfaffendorf. C'est pendant cette marche que la brigade wurtembergeoise, commandée par le général Normann, passa du côté de l'ennemi. Cette défection n'étonna personne. Depuis les désastres de Moscou, nos alliés ne cherchaient qu'une occasion favorable pour nous abandonner [1]. Après cette honteuse désertion, le 6e corps se retira sur Reudnitz. Dans ce mouvement de retraite, je fus gravement blessé et mis hors de combat. L'Empereur me nomma chevalier de la Couronne de fer d'Italie [2].

Obligé de quitter l'armée par suite de ma blessure, je ne puis retracer les dernières phases de la grande mais malheureuse bataille de Leipzig, qui fut le *coup de tonnerre* que recherchait l'Empereur pour terminer la campagne. Je ne devais reprendre du service qu'au commencement de la campagne de France.

L'année 1813 fut très-malheureuse pour nos armes, et on a reproché à l'Empereur d'avoir eu trop de confiance dans ses alliés. Il est difficile encore aujourd'hui d'apprécier au juste les opérations de cette campagne. Pour mon compte, je crois que l'Empereur, vivement préoccupé de la composition de l'armée, de l'épuisement de nos ressources militaires et de l'état politique de l'Empire, ne put être constamment lui-même. Le souverain l'emporta trop

---

[1] L'armée française présente alors un effectif de 123,000 hommes, et celle des alliés une force totale de 330,000 hommes.

[2] Dans cette affreuse bataille de Leipzig, nous perdîmes 50,000 hommes, et les alliés 80,000. L'armée française eut 5 officiers généraux tués, 7 blessés, 14 prisonniers; l'armée alliée eut 8 officiers généraux tués, 11 blessés, 1 prisonnier.

souvent sur le général en chef. Pouvait-il en être autrement ? Je ne le crois pas. Que les critiques veuillent bien
se souvenir que nous nous battions, en 1813, non pour conquérir, même pas pour conserver, mais bien pour faire la
paix, en faisant honorablement la part du feu. Quoi qu'il en
soit, l'armée fut toujours digne d'elle-même, mais *elle
était trop jeune.*

Plus que personne, je dois rendre hommage au courage
de cette brave infanterie de marine, si tenace à Lutzen et
à Bautzen. Je serai toujours fier d'avoir commandé de tels
hommes, qui auraient bien mérité de voir des résultats
heureux couronner leur noble conduite.

En parlant de cette campagne, l'Empereur a dit à Sainte-
Hélène : *La campagne de 1813 sera toujours le triomphe
du courage inné dans la jeunesse française*[1].

[1] Ainsi, l'année 1813 a vu l'armée française ramenée des bords du
Niémen jusqu'aux bords du Rhin, et cependant que de glorieux
faits d'armes !

La ligne du Niémen livrée par le général Yorck, celle de la Vistule par Schwartzemberg, celle de l'Oder par Bulow, enfin celle de
l'Elbe si longtemps disputée, voilà les échelons de cette longue retraite...

Pour arriver à Mayence, il a fallu combattre à chaque pas ; et cependant, *sur l'étroit chemin*, comme le disait M. de Fontanes au
Sénat en 1813 (28 décembre), où tant de défections éclatantes res-
serraient sa marche, des trophées encore ont signalé son retour.
(*Manuscrit de 1813*, pag. 480, tom. 2.) *(Note de l'éditeur.)*

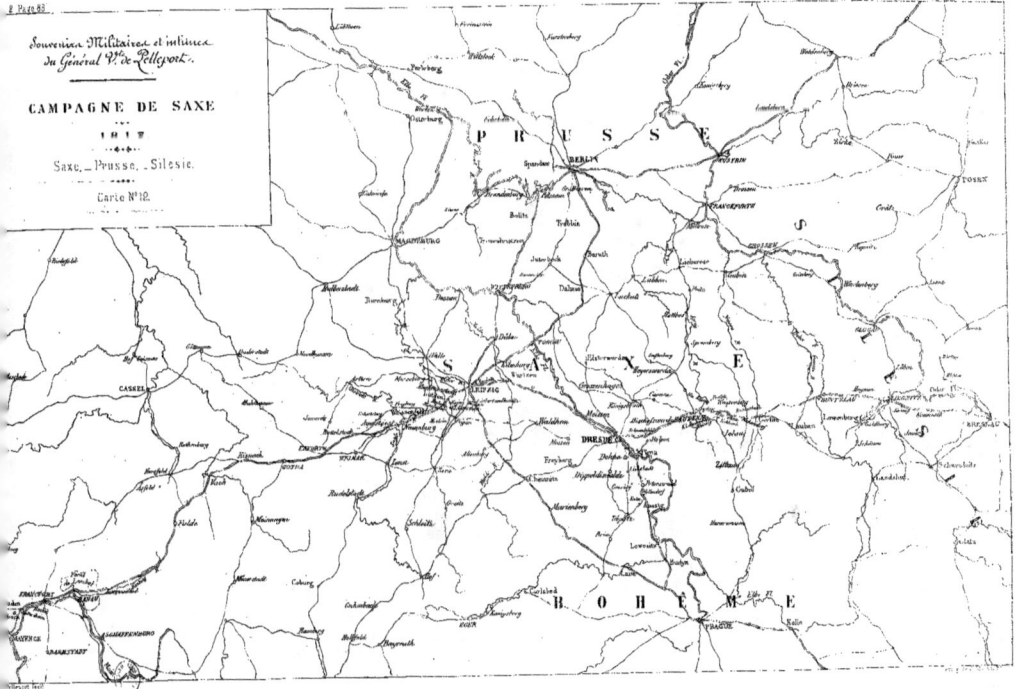

Souvenirs Militaires et intimes
du Général V. de Pellegort.

CAMPAGNE DE SAXE
1813
Saxe, _ Prusse, _ Silesie.
Carte N.º 12.

CHAPITRE IV

—

CAMPAGNE DE FRANCE

1814.

Je commande la 1re brigade du 6e corps, sous les ordres du duc de Raguse. — Combats de Lachaize, de Morvilliers et de la Rothière. — Affaire de Rosnay. — Je suis mis à l'ordre du jour de l'armée. — Combat de Champ-Aubert. — Combats de Montmirail, de Vauxchamps, de la Ferté et de Meaux. — Je suis blessé. — Prise de Reims. — Bataille de la Fère-Champenoise. — Affaire de Montis. — Bataille de Paris. — J'y commande comme divisionnaire. — Une balle me traverse la poitrine. — Capitulation de Paris. — Attitude antinationale de la population. — Observations sur la conduite du duc de Raguse. — Justification de ce maréchal.

— ⁓⁓⁓ —

C'est avec recueillement que je vais essayer de retracer la gloire et les revers du 6e corps d'armée pendant la campagne de France [1], et les incidents remarquables des soixante-sept batailles, combats ou engagements que nous

[1] Au commencement de la campagne, l'Empereur avait environ 300,000 hommes sous les armes ; mais, sur ce nombre, 80,000 hommes, divisés en huit corps, pouvaient seulement être véritablement disponibles : le 13e corps, commandé par le prince d'Eckmuhl, était acculé aux bouches de l'Elbe , l'armée d'Espagne contenait avec peine 150,000 ennemis, et 70,000 hommes étaient répandus dans les places fortes de l'Empire ; le prince Eugène contenait le roi de Naples Murat. La coalition avait près d'un million d'hommes sous les armes : *nous étions 1 contre 11.*

fûmes obligés de livrer du 1ᵉʳ janvier au 30 mars, c'est-
à-dire pendant un espace de quatre-vingt-dix jours.

Ils étaient trop, disait, en 1814, un grenadier griève-
ment blessé, rentrant dans Paris. Ce mot échappé à l'un de
nos soldats a toujours résumé pour moi et résume encore
notre situation pendant toute la durée de cette campagne.
Numériquement trop faibles, nous étions épuisés dès le
début; chaque victoire nous rapprochait du terme fatal.

Voilà pourquoi nous avons été battus; il est même mira-
culeux que nous ayons tenu aussi longtemps dans cette lutte
pied à pied pour la défense du territoire.

« Toute l'Europe marchait avec nous il y a un an, toute
» l'Europe marche aujourd'hui contre nous, » avait dit Napoléon au Sénat : c'est sous ces auspices que nous entrions
en campagne. Les débris du 6ᵉ corps [1] étant réunis sur
la rive gauche du Rhin, on procéda à une nouvelle organisation. La plupart des régiments d'infanterie furent réduits
à un bataillon; les officiers et les sous-officiers en dehors

---

[1] Pour pouvoir comprendre ce passage, il faut savoir que le maréchal duc de Raguse avait en ce moment sous ses ordres six corps
d'armée et trois corps de cavalerie, à savoir : le 2ᵉ corps, général
Dubreton; le 3ᵉ corps, général Ricard; le 4ᵉ corps, général Bertrand; le 5ᵉ corps, général Albert; le 6ᵉ corps, général Lagrange;
le 7ᵒ corps, général Durutte.

La cavalerie obéissait aux généraux Doumerc, duc de Padoue, et
Milhaud. Ces corps d'armée avaient été réduits à rien par la campagne de 1813.

L'usage prévalut depuis d'appeler le 6ᵉ corps d'armée toutes les
troupes de Marmont.

Le comte Dubreton est mort lieutenant général et pair de France.
Il s'était distingué d'une manière très-remarquable à la bataille de Ha-
nau. — Le comte Ricard est mort lieutenant général et pair de France.
Excellent officier d'infanterie, il servit le Roi à Gand. — Le comte
Albert est devenu premier aide de camp du duc d'Orléans (Louis-
Philippe). — Le comte Lagrange, ancien général d'Égypte et ancien

du cadre se rendirent en toute hâte à leurs dépôts respectifs pour y prendre des hommes de nouvelle levée. Cette opération terminée, le 6ᵉ corps ne forma qu'une division (la 20ᵉ) de 5 à 6,000 combattants au plus, dont le général Lagrange prit le commandement; elle fut divisée en deux brigades.

La première, que je commandais, se composait des 27ᵉ et 37ᵉ d'infanterie légère, et des 1ᵉʳ, 15ᵉ, 16ᵉ, 70ᵉ et 121ᵉ d'infanterie de ligne.

La 2ᵉ brigade, commandée par le général Joubert [1], se composait des quatre régiments d'artillerie de marine et des 62ᵉ et 123ᵉ de ligne.

Un attirail d'artillerie qui aurait pu suffire à une armée de 30,000 hommes, et une division de cavalerie formée avec les débris de plusieurs régiments et ne présentant qu'un effectif de 12 à 1,500 cents sabres, entraient dans la composition du 6ᵉ corps [2].

La division Ricard, qui s'était organisée à Coblentz, s'y

---

ministre du roi de Westphalie, était un très-bon divisionnaire. — Le comte Durutte s'était distingué en Russie, et rendit de très-grands services en 1813.

Le baron Doumerc avait été créé grand officier en Russie. — Le comte Milhaud venait d'Espagne, où il avait glorieusement servi. — Le duc de Padoue était un parent de l'Empereur, et avait glorieusement servi.

[1] Le général Joubert servait depuis longtemps avec moi. — Bon officier.

[2] Voici un état exact de la force du 6ᵉ corps pendant la campagne : 30 décembre 1813, 11,760 hommes (non compris les officiers); — au 21 janvier 1814, 8,669 ; — 10 février, 5,259 ; — 28 février, 5,462; — 10 mars, 5,470 (la division de réserve nous avait rejoints); — 20 mars, 3,717 ; — 29 mars, 4,185 (la division de cavalerie nous avait rejoints); — 1ᵉʳ avril 1814, 2,971 (le lendemain de la bataille de Paris).

joignit plus tard. La division Durutte manœuvra avec le 6ᵉ corps de la Sarre à la Moselle.

C'est avec ces troupes que le maréchal devait couvrir le Rhin de Mayence à Strasbourg. Elles étaient en marche pour occuper les divers points de cette ligne, et le quartier général était déjà à Neustadt, lorsqu'on apprit que, dans la nuit du 31 décembre au 1ᵉʳ janvier, le général Sacken avait franchi le fleuve vis-à-vis de Oggersheim et s'était emparé de la redoute de Freissenheim. A cette nouvelle, le duc de Raguse se mit à la tête de sa cavalerie pour reconnaître l'ennemi. Il trouva ses coureurs en avant de Mekenheim et les poussa jusqu'au delà de Mutterstadt. Il fut informé, dans cette ville, que les troupes qu'il avait devant lui appartenaient à un corps de 20,000 hommes, et que les alliés avaient passé le Rhin sur plusieurs points depuis Germersheim jusqu'à Coblentz.

Le 2, le 6ᵉ corps se rendit à Durkheim ; les reconnaissances que le maréchal Marmont envoya rapportèrent que des colonnes ennemies [1] marchaient sur nos flancs, et que nous serions débordés dans la journée. Ces renseignements décidèrent le maréchal à se rendre à Kaïserlautern, afin d'assurer sa retraite sur la Moselle ; il s'y établit le 3. C'est dans cette position que le maréchal, ayant appris que les divisions Ricard et Durutte avaient été sérieusement engagées avec l'ennemi, et prévoyant qu'elles ne pourraient se joindre à lui que derrière la Sarre, se décida à marcher sur Sarreguemines, où il arriva le 6.

Dans cette marche, le 6ᵉ corps essaya plusieurs fois

[1] L'armée qui marchait contre nous était commandée par le maréchal Blucher, et était composée des corps des généraux de Saint-Priest, Osten-Sacken (gouverneur d'Odessa en 1855), Langeron, Yorck et Kleist. On l'évaluait à 60,000 fantassins et 10,000 chevaux.

d'arrêter l'ennemi; mais à peine avait-il pris des dispositions de défense qu'il apprenait que des colonnes nombreuses cherchaient à le devancer sur les points de retraite [1].

Le quartier général s'établit à Forbach. La division Lagrange et une brigade de cavalerie légère qui s'était ralliée au 6e corps logèrent à Sarreguemines; les divisions Ricard et Durutte, ayant opéré leur jonction le 7 au matin [2], furent chargées, avec la cavalerie du général Doumerc, d'observer le cours de la Sarre depuis Sarreguemines jusqu'à Sarrelouis; enfin le duc de Raguse fit tous ses efforts pour se donner le temps de compléter les approvisionnements et les garnisons des places situées sur la Sarre. Il ne dissimulait pas que cette rivière était une barrière impuissante contre l'ennemi, dont les avant-gardes avaient suffi pour le contraindre à s'y réfugier; mais il lui importait de gagner quelques jours, afin de protéger la réunion de troupes qui devaient former un corps de réserve sur la Marne. Il lui importait aussi d'être bien fixé sur les opérations du duc de Bellune [3], placé à sa droite, et des autres maréchaux avec lesquels il devait se mettre en rapport.

Le 10, l'ennemi ayant jeté des ponts à Sarralbe et à Rehling, le 6e corps se retira par la grand'route de Metz. Cette retraite était la conséquence de la nouvelle position du duc de Bellune.

Le 12, le duc de Raguse s'établit sous Metz. Le 13, il

[1] Les divisions Durutte et Ricard perdirent 300 hommes et 7 pièces de canon dans ces engagements. (KOCH, *Campagne de 1814,* pag. 107.)

[2] Le 6e corps présenta alors un effectif de 7,000 hommes d'infanterie, 1,500 sabres et 32 canons. (FABVIER, pag. 18, *Journal des opérations du 6e corps.*)

[3] Le maréchal Victor est devenu, sous la Restauration, ministre de la guerre; il avait suivi le Roi à Gand.

envoya la division Ricard à Pont-à-Mousson. Cette reconnaissance lui apprit que le passage de la Moselle était ouvert aux alliés, et que bientôt il serait débordé par sa droite. Le maréchal se hâta de compléter les approvisionnements de Metz, et d'y faire entrer la division Durutte ; il en partit le 15 avec les divisions Lagrange et Doumerc ; celle de Decouz [1], qui s'était organisée sur la Moselle, suivit ce mouvement et prit les ordres du maréchal. Le 19, l'arrière-garde du 6e corps fut vivement attaquée par la cavalerie prussienne, qui fut rudement repoussée.

C'est ainsi que, du 14 au 20 janvier, le duc de Raguse se trouvait rejeté du Rhin à la Meuse après vingt jours de campagne, sans qu'il eût été possible de s'arrêter quelque part, et encore moins de livrer une bataille. Cependant, le courage ne manquait pas aux troupes ; mais leur force numérique était trop inférieure à celle des ennemis, et les places fortes, qui devaient leur servir d'appui, n'avaient que des garnisons infirmes et qu'une partie de leurs approvisionnements [2]. Impossible d'espérer un succès réel dans cette position !

Le duc de Raguse, ayant appris, le 21, que le duc de Bellune avait abandonné les positions qu'il avait prises sur la Meuse, fit retirer de Saint-Michel la division Decouz, envoya la division Lagrange à Chaumont-en-Aire, et le lendemain il se dirigea sur Bar-le-Duc et Saint-Dizier, en faisant couvrir la route de Verdun à Châlons par la division Ricard.

On remarquera que sur la Meuse, comme sur la Moselle

---

[1] Tué à Brienne le 29 janvier.

[2] Nous étions dans un état déplorable, sans solde depuis six mois, sans distributions régulières, et nous battant tous les jours.

et la Sarre, le duc de Raguse fut constamment entraîné par les mouvements du duc de Bellune. Il n'était pas possible de faire autrement, car aucun de ces squelettes de corps d'armée ne pouvait se suffire à lui-même devant des masses aussi fortes que celles que les alliés montraient sur tous les points.

Le 25, le duc de Raguse, avec les divisions Doumerc et Decouz, s'établit à Vitry-le-Français, le général Lagrange à Vitry-le-Brûlé, et le général Ricard aux Islettes et à Clermont. Ce jour-là, l'Empereur arrivait à Châlons, où il avait été précédé par quelques troupes de nouvelle formation.

Le quartier impérial se rendit le 26 à Vitry. C'est dans cette ville que l'Empereur fut informé que le feld-maréchal Blucher se dirigeait sur Troyes pour se réunir au prince de Schwartzemberg. Il se décida à marcher de suite sur Saint-Dizier, afin de séparer les Prussiens, qui s'approchaient déjà de Brienne, des corps de Sacken, d'Yorck et de Landskoy, qui suivaient la même direction.

C'est par suite de cette résolution que le 6e corps se mit en marche sur Saint-Dizier, appuyant la division Duhesme [1] qui était tête de colonne. Le général Ricard gagnait en même temps Vitry par la traverse. Le 6e corps ne prit aucune part au combat qui eut lieu le 27 à Saint-Dizier [2].

Le 28 [3], les reconnaissances envoyées sur les routes de

---

[1] Massacré à Waterloo par les hussards de Brunswick ; — bon officier ; — a laissé des fils qui se sont depuis distingués dans les armes.

[2] Le 6e corps ne présentait plus alors qu'un effectif de 5,546 fantassins et 1,500 chevaux.

[3] Nous croyons devoir donner ici la composition de la grande armée alliée sous les ordres du prince de Schwartzemberg, ayant pour chef d'état-major le comte Radetzki. Cette armée comptait

Bar et de Ligny étant rentrées, le duc de Raguse, qui avait été laissé à Saint-Dizier pour couvrir le mouvement de l'armée, se mit en route avec la brigade Joubert et la division Doumerc pour Vassy, laissant à Saint-Dizier le général Lagrange avec ma brigade et 200 hommes de cavalerie légère. Cette dernière troupe ne devait se mettre en marche que quelque temps après le maréchal.

Le 29, le général Lagrange fut attaqué sur les deux rives de la Marne par les troupes du général Yorck. Il perdit peu de monde, et parvint à se retirer sur Vassy sans être entamé. Le maréchal fut attaqué aussi à Vassy, le 30, par Wittgeinstein qui débouchait de Joinville. L'ennemi fut contenu, quoique très-supérieur en nombre.

Ma brigade rejoignit le duc de Raguse à Vassy, et tout le corps d'armée partit le 30 de cette ville pour Montie-render.

Le 31, peu après notre arrivée dans cette dernière ville, nous fûmes attaqués par une forte reconnaissance de cavalerie. Cette circonstance fit hâter notre départ pour Soulaines. A l'entrée de la nuit, le maréchal fit changer de direction pour prendre un chemin de traverse qui conduisait à Morvilliers.

Un corps de cavalerie de 5 à 600 hommes fut surpris par l'ennemi à Montierender, deux heures après le départ du 6ᵉ corps.

dans ses rangs : 72,488 Autrichiens, 21,840 Wurtembergeois, 23,488 Bavarois, 47,524 Russes, 4,048 Prussiens; — en tout, 166,860 hommes, divisés en 129,340 hommes d'infanterie et 37,520 sabres. — 550 bouches à feu suivaient les alliés.

Nous ne comprenons pas, dans cette énumération, le corps hessois, fort de 21 bataillons et de 10 escadrons; les divisions du quartier général fortes de 16 bataillons et de 6 escadrons; le corps badois, fort de 14 bataillons et de 8 escadrons. *(Note de l'éditeur.)*

Ces marches de nuit, exécutées au milieu de plusieurs colonnes ennemies, toutes plus fortes que le 6e corps, et convergeant vers Blucher, furent horribles d'inquiétudes et de souffrances. La cavalerie et l'artillerie y perdirent beaucoup de chevaux. L'infanterie y laissa 2 ou 300 hommes dont la plupart ne reparurent plus. L'armée fut admirable par sa patience et sa résignation. Il ne lui échappait de murmures que contre les habitants qui fermaient leurs portes à son passage. Elle ne trouva de sentiments généreux que dans quelques populations de la campagne.

Le 1er février, le 6e corps ne présentait plus qu'un effectif de 4 à 5,000 hommes. Le maréchal occupait, avec ma brigade, le bois de Morvilliers ; celle de Joubert défendait Lachaise et Chaumesnil. La cavalerie était déployée sur le plateau de Morvilliers, face à la ferme de Lachaise, et l'artillerie était disposée de manière à soutenir ces troupes. Le 6e corps tenait ainsi la gauche de la ligne de bataille, et couvrait les deux avenues qui, de ce côté, conduisaient à Brienne. Un petit bois et un marais situés en arrière remplissaient l'intervalle.

Vers une heure, l'ennemi attaqua à la fois Lachaise et Morvilliers : ses éclaireurs étaient plus nombreux que les troupes qui défendaient ces positions. Le général Joubert, après une vive défense, fut obligé d'abandonner Lachaise et de se replier sur Chaumesnil ; il perdit trois pièces de canon dans son mouvement de retraite, qui fut extrêmement difficile. Plus heureusement placée, ma brigade parvint à résister à cette première attaque à l'aide de ses tirailleurs, qui furent conduits avec une rare intelligence par le colonel Genesèr.

La cavalerie fit quelques charges avec succès. Vers

quatre heures, la division Meunier [1], de la jeune garde, se
joignit au 6ᵉ corps. L'Empereur, en envoyant ce renfort au
duc de Raguse qui l'avait réclamé, lui donna l'ordre de
combattre jusqu'à extinction, afin de ne point livrer à l'ennemi la route de Brienne. A la tombée de la nuit, Chaumesnil fut forcé, et la brigade Joubert ne put se rallier
qu'en avant du bois d'Ajou. Ma brigade, fortement com-
promise par l'occupation de Chaumesnil [2], parvint néanmoins à se retirer de Morvilliers sans éprouver de grandes
pertes. Il est vrai que le terrain qu'elle avait à parcourir
présentait beaucoup d'obstacles dont les tirailleurs profitèrent habilement pour retarder la poursuite de l'ennemi. Le
duc de Raguse, ayant réuni son corps d'armée, se rap-
procha de Brienne [3].

A cette bataille de la Rothière, on perdit beaucoup de
monde de part et d'autre ; le moral de l'armée française en
fut vivement affecté. Elle ne se composait que de 30 à
35,000 combattants, tandis que l'ennemi en avait réuni
106,000 au moins, et que de nombreuses réserves étaient
en marche pour le renforcer au besoin.

Le 2, à une heure du matin, l'armée, qui n'avait pas
quitté les armes, se mit en marche. Le 6ᵉ corps s'arrêta à
Perthes jusqu'au jour ; il s'achemina ensuite sur Rosnay

[1] Gendre du peintre David ; s'était distingué en Espagne, notamment à la bataille de Medellio.

[2] La perte des Français fut énorme ; elle s'éleva à près de 6,000
hommes, dont 2,400 prisonniers. (Koch, pag. 187, *Mémoires sur
la Campagne de 1814.*)

[3] La force totale de l'armée française s'élevait, au combat de
la Rothière, à 27,300 hommes d'infanterie, 8,840 chevaux, et
128 bouches à feu.

Les alliés comptaient dans leurs rangs 106,700 combattants, dont
22,700 de cavalerie et 286 bouches à feu. *(Note de l'éditeur.)*

pour y passer la Voire. Arrivé à une demi-lieue de cette rivière, une vive canonnade s'engagea avec l'armée bavaroise qui était à sa poursuite. Lorsque le 6ᵉ corps fut arrivé près du pont, ma brigade se mit en bataille en avant du défilé, afin de couvrir le passage des autres troupes. Cette manœuvre s'exécuta *avec une précision remarquable*, quoique l'ennemi nous serrât de très-près [1]. La brigade Joubert, la cavalerie et l'artillerie ayant débouché de Rosnay, le maréchal se mit à leur tête et attaqua un corps de 2 à 3,000 Bavarois qui avaient passé la Voire au-dessous et s'étaient emparés d'une hauteur qui dominait la vallée. L'ennemi fut culbuté d'un élan et sabré impitoyablement. Nous passâmes ainsi, l'épée à la main, sur le corps de 25,000 Bavarois [2].

Pendant ce temps, ma brigade, après de vains efforts pour détruire entièrement le premier pont, se replia à son tour : son mouvement s'exécuta à la vue de la tête de la colonne ennemie qui voulut la suivre ; mais à peine eut-elle fait quelques pas, qu'elle fut arrêtée par un feu de mousqueterie presque à bout portant qui partait des maisons où s'étaient établis à l'avance les 27ᵉ et 37ᵉ régiments. L'ennemi ne sortit de cette position critique qu'en mettant le feu aux maisons. Cette circonstance détermina la retraite de ces deux braves régiments.

Je fus alors chargé de la défense du second pont. Je

[1] Voir FABVIER, *Journal des opérations du 6ᵉ corps pendant la Campagne de 1814*, pag. 27.

[2] Le duc de Raguse met aussitôt l'épée à la main. Les braves s'élancent, la baïonnette en avant. Si de temps en temps la Muse de l'histoire croit devoir arracher quelques feuillets de son livre, qu'elle conserve du moins, pour l'honneur du duc de Raguse, la page où le combat de Rosnay se trouve inscrit. (Le baron FAIN, *Manuscrit de 1814*, pag. 103.)

voulus le détruire, mais le manque d'outils et le feu de
l'ennemi retardèrent le travail. Vers quatre heures, un
parti de cavalerie ennemie, qui avait passé la Voire au-
dessus de Rosnay, s'étendait déjà dans la plaine. Cet inci-
dent décida le duc de Raguse, qui, d'ailleurs, avait à peu
près atteint son but, à évacuer Rosnay ; il partit, et fut
coucher à Dammartin. — Ma conduite dans cette affaire
me valut l'honneur d'être mis à l'ordre de l'armée [1].

Le passage de la Voire faillit être funeste au 6ᵉ corps,
parce qu'on avait oublié de détruire les ponts, sur lesquels
il ne devait pas passer. Le maréchal montra dans cette af-

---

[1] 6ᵉ CORPS. — *Ordre du jour.* — M. le maréchal duc de Raguse,
commandant en chef, témoigne sa satisfaction aux troupes de la
division de M. le général Lagrange, et à la brigade de cuirassiers
de la division Doumerc, pour la belle conduite qu'elles ont tenue le
2 février au glorieux combat de Rosnay, où elles ont combattu et
culbuté l'ennemi, un contre dix. Les troupes auxquelles Son Excellence s'adresse le plus particulièrement sont : le 1ᵉʳ régiment d'artillerie de marine, les 70ᵉ, 121ᵉ et 182ᵉ de ligne, et les 4ᵉ et 7ᵉ de
cuirassiers. M. le maréchal a remarqué, parmi les officiers qui se
sont le plus distingués, le général Pelleport, etc., etc., et leur
donne, avec un grand plaisir, les éloges qu'ils ont si bien mérités.
Quartier général à Nogent-sur-Seine, le 9 février 1814.

> *Signé* Baron MEYNADIER,
> *chef d'état major général.*

A propos de cette glorieuse affaire dont il décida le succès en se
jetant au fort du péril comme il l'avait fait dix-huit ans auparavant
à Lodi, le maréchal Marmont a écrit ces quelques lignes : « Il y a
» un grand charme et une grande jouissance à obtenir un succès
» personnel, à sentir au fond de la conscience que le poids de sa
» personne, et pour ainsi dire son bras, a fait pencher la balance et
» procuré la victoire. Cette conviction, partagée par les autres, et
» exprimée par un sentiment d'admiration et de reconnaissance,
» cause une félicité dont celui qui ne l'a pas éprouvée ne peut guère
» avoir l'idée. » (SAINTE-BEUVE, *Causeries du lundi,* tom. 9,
pag. 15.)

faire beaucoup de résolution et d'énergie. Il fut parfaitement secondé par les troupes, qui manœuvrèrent avec calme et combattirent avec courage.

Le 3, le 6ᵉ corps passa l'Aube à Arcis; il trouva, dans cette ville, 12 à 1,500 recrues appartenant à toutes les armes, et notamment à la cavalerie, commandée par le général Bordessoule[1]. Il se porta ensuite sur Méry, où il fut rejoint par le 113ᵉ, composé entièrement de conscrits. Ce renfort lui était nécessaire pour remplacer les pertes des champs de bataille et les jeunes soldats qui, manquant de force ou de résolution pour supporter les privations et les fatigues de la campagne, avaient quitté la partie. Quant aux anciens soldats, débris de Moscou et de Leipzig, ils étaient retenus dans les rangs par l'honneur militaire. A la vérité, *ils grognaient,* mais ils ne désertaient pas[2].

Le 6ᵉ corps se rendit à Nogent le 6, et prit la tête de l'attaque résolue contre le maréchal Blucher, qui s'était porté sur la Marne. Le 7, il s'achemina par des chemins horribles sur Sezanne, et fut obligé de s'arrêter à Fontaine-Denys, où il arriva très-tard. Le 8, il entra à Sezanne, et alla coucher à deux lieues en avant de cette ville. Il lui fut impossible d'aller plus loin. Le 9, le maréchal, se voyant trop avancé avec si peu de monde, se replia sur Sezanne; mais dans la journée, ayant appris que l'Empereur arriverait dans la nuit, il revint sur ses pas et coucha à Chapton.

Le 10, le 6ᵉ corps arriva de bonne heure sur les hau-

[1] Mort lieutenant général et pair de France. Voir, plus loin, la part qu'il prit à la capitulation du 6ᵉ corps à Essonne.
[2] La désertion faisait alors de terribles ravages parmi nous. Le 37ᵉ léger perdit, dans une nuit, 250 hommes tirés des environs.

teurs de Saint-Prix : ses coureurs passèrent le défilé, afin de reconnaître la position et les forces de l'ennemi.

L'Empereur arriva bientôt et donna l'ordre de commencer l'attaque. La division Lagrange, ayant ma brigade en tête, commença le mouvement. Cette troupe fut suivie immédiatement par la division Ricard et la cavalerie du général Bordessoule, et, enfin, par les troupes de toutes armes qui étaient arrivées la veille à Sezanne. Il fallut quelque temps à chaque corps, après avoir passé le marais de Saint-Gond, pour former ses colonnes d'attaque. Heureusement que l'ennemi laissa faire.

Ma brigade s'avança alors en appuyant sa droite à l'avenue de Baye ; elle était précédée du 37e régiment formé en éclaireurs. A son approche, les postes avancés de l'ennemi se retirèrent. Le colonel Geneser, qui se livra avec trop d'abandon à leur poursuite, fut ramené. Cette circonstance me força à m'arrêter pour attendre la brigade Joubert et la division Ricard. Ces troupes étant arrivées sur la ligne, tout le corps d'armée se porta sur Baye, d'où il chassa l'ennemi après un combat très-vif. Le général Absufiew [1] se retira alors sur Champ-Aubert, où il se défendit avec une grande résolution ; mais, forcé encore dans cette position, il fut très-embarrassé. Les routes de Montmirail et de Châlons étant occupées par l'armée [2], il se jeta alors sur la vieille route de Château-Thierry, puis il s'engagea dans

---

[1] Le général en chef Absufiew, 2 autres généraux, 47 officiers et 1,837 prisonniers furent les trophées de cette journée. Près de 1,200 hommes restèrent sur le champ de bataille. (KOCH, pag. 237, *Mémoires sur la campagne de 1814*, tom. 1.)

[2] Les paysans ramassèrent 5,000 fusils sur le champ de bataille, et ramenèrent, dans la journée, 1,500 prisonniers. (FABVIER, pag. 35, *Journal.*)

le bois qui conduit à Étoges. Les divisions Ricard et Lagrange, à l'exception de quelques réserves, se répandirent dans les bois, et parvinrent à joindre la tête de la colonne ennemie avant qu'elle débouchât. Tout ce qui avait échappé au combat de Baye et de Champ-Aubert fut à peu près détruit[1].

Dans cette affaire, l'infanterie du 6e corps fut parfaitement soutenue par la cavalerie et l'artillerie du prince de la Moskowa. Telle fut la part prise par les troupes sous mes ordres au combat de Champ-Aubert.

Après la bataille, l'Empereur s'arrêta à Champ-Aubert; il en partit le lendemain pour Montmirail, emmenant avec lui la garde, le corps du prince de la Moskowa, la cavalerie de Grouchy[2] et la division Ricard. Le même jour, le duc de Raguse s'établit à Étoges avec la division Lagrange et la cavalerie de Doumerc.

Le 12, le maréchal apprit, par une reconnaissance qu'il avait envoyée à Bergère et Vertus, que Blucher réunissait plusieurs divisions et se préparait à prendre sa revanche.

Le 13, en effet, le feld-maréchal déboucha avec des

---

[1] Les troupes furent admirables dans cette affaire. Les *Marie-Louise* du 113e se firent surtout remarquer. Parcourant leurs rangs avant le combat, et s'adressant à l'un d'eux, le maréchal de Raguse lui ayant demandé : *Qui commande ici ? Y a-t-il un officier ?* Non, lui dit un enfant. *Un sous-officier ?* Non; *mais nous sommes bons.* Plus loin, un autre dit : *Oh ! je tirerais bien un coup de fusil; seulement, je voudrais bien avoir quelqu'un pour le charger.* (FABVIER, pag. 33, *Journal.*)

Un enfant de treize ans amena d'une lieue deux grenadiers; il avait pour arme un grand couteau de boucher, qu'il brandissait d'un air tout à fait plaisant !

[2] Mort maréchal de France. Lui aussi a longtemps été victime d'une longue calomnie que *son inaction forcée* sous la Restauration aurait dû empêcher de se produire.

forces imposantes. Le duc de Raguse, qui n'avait qu'environ
3,000 hommes à lui opposer, se retira sur Fromentières,
où il s'arrêta après quelques combats d'arrière-garde.

Le 14[1], le 6e corps se repliait sur Montmirail, avec la
résolution de défendre cette ville dont l'occupation était de
la plus grande importance pour l'armée française, lorsque
le maréchal fut informé que l'Empereur, parti de Château-
Thierry dans la nuit, allait arriver, et que ses premières
colonnes étaient déjà à Montmirail. Le mouvement de retraite
fut arrêté aussitôt, et le 6e corps prit position en arrière
de Vauxchamps, dont l'ennemi s'était déjà emparé.

La division Ricard se forma en colonne par la droite de
la route, celle du général Lagrange sur la gauche. La division Leval, récemment venue d'Espagne, se massait en
même temps pour former la deuxième ligne, et les généraux Grouchy et Laferrière[2] réunissaient les divers corps
de cavalerie pour manœuvrer sur les flancs des alliés. Ces
dispositions n'étaient pas encore terminées lorsque l'Empereur donna l'ordre d'avancer.

L'ennemi venait de s'emparer d'un petit bois en avant de
Vauxchamps ; il fallut, pour l'en déloger, faire avancer une
vingtaine de pièces qui le mitraillèrent pendant une demi-
heure, et le forcèrent, enfin, à l'abandonner. Sa retraite

---

[1] Le 13, la division Ricard avait fait des prodiges de valeur en
enlevant la forte position de Marchais, et puissamment contribué à
la victoire de Montmirail, qui eut pour résultat de prendre 800 prisonniers à l'ennemi et de lui tuer 3,000 hommes. Nous eûmes, dans
cette affaire, 2,000 hommes hors de combat.

Le 12 avait eu lieu la bataille de Château-Thierry, dans laquelle
3,000 ennemis étaient tombés en notre pouvoir.

[2] Le général comte Laferrière eut une jambe emportée à Craonne.
Pair de Napoléon, il commanda l'École de Saumur sous la Restauration. *(Note de l'éditeur.)*

s'exécutant avec quelque désordre, les divisions Ricard et Lagrange le suivirent avec une grande vivacité. On se battit dans Vauxchamps avec un grand acharnement. Les Français commençaient à perdre du terrain, lorsque Blucher donna l'ordre de la retraite. Le feld-maréchal jugea, par les nombreuses colonnes de cavalerie qui étaient sur ses flancs, qu'il avait affaire à l'Empereur. Son mouvement rétrograde fut marqué par un grand échec : l'infanterie qui avait défendu Vauxchamps fut chargée au moment où elle sortait du village; 2,000 hommes furent pris ou sabrés. Néanmoins, le feld-maréchal continua sa retraite avec un ordre admirable. Toutes les positions furent défendues avec intelligence. Il fallut faire avancer la division Leval[1] et renforcer aussi l'artillerie du 6e corps pour le chasser de Champ-Aubert. L'ennemi prit la route d'Étoges, et le duc de Raguse se mit à sa poursuite. Il était nuit, mais le maréchal n'en continua pas moins sa marche, parce que ses troupes connaissaient parfaitement le pays. A l'entrée d'Étoges, il rencontra la division du prince Urusow; il la renversa du premier choc. Le prince fut pris avec quelques officiers supérieurs et une partie de son artillerie.

Dans cette journée, la cavalerie française fit plusieurs charges heureuses, mais elle perdit beaucoup de monde.

L'armée alliée fut diminuée d'un tiers de son effectif[2].

[1] Le général comte Leval avait glorieusement servi en Espagne : il se couvrit de gloire à Champ-Aubert.

[2] Le corps qu'avait réuni Blucher, composé de 18,000 hommes et des débris d'Absufiew, fut absolument rompu dans cette brillante affaire. — On évalue sa perte à 8,000 hommes, la nôtre à 500 hommes. Ce succès fut dû à l'arrivée imprévue de l'Empereur, combattant les 11, 12, 13 et 14, et se multipliant comme par enchantement, et à la vigueur et aux talents du duc de Raguse.

L'Empereur, après avoir battu à Champ-Aubert, à Montmirail, à Château-Thierry et à Vauxchamps les divisions
de l'armée de Silésie qui marchaient sur Paris par la vallée
de la Marne [1], se porta à grandes marches sur Troyes,
laissant à Étoges le duc de Raguse avec les divisions Lagrange, Ricard et Doumerc ; à Montmirail, le général
Grouchy avec une grande partie de la cavalerie et la division Leval. A Château-Thierry, le général Vincent [2], avec
quelques centaines d'hommes, éclairait le pays. Ces corps
devaient se mettre en rapport pour couvrir Paris.

Dans la nuit du 15 au 16, le duc de Raguse fut informé
que les coureurs d'un corps ennemi venant de Sezanne
s'étaient présentés devant Montmirail, et que le général
Grouchy devait se joindre à l'Empereur. Le maréchal se
porta de suite d'Étoges sur Orbais, pour, de là, gagner au
besoin la route de Château-Thierry ou celle de Montmirail.
Il coucha à Corrobert, d'où il chassa un parti ennemi. Le
lendemain, il gagna Fontenelles, et s'approcha ensuite de
Montmirail, qui était occupé par une forte arrière-garde
du corps de Rajewski. L'attaque commença par une canonnade à laquelle l'ennemi ne répondit que par une nuée
de tirailleurs. Le maréchal fit avancer ma brigade, qui
s'empara de Montmirail, fit quelques centaines de prisonniers, et s'y établit pour la nuit.

Le 17, le duc de Raguse poursuivit avec précaution
l'ennemi. Il s'arrêta à Reveillon ; là, il apprit que le feld-

---

[1] « J'ai manqué de caractère après ces victoires », a dit l'Empereur ; « je devais poursuivre imperturbablement toute ma pensée et
« marcher sur le Rhin. » (NAPOLÉON à Sainte-Hélène.)

[2] Le général baron Vincent se distingua pendant cette campagne.
Cet officier général donna, en juillet 1830, un énergique conseil
qui, malheureusement, ne fut pas suivi.

maréchal Blucher avait marché sur Arcis et Troyes, laissant derrière lui quelques partis de cavalerie légère.

Le 18, les avant-postes du 6ᵉ corps bordèrent l'Aube.

Le 24, Blucher, après avoir réuni les divers corps de son
armée, se sépara encore du prince de Schwartzemberg, et
passa l'Aube à Plancy; il avait 60,000 hommes. Le duc de
Raguse envoya sa cavalerie à Pleurs, afin d'observer le débouché des colonnes ennemies; elle fut rudement traitée
par les Prussiens. Le maréchal eut beaucoup de peine à se
dégager. Ayant réuni tout son corps d'armée, il prit position à Vindé; il en partit le 25 de bonne heure, et se dirigea sur la Ferté-Gaucher. Vers midi, il s'arrêta en arrière du défilé de Tourneloup, afin de faire reposer ses
troupes. L'ennemi, qui le suivait de très-près, arrêta aussi
son infanterie; mais il envoya des colonnes de cavalerie
sur les flancs du 6ᵉ corps. Vers deux heures, le maréchal
reprit sa marche. Ma brigade, chargée de l'arrière-garde,
fut obligée de soutenir plusieurs combats. Le maréchal ne
la quitta pas un instant; il plaçait lui-même les pièces d'artillerie. Sa présence était nécessaire, dans cette circonstance pour soutenir le moral du soldat. Le 26, le maréchal
se rendit à Rebais, et ensuite à la Ferté-sous-Jouarre; de
cette ville, il envoya des troupes pour garder les ponts de
Meaux et de Lagny. Le 27 il entra dans Meaux pendant
que les troupes du général Sacken s'emparaient du Cornillon et du premier pont de la Marne. L'infanterie fusillait
tout ce qui se présentait dans la rue principale, et l'artillerie battait la place du marché. Nous nous portâmes en
toute hâte avec quelques hommes sur la porte du Cornillon
qui fut enlevée, mais il nous fut impossible de déboucher.
Je fus blessé dans cette affaire.

Je ne repris le commandement de ma brigade que le

13 mars, et je n'étais pas encore parfaitement rétabli [1]. Ce jour-là, le 6ᵉ corps se mit en marche sur Reims; il était précédé du 1ᵉʳ corps de cavalerie. Les avant-postes ennemis établis à Rosnay se retirèrent sans tirer un coup de fusil. Ma brigade quitta la grande route pour suivre deux bataillons allemands de nouvelle levée qui se dirigeaient sur Ormes. Le colonel Geneser du 37ᵉ les fit capituler dans le cimetière de ce village.

L'armée, continuant sa marche sur Reims, découvrit bientôt les alliés, qui occupaient, avec leurs principales forces, les hauteurs de Tinqueux. Les dispositions qu'ils avaient prises faisaient supposer une vigoureuse défense.

L'Empereur arriva vers trois heures, et, après avoir reconnu l'impossibilité de tourner la position, il en ordonna l'attaque.

Le 6ᵉ corps, ayant la division Ricard en tête, se forma en colonne sur la chaussée; elle était précédée par les gardes d'honneur, flanquée à sa gauche par la cavalerie des généraux Merlin [2] et Bordessoule, et à sa droite par celle du général Sébastiani [3], qui commandait deux divisions de la garde. La réserve se composait des divisions Friant et Boyer : c'est dans cet ordre que l'armée s'avança sur l'en-

---

[1] Du 27 février au 13 mars eurent lieu les combats de la Ferté-Milon, de Lisy, de la Fère, de Neuilly-Saint-Front, la capitulation de Soissons, la reprise de Reims, le combat de Craonne, l'attaque infructueuse sur Laon, mais toutefois des plus glorieuses pour le maréchal Marmont et le 6ᵉ corps. *(Note de l'éditeur.)*

[2] Ancien aide de camp de Napoléon en Égypte, colonel du 4ᵉ régiment des gardes d'honneur.

[3] Mort maréchal et pair de France. Malheureux à la guerre; était très-connu dans l'armée pour un certain compte de retour que lui avait envoyé l'Empereur, au sujet de canons qu'il disait avoir pris et qu'il avait perdus.

nemi. Les troupes de Ricard et Lagrange attaquèrent franchement, et forcèrent la position après deux heures de combat. L'ennemi se retira sur Reims, et le général Piquet[1], qui commandait les gardes d'honneur, le chargea avec une ardeur admirable : ses escadrons arrivèrent, à l'entrée du faubourg, pêle-mêle avec les alliés. L'infanterie du 6ᵉ corps arriva à temps pour dégager les gardes d'honneur qui s'étaient trop abandonnés, et pénétra ensuite dans le faubourg ; mais elle fut arrêtée par une grille couverte d'un redan qui fermait la ville de ce côté-là. Le combat continua sans objet, et l'Empereur ne put entrer qu'à deux heures du matin, à la sortie des alliés[2].

Le 14, toute la cavalerie se mit à la poursuite de l'ennemi, et on lui fit 7 à 800 prisonniers. En résultat, les alliés perdirent 3 à 4,000 hommes et plusieurs pièces de canon au combat de Reims, et M. de Saint-Priest, qui les commandait[3], y fut mortellement blessé.

Dans l'après-midi du 14, le 6ᵉ corps marcha sur l'Aisne, en forçant quelque cavalerie ennemie à repasser sur la rive droite.

L'Empereur partit aussi de Reims le même jour pour aller par Châlons à Arcis combattre la grande armée, laissant le duc de Trévise avec son corps et 2,000 chevaux à Reims[4].

[1] Le général Piquet était un très-bon officier de cavalerie.

[2] Les gardes d'honneur se montrèrent très-braves. Leur chef, général de Ségur, fut blessé.

[3] Nous prîmes dans Reims 2,500 prisonniers, et nous y trouvâmes 1,600 blessés.

[4] Les deux corps d'armée sous les ordres des ducs de Raguse et de Trévise comptaient 18,825 hommes environ sous les armes.

Ma brigade se composait des 6ᵉ léger, 4ᵉ léger et 136ᵉ de ligne, présentant *un effectif de 400 hommes environ ;* elle faisait partie de

Le 15, l'infanterie du 6e corps fut cantonnée à Cormicy, occupant Bery-au-Bac, dont on mina le pont. La cavalerie s'établit à Sapigneulles.

Le 18, l'ennemi passa l'Aisne [1] et se divisa ensuite en deux fortes masses : l'une se porta sur le duc de Trévise, qui était resté à Reims, et l'autre sur le duc de Raguse. Le général Ricard fit sauter le pont de Bery-au-Bac, et se retira en combattant. La division Lagrange se retira aussi, en protégeant la retraite de l'artillerie. Après de grands efforts, le 6e corps parvint à se dégager et à se réunir sur les hauteurs de Roucy, mais il ne put s'y maintenir longtemps ; la partie était trop inégale : il prit la route de Firmes. Cette retraite présentait de grandes difficultés ; elles furent surmontées avec bonheur. On perdit du monde, mais aucun échelon ne fut entamé. Ma brigade protégea le passage de la Vesle, et passa la nuit sur la rive droite de cette rivière.

Le 19, les maréchaux de Trévise et de Raguse se réunirent au mont Saint-Martin. L'ennemi ne tenta rien de sérieux ce jour-là. Ils en partirent, dans la nuit du 21 au 22 pour Château-Thierry. Le 22 ils couchèrent à Champ-Aubert, et le 23 à Bergère.

Le 24, les maréchaux apprirent, par des rapports indirects, que l'Empereur avait eu une violente affaire à Arcis [2],

---

la division Ricard, formée de deux brigades présentant un effectif de 940 hommes.

Les armées de Silésie et du Nord réunies, qui nous étaient opposées, avaient 109,068 hommes sous les armes.

Voilà dans quelles proportions nous luttions.

[1] L'ordre de l'Empereur portait : *Si Blucher passe l'Aisne, vous disputerez le terrain et vous couvrirez Paris.*

[2] Nous fûmes admirables dans cette campagne de France. Jamais *une poignée* de braves n'accomplit plus de merveilles. Les alliés m'avaient surnommé *le cent-mille hommes :* la rapidité, la force de

qui avait été sans résultat; qu'il s'était dirigé ensuite sur
Vitry, et qu'il avait passé la Marne à une lieue au-dessus
de cette ville. D'après ces renseignements, on continua la
marche dans la direction de Vatry; mais bientôt les maréchaux se séparèrent. Le duc de Raguse prit la route de
Soudé-Sainte-Croix pour se rapprocher le plus possible de
l'Empereur; le duc de Trévise prit celle de Vitry pour
avoir des nouvelles. Cette séparation eut des suites bien
déplorables, comme on le verra plus tard.

Dans la nuit du 24 au 25, un officier polonais fut envoyé reconnaître l'ennemi. Il rapporta que l'Empereur avait
passé la Marne avec le projet d'attirer à lui les armées
alliées, mais que les souverains, un moment indécis à la
nouvelle de ce mouvement, s'étaient contentés d'envoyer
quelques troupes pour observer l'Empereur, en continuant
leur marche sur Paris.

Le 25, vers huit heures, les troupes du 6e corps étant
encore éparses dans les bivouacs, l'ennemi parut sur le ri-
deau de l'autre côté de la Somme-Soudé. Le duc de Raguse
réunit en toute hâte son corps d'armée, et le disposa dans
la plaine sous le canon de l'ennemi et à la vue de sa cavalerie qui augmentait à chaque instant. Deux ou trois compagnies de voltigeurs furent laissées à Soudé-Sainte-Croix;
elles furent bientôt enveloppées et prises. La cavalerie du
général Bordessoule ayant fait deux charges sans succès,
le maréchal se retira sur la Somme-Soudé; là, il combattit
longtemps pour attendre le duc de Trévise, qu'il savait en
marche pour rejoindre. Les troupes des maréchaux étant

nos coups leur avait arraché ce mot. Si ces hauts faits n'ont jamais
bien été connus dans le public par les circonstances de nos désastres, ils ont été dignement jugés de nos ennemis, qui les ont
comptés par nos coups. (NAPOLÉON, *Mémorial.*)

réunies, on continua la retraite, qui s'exécuta heureusement jusqu'au défilé de Conautray. Le mauvais état des chemins retarda la marche de l'artillerie. L'ennemi profita habilement de notre embarras ; il nous fit des prisonniers, et s'empara des pièces et caissons mal attelés. Après le passage de ce défilé, les maréchaux continuèrent leur retraite sur la Fère-Champenoise[1] ; là, ils furent vivement attaqués ; cependant aucun carré ne fut enfoncé.

La retraite continuait sur Sezanne, lorsqu'un corps de cavalerie autrichienne, attiré des bords de l'Aube par le bruit du combat, vint charger en flanc la colonne des maréchaux. Le désordre se mit dans les rangs. Des pièces que les soldats du train avaient abandonnées tombèrent au pouvoir de l'ennemi. La cavalerie du 6e corps parvint cependant à ramener les Autrichiens, et à faciliter à l'infanterie le moyen d'approcher de Montagnes.

Telle fut la mémorable journée de la Fère-Champenoise, en ce qui concerne le 6e corps. Il perdit, dans cette affaire, environ 2,000 hommes et une douzaine de pièces de canon.

Le 26, les maréchaux entrèrent à Sezanne, après un combat de peu d'importance. Ma brigade, qui avait été laissée en arrière, fut obligée de combattre pour son

---

[1] Nous perdîmes 4,200 hommes et 30 pièces de canon. On ne peut attribuer ce revers qu'à la même cause qui a occasionné nos malheurs en Espagne : le défaut d'unité dans le commandement. (FABVIER, pag. 63, *Journal des opérations.*)

N. B. Les maréchaux Marmont et Mortier étaient cependant très-amis ; mais la déférence que l'un devait avoir pour l'autre suffisait pour détruire toute harmonie. Napoléon l'a dit : « Il faut plutôt un « mauvais général que deux bons. La guerre est comme le gouver- « nement : une affaire de tact. » (Lettre au Directoire du 25 floréal an IV.)

compte, afin de traverser cette ville et de se joindre au
6ᵉ corps, qui avait pris la route de la Ferté-Gaucher. Les
maréchaux firent halte un instant en arrière du défilé de
Tourneloup pour tenir conseil. Ils venaient d'apprendre
que l'ennemi occupait en force la Ferté-Gaucher. Le duc de
Raguse se chargea de contenir les alliés qui étaient à notre
poursuite, et, à cet effet, il fit partir de suite le général
Joubert, qui commandait la division Lagrange, pour prendre
position à Montis et laisser ma brigade à l'arrière-garde.
Le duc de Trévise, qui s'était chargé d'ouvrir le passage,
se porta en toute hâte sur la Ferté ; mais les alliés, supérieurs en nombre, et placés avantageusement derrière le
Morin, étaient inabordables. Les maréchaux, après avoir
essuyé une vive canonnade, se décidèrent à marcher par
son flanc gauche à travers les champs, tandis que quelques pelotons de cavalerie masquaient ce mouvement.
Pendant ce temps, ma brigade soutenait de rudes combats
à l'arrière-garde. Arrivé à Montis, le général Joubert se
retira avec ses troupes, me laissant l'ordre de défendre le
village jusqu'à une heure de la nuit. Je fus forcé d'abandonner cette position avant l'heure indiquée, et, prenant
un chemin de traverse, je parvins, le lendemain, à rejoindre le 6ᵉ corps à Provins[1].

Cette journée coûta au 6ᵉ corps une vingtaine de voitures et quelques centaines d'hommes, dont la plupart

[1] Le général Fabvier, dans son journal, pag. 65, dit : *Le général
Joubert était demeuré au village de Montis avec sa brigade, se dé-
vouant pour nous. C'est avec des transports de joie que nous le re-
vîmes le lendemain. Nous l'avions cru perdu.* — C'est une erreur.
La brigade qui protégea le 6ᵉ corps et *se dévoua pour tous*, comme
le dit le général Fabvier, c'était ma brigade. Le journal du général
Fabvier a été publié en 1819 ; or, nous n'étions pas alors, l'auteur
et moi, du même bord : Fabvier boudait.

étaient écloppés. Les 27 et 28, on continua à marcher jour
et nuit, afin d'arriver à Paris avant l'armée alliée. Le 29,
le 6ᵉ corps établit ses bivouacs sur les glacis de Vincennes ;
il manquait de tout, il ne lui fut distribué que des cartouches [1] !

Les maréchaux, qui étaient arrivés à Paris de bonne
heure, convinrent du terrain qu'ils devaient occuper. Le
lendemain, le duc de Trévise se chargea de la gauche de
la route de Meaux, et le duc de Raguse de la droite. La
ligne s'étendait naturellement de Saint-Denis à Vincennes,
et, pour occuper cet espace, les deux corps d'armée
n'avaient qu'environ 7,000 hommes.

Les redoutes annoncées par les journaux n'étaient pas
encore tracées, et rien n'était préparé pour faciliter les
communications des troupes destinées à la défense de la
capitale.

Le 30, à la pointe du jour, la division Ricard se porta au
Ménilmontant. La division Lagrange était, ce jour-là, sous
mon commandement ; elle fut dirigée sur Belleville. Elle
avait l'ordre de ne pas s'y arrêter, de pousser plus loin, et
d'aller jusqu'à Romainville, s'il était possible. On soupçon-
nait déjà que ce village était occupé par les alliés. Les
troupes sous mes ordres, après avoir débouché de Belleville, s'avancèrent avec précaution en longeant le parc de
Bruyères [2] ; elles rencontrèrent bientôt l'ennemi qui s'avançait sur Belleville. Le feu s'engagea de suite ; on se battit

---

[1] Plus de 300 hommes combattirent pieds nus le 30 mars.
[2] L'effectif de la garde nationale de Paris s'élevait à 12,000 hommes
environ, dont 6,000 à peine étaient armés de fusils de munition ;
elle obéissait au maréchal duc de Conegliano.

Les dépôts de la garde ne présentaient pas, le 30 mars, plus de
1,000 hommes d'infanterie et 300 cavaliers.

avec acharnement. Vers dix heures, la droite et la gauche
du 6e corps avaient perdu du terrain; il fut repris quelque
temps après. A midi, une colonne de quatre bataillons,
conduite par le maréchal, ayant échoué dans une attaque
sur le centre de l'ennemi, le 6e corps se retira et prit une
position plus rapprochée de Belleville, dans la direction de
Ménilmontant, au pré Saint-Gervais. L'ennemi, encouragé
par ce mouvement rétrograde, mit plus de vivacité dans
ses attaques, et chaque fois il présentait de nouvelles
troupes. Le maréchal n'avait à lui opposer que des pelotons épars, qu'il réunissait en toute hâte pour soutenir les
parties de la ligne qui venaient à fléchir.

Le duc de Trévise, de son côté, défendait son terrain
avec autant d'habileté que de courage; mais l'ennemi, trop
supérieur, le poussait jusque sous les murs de Paris. Le
général Compans se retirait sur la butte de Chaumont
après avoir vaillamment défendu le pré Saint-Gervais, et
la cavalerie et l'artillerie des deux corps d'armée se sur-
passaient par la vivacité de leurs charges et de leur feu.
Les choses étaient dans cet état, lorsque deux colonnes
ennemies marchèrent sur Belleville; et déjà elles attei-
gnaient la grande rue, lorsque le duc de Raguse nous fit
dire, à Meynadier et à moi, de rassembler ce qui nous restait de combattants pour essayer de repousser l'ennemi.

Telles furent les ressources que les maréchaux trouvèrent en arrivant devant Paris.

L'armée avait pour commandant en chef le roi Joseph; le comte
Maurice Mathieu était chef d'état-major; le duc de Feltre, ministre
de la guerre; le comte Hullin, gouverneur de Paris.

L'armée présentait un effectif de 30,000 hommes environ, placés
sous les ordres : l'aile droite, du duc de Raguse; l'aile gauche, du
duc de Trévise; la garde nationale, du duc de Conegliano. *(Note de
l'éditeur.)*

Nous réunîmes à la hâte 300 jeunes gens armés et habillés de la veille. On battit la charge, l'ennemi fut repoussé, et les communications rétablies avec la barrière[1].

Quel spectacle ! Un maréchal de France[2], deux généraux luttant avec 300 jeunes conscrits pour la défense de la capitale du grand empire, voilà ce qu'on aurait pu voir dans les rues de Belleville le 30 mars 1814. Ce dernier combat peint bien la campagne de France tout entière, et en est le digne couronnement.

Nous venions de chasser l'ennemi, lorsque je reçus en pleine poitrine une balle qui me traversa littéralement de part en part. Transporté à Paris sur un brancard par deux sapeurs, personne ne voulut me recevoir dans la capitale. C'était un spectacle vraiment instructif pour l'armée, toujours si prête à verser son sang sur les champs de bataille, que de voir des Français refuser de recevoir chez eux un officier général mourant pour la patrie.

[1] Je me décidai à prendre à l'instant un poste de 60 hommes qui était à portée : sa faiblesse ne pouvait être aperçue par l'ennemi dans un pareil défilé. Je chargeai à la tête de cette poignée de braves avec le général Pelleport et le général Meynadier. *Le premier reçut un coup de feu qui lui traversa la poitrine, dont heureusement il n'est pas mort.* (Le maréchal duc DE RAGUSE, 18 août 1814.)

[2] On raconte que, dans les derniers instants, enveloppé dans la grande rue de Belleville par les corps alliés qui venaient de ramener sa droite depuis Bagnolet, il dut combattre en simple soldat. On se fusillait des croisées de chaque côté de la rue où il était enfermé. Les généraux Ricard et Pelleport furent blessés près de lui ; 11 hommes tombèrent à ses côtés, percés de coups de baïonnette. Son chapeau, ses habits, furent troués de balles. Ce fut à pied, une épée mue par la seule main qui lui restait libre (le maréchal avait eu le bras droit cassé à la bataille des Arapiles, et le pouce et l'index de la main gauche fracassés à Leipzig), et à la tête seulement de ses grenadiers, qu'il parvint à se faire jour et à gagner la barrière. (VAULABELLE, tom. 1, pag. 329. *Histoire des deux Révolutions.*)

Après avoir reçu d'un épicier un verre d'eau, des gens du peuple (ils étaient restés Français), Parisiens du faubourg, enfoncèrent les portes d'un hôtel, m'introduisirent dans les salons de MM. Guilh et Guireau, fabricants de porcelaines, et m'y installèrent. Je dois dire que MM. Guilh et Guireau furent plus tard charmants pour leur convive improvisé, et me comblèrent de soins et de prévenances [1].

Je serais coupable, si je terminais le récit de cette mémorable campagne sans venir, moi aussi, prendre la défense d'un de nos illustres chefs, du maréchal duc de Raguse. Qu'il me soit permis de le dire dans toute la sincérité de ma conviction : Marmont n'a pas trahi, ni au moment de la capitulation de Paris, ni plus tard.

En effet, la capitulation du 30 mars fut imposée au maréchal par Joseph Bonaparte et bien d'autres hauts personnages, mais surtout par l'attitude ignoble de cette bourgeoisie parisienne, qui voulait en finir à tout prix avec la guerre et l'Empire, et qui ne cessa d'obséder le duc de Raguse depuis qu'il eut brûlé sa dernière cartouche dans les rues de Belleville [2].

En ce qui touche la défection du 6e corps, c'est sur les généraux de ce corps d'armée que doit retomber toute la

[1] Il n'a pas été permis à l'auteur de ces *Souvenirs* de lire au *Moniteur*, à la date du 30 mars 1856, *quarante-deux ans après* la désastreuse capitulation de Paris, l'annonce de la signature du traité de paix avec la Russie, et de retrouver, dans le plénipotentiaire de la Russie au célèbre congrès qui vient d'avoir lieu, le même comte Orloff, signataire, pour la Russie, de la capitulation de Paris. — L'histoire présente parfois, pour les peuples comme pour les hommes, des réhabilitations vraiment extraordinaires. *(Note de l'éditeur.)*

[2] M. de Sainte-Beuve, dans son remarquable article sur le maréchal Marmont (tom. 9, pag. 21, *Causeries du lundi*), explique

responsabilité de cet acte[1]. Marmont était absent; et en
apprenant la défection de son armée, il s'écria : « *Je
donnerais un bras* pour réparer cette faute de mes

parfaitement la cause de la conduite du maréchal Marmont. Voici
ce passage, qui devrait, *par ordre*, être lu à tous les officiers et
soldats de nos armées :

« Il y avait, en 1814 (j'ajouterai il y aura toujours), deux senti-
» ments en présence. Il y avait l'honneur des armes, la défense pa-
» triotique du sol, le vœu fervent d'en repousser les étrangers, l'exal-
» tation subsistant dans une partie de la jeunesse, dans les popu-
» lations ouvrières des grandes villes en quelques provinces; il y
» avait magie du nom de Napoléon, enflammant la masse et les
» rangs inférieurs de l'armée, et restant, pour elle, synonyme de
» France. Enfin, pour répéter un mot que je viens d'employer et
» qui résume tout, il y avait *religion*.

» De l'autre côté, il y avait des intérêts civils, patriotiques aussi,
» mais aussi positifs; des idées longtemps étouffées et qui voulaient
» renaître, idées en travail, intérêts en souffrance, lassitude pro-
» fonde et besoin de paix; chez quelques-uns, d'anciens sentiments
» qui se réveillaient : c'est tout un ensemble d'opinion déjà puis-
» sante et mal définie ; mais surtout, à ces premiers jours de 1814,
» et en face d'une *religion* militaire qui épuisait ses derniers mi-
» racles, il y avait une *raison*. Le malheur de Marmont est d'avoir
» été entre les deux : d'être allé à l'une, lui qui *était de l'autre*.
» Placé entre une religion et une raison, il le comprit ; il les ba-
» lança, il essaya de les concilier, et donna accès, dès les premiers
» jours, au sentiment civil : c'est là son crime. »

Oui, M. de Sainte-Beuve a eu raison en écrivant ces quelques
lignes; et quoique personnellement je n'aie jamais sacrifié *ma religion à la raison des autres,* je ne puis que répéter après lui :
C'est là son seul crime, en ajoutant toutefois : *et aux militaires
seuls appartient le droit de le lui reprocher.*

[1] Une des pièces les plus *concluantes* de ce grand procès est une
lettre du général vicomte Bordessoule, datée de Versailles, le 5 avril
1814, et commençant par ces mots :

« Le colonel Fabvier a dû dire à Votre Excellence les motifs qui
» nous ont engagés à exécuter le mouvement *que nous étions con-
» venus de suspendre* jusqu'au retour des maréchaux Ney, duc de
» Tarente, et du duc de Vicence... » *(Note de l'éditeur.)*

généraux [1] ! » — *Dites le crime,* reprit le duc de Tarente.

Il est constant aujourd'hui que les généraux du corps d'armée [2] avaient mis les troupes en marche sur Versailles, malgré les ordres formels du maréchal.

Un mot, d'ailleurs, du général Souham [3], commandant en chef, résume pour moi toute la polémique.

Répondant au colonel Fabvier qui priait le général d'attendre....., le général s'écria : *Marmont s'est mis en sûreté. Je suis de haute taille, moi, et je n'ai nulle envie de me voir raccourcir.* L'état-major crut que tout était perdu, et *chacun songea au lendemain* [4].

La part prise par le maréchal Marmont aux événements de 1830 n'a pas peu contribué à propager en France l'opinion [5] qu'il avait trahi en 1814. Les révolutionnaires de 1830

---

[1] *Calmez Fabvier,* répondit alors l'Empereur au général Drouot, qui s'était chargé de présenter à Napoléon le mémoire justificatif de Marmont (1er avril) répondant à l'accusation, lancée contre lui dans la proclamation du golfe de Juan, d'avoir trahi en 1814 ; *ce que j'ai dit, j'ai dû le dire dans l'intérêt de ma politique. Je sais comment les choses se sont passées !*..... (Tom. 9, pag. 273, SAINTE-BEUVE. *(Note de l'éditeur.)*

[2] Macdonald est un brave et loyal guerrier, a dit Napoléon à Sainte-Hélène. Ce n'est que dans les derniers moments que j'ai pu apprécier la noblesse de ses sentiments. *(Note de l'éditeur.)*

[3] Le comte Souham avait servi avec distinction. Les Mémoires du temps disent qu'il était Lesogneux, et qu'il avait souvent puisé dans la caisse de l'Empereur.

[4] La défection du 6e corps n'a pas amené la chute de l'Empereur, qui ne pouvait plus tenir, quoique l'on puisse l'écrire encore de nos jours, mais l'a précipitée. Il est certain que l'Empereur avait encore autour de lui, à Fontainebleau ou en marche sur Paris, 123,000 hommes.

[5] Parlant des graves événements au milieu desquels le hasard des combats l'avait jeté, le maréchal Marmont s'écrie dans ses Mémoires : « Il est facile à un homme d'honneur de remplir son devoir quand il

furent ainsi enchantés de calomnier un homme qui venait les combattre dans les rues de Paris pour l'honneur du drapeau [1]. Dieu merci, le temps et des hommes consciencieux et non suspects y aidant, l'opinion publique revient aujourd'hui de sa première erreur, et venge l'un de nos plus capables généraux de l'Empire d'une calomnie qui a déshonoré son nom pendant plus de vingt ans. Le maréchal est mort à Venise le 13 mars 1852, sans avoir eu le bonheur d'assister à la réhabilitation de sa glorieuse carrière, obscurcie un instant par les passions et les intérêts politiques [2].

» est tout tracé; mais qu'il est cruel de vivre dans des temps où » l'on peut et où l'on doit se demander où est le devoir! Heureux » enfin ceux qui vivent sous l'empire d'un gouvernement régulier, « ou qui, placés dans une situation obscure, ont échappé à cette » cruelle épreuve; ils doivent être indulgents. » *(Note de l'éditeur).*

[1] Marmont, dès le début, jugea comme elles le méritaient les ordonnances de juillet, et fit tous ses efforts pour arrêter l'effusion du sang et amener une conciliation; il ne put y arriver. Obéissant cette fois à sa *religion* et non à la *raison des autres*, il remplit en homme d'honneur ses devoirs militaires. Aujourd'hui que cette époque est loin de nous, il est curieux de se rappeler l'entrevue qui eut lieu alors entre le duc de Raguse et les généraux Gérard et Lobau, et la réponse de ces derniers au maréchal, leur demandant : *Messieurs, puis-je faire autrement ? — Non, c'est vrai;* — et de rappeler le mot du général Sébastiani aux délégués du peuple de Paris : *Il n'y a de national que la cocarde blanche.* Marmont, en résumé, fit, en 1830, ce que tous nous eussions été honorés de faire à sa place : notre devoir.

[2] Non seulement l'opinion publique, revenant de sa première erreur, a procédé d'elle-même à la réhabilitation du duc de Raguse, mais la justice et la générosité de l'Empereur lui-même, descendant sur la rentrée funéraire en France du dernier des grands lieutenants de l'Empire, ont voulu que les armes de nos soldats l'honorassent et le saluassent une dernière fois. — C'était à la lance d'Achille à guérir la blessure ! (Compte rendu, par Sainte-Beuve, des obsèques du maréchal Marmont à Châtillon-sur-Seine, le 3 mai 1852.) *(Note de l'éditeur.)*

Souvenirs Militaires et intimes
du Général Vte de Pelleport

MPAGNE DE FRANCE
1814
Théâtre des Opérations.
Carte Nº 13

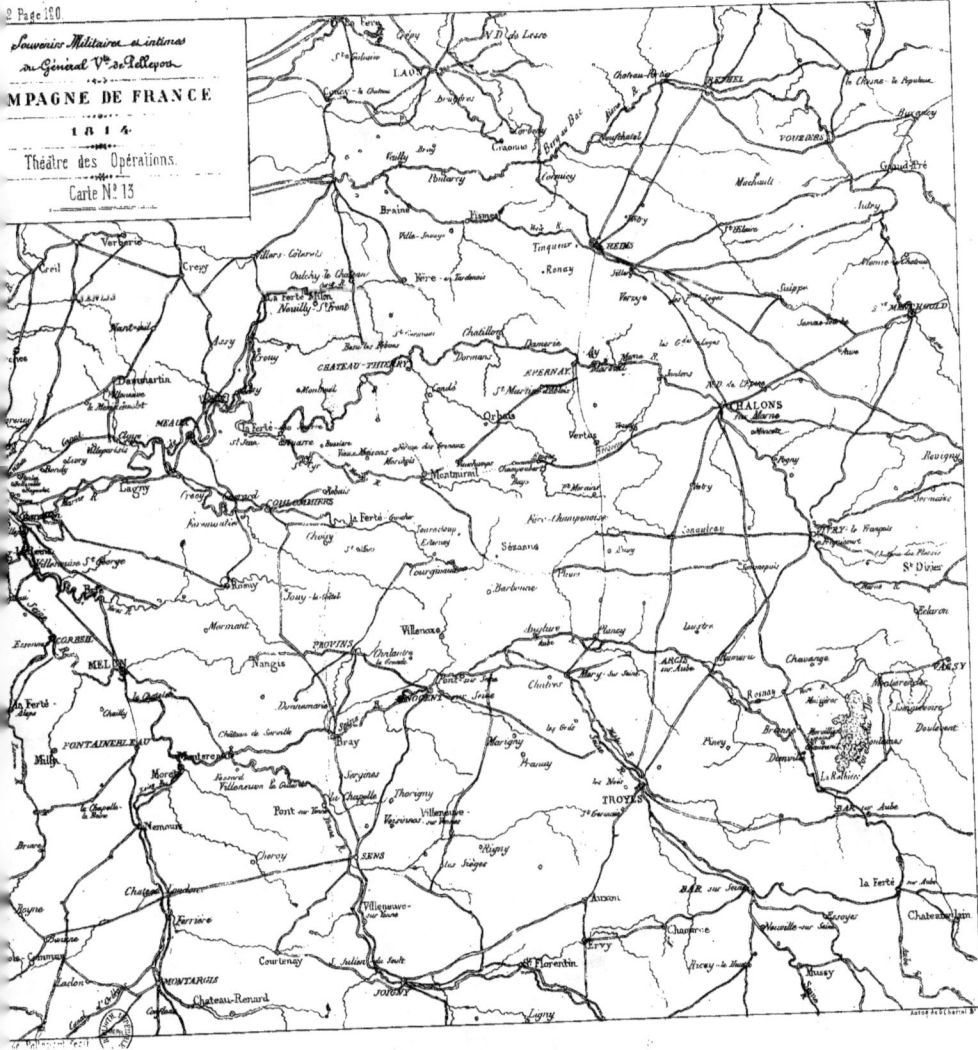

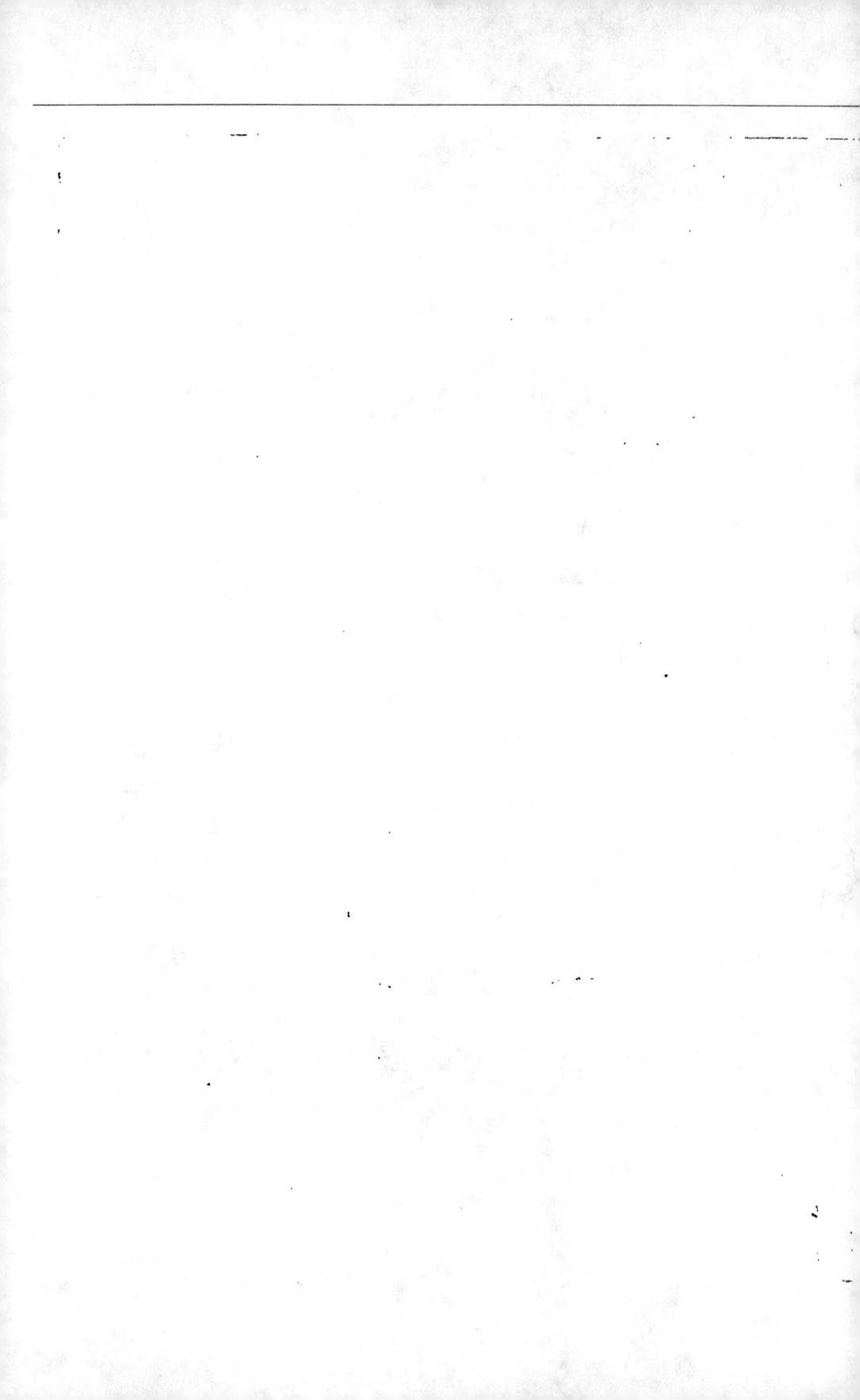

CHAPITRE V

—

LES CENT JOURS ET LA RESTAURATION

1815-1822

Je commande une brigade à Paris. — Je suis envoyé dans le Midi comme inspecteur général. — Débarquement de l'Empereur. — Je refuse de me rendre au quartier impérial. — Capitulation de La Palud. — Preuve que le Dauphin n'appela pas l'étranger en France en 1815. — L'Empereur m'appelle à Paris. — Désastre de Waterloo. — Je suis nommé commandant de Narbonne. — Mes difficultés pour y maintenir l'ordre. — Vote de remercîments de la ville de Narbonne. — Lettre au ministre de la guerre pour expliquer ma conduite pendant les Cent Jours. — Le Dauphin se rappelle de moi. — Les ultra. — 1818, 1819, 1820, 1821 et 1822. — Je suis nommé inspecteur général d'infanterie. — Le Roi me confère le titre de vicomte. — Mes armes. — Je suis nommé commandant de l'Ariége. — Lettres sur l'organisation de l'armée française.

— www —

La grave blessure que j'avais reçue sous les murs de Paris était à peine fermée, que je reçus des lettres de service pour prendre le commandement de la 1ʳᵉ brigade (31ᵉ et 54ᵉ de ligne) de la division Claparède, tenant garnison à Paris. J'avoue que je fus très-agréablement surpris de cette nomination qui me rendait au service actif. Je me croyais bien oublié au milieu de la révolution qui venait d'avoir lieu et des intrigues qui en furent la suite, et je ne songeais plus qu'à rentrer chez moi pour me reposer de mes longues campagnes, en laissant à d'autres la tâche de conti- nuer notre œuvre. Je fus longtemps à me demander comment mon nom avait été prononcé et mis en avant; pourquoi enfin la Restauration avait cru pouvoir confier un commandement à Paris à l'un des derniers défenseurs de l'Empire, n'ayant pour toute recommandation que de longs services.

Ce n'est que plus tard que j'appris que je devais aux généraux comtes Claparède et Compans, qui m'avaient vu au feu avec eux pendant les dernières guerres, d'avoir été désigné au choix du ministre de la guerre.

Je n'ai rien de particulier à signaler pendant que j'exerçais ce commandement, si ce n'est une petite anecdote assez piquante.

Celui qui fut plus tard vice-roi de Pologne, le grand-duc Constantin, faisant un jour faire l'exercice à une brigade au Champ-de-Mars, s'aperçut d'une fausse manœuvre ordonnée par l'un des colonels; il m'envoya sur-le-champ son aide de camp pour me le faire remarquer. Je me rendis auprès du prince, et je lui dis qu'effectivement il y avait faute, mais qu'espérant que S. A. I. ne s'en apercevrait pas, je n'avais rien dit. « Je connais vos manœuvres, » me dit le prince. La conversation s'engagea, et il ajouta très-judicieusement que nous étions la première armée du monde pour avoir des règlements militaires, mais que nous ne les observions jamais. « Lorsque j'ai besoin d'un règlement, j'écris à Panckoucke; il me l'adresse sur-le-champ, et je le fais exécuter!... Voilà la différence entre vos armées et les nôtres!»

Dans les premiers jours de février 1815, la division Claparède, dont ma brigade faisait partie, fut dissoute. Le maréchal duc de Dalmatie, qui venait de prendre le portefeuille du ministère de la guerre, voulait, par cette mesure, diminuer l'importance du comte Maison, gouverneur de Paris. Après cette dislocation, je reçus, sur la demande du maréchal prince de la Moskowa, des lettres de service pour être employé à l'inspection générale d'infanterie, et je partis immédiatement pour Grenoble.

Je n'avais pas commencé encore le travail préparatoire dont j'étais chargé, que le débarquement de Napoléon fut annoncé à Grenoble. Cette nouvelle me causa une grande émotion !... Je fis taire mes sympathies pour l'Empereur, et je pris la résolution de rester fidèle au gouvernement établi et reconnu dont j'étais le mandataire. En conséquence, je me mis à la disposition du général comte Marchand [1], commandant la 7e division militaire.

Napoléon introduit dans la place par le peuple et les soldats [2], je pris la route de Lyon pour me rendre auprès de S. A. R. *Monsieur,* frère du Roi; mais je fus arrêté à la barrière et forcé de rentrer en ville.

Le lendemain, on me fit appeler au quartier général; je refusai de m'y rendre. Je ne pouvais oublier, dans cette importante circonstance, *que j'avais dans mon portefeuille un brevet signé Louis.* Plusieurs de mes camarades, qui s'étaient présentés déjà à l'Empereur, firent de grands efforts pour me faire revenir de la résolution que j'avais prise. Je leur déclarai que je ne blâmais personne, mais

---

[1] Excellent général de division, le comte Marchand s'était distingué dans toutes nos guerres. Il avait, je crois du moins, pour aide de camp son neveu le lieutenant Randon, devenu de nos jours général et ministre de la guerre. J'ai été assez heureux plus tard, sous la Restauration, pour certifier, à la requête de Mme la comtesse Marchand, la noble conduite de son mari en 1814.

[2] Le général comte Marchand, aidé du préfet dont j'ai oublié le nom, fit tous ses efforts pour empêcher l'armée et les soldats d'ouvrir les portes à l'Empereur. Tous nos efforts furent impossibles; nous fûmes surtout débordés par la population. Les troupes qui composaient la garnison étaient le 5e de ligne, le 2e du génie, les 7e et 11e de ligne, 4e régiment d'artillerie et le 4e de hussards : en tout, 6,000 hommes. Le 11e de ligne resta fidèle à la cause du Roi.

que je persistais à croire fermement que l'honneur militaire, comme je le comprenais, me défendait de porter les armes contre la famille royale tant qu'elle serait en France.

Après le départ de Napoléon pour Lyon, on me permit de sortir de Grenoble pour me rendre dans ma famille. Ayant été toujours étranger aux passions et aux intrigues politiques, je n'avais qu'un désir dans cette circonstance, celui de me mettre à l'écart, et de ne prendre les armes que pour la défense du pays contre les étrangers. A Montpellier, je trouvai S. A. R. le duc d'Angoulême nommé commandant supérieur des 7e, 8e, 9e, 10e, 11e et 12e divisions militaires. Je lui fis un rapport exact et circonstancié de ce que j'avais vu à Grenoble, et je lui fis connaître aussi, sans aucun déguisement, l'esprit des populations de l'autre côté du Rhône. Le prince me donna l'ordre de rester près de lui ; il me chargea ensuite de l'organisation des gardes nationales du département du Gard, sous les ordres du lieutenant général Merle (14 mars 1815).

Le duc d'Angoulême avait sous ses ordres en ce moment une quinzaine de mille hommes divisés en deux corps : le premier, commandé par le général Ernouf[1], ayant pour brigadiers les généraux Gardanne[2] et Loverdo[3] ; le second ayant pour chef *Monsieur,* et pour général de brigade le comte d'Aultanne.

La brigade Gardanne se composait des 58e et 83e de

[1] Ancien capitaine général de la Guadeloupe, grand officier de la Légion-d'Honneur, avait peu servi sous l'Empire.

[2] Originaire de Marseille, le comte Gaspard de Gardanne, lieutenant général, avait été gouverneur des pages de l'Empereur ; mais il était tombé en disgrâce en 1810, lors de la retraite du Portugal.

[3] Né dans l'île de Céphalonie, le lieutenant général comte de Loverdo était un officier général d'une haute distinction militaire et d'une grande instruction.

ligne; celle du général de Loverdo, de 3,000 volontaires marseillais.

Les troupes sous les ordres du duc d'Angoulême se composaient du 10e de ligne, du 1er régiment étranger de volontaires du Midi, du 14e régiment de chasseurs à cheval.

Dès le début, les 58e et 83e, et le général Gardanne, passèrent aux Impériaux; les généraux Ernouf et Loverdo restèrent fidèles.

Ma position à Nîmes fut très-difficile. Les troupes de ligne, en garnison dans cette ville, obéissaient, mais ne montraient aucune sympathie pour la cause royale, et la garde nationale n'avait aucune confiance dans les officiers généraux de l'Empire. Entouré de soupçons et souvent exposé aux injures, je fis connaître au prince que ma présence à Nîmes était plutôt nuisible qu'utile à la cause royale, et je lui demandai une autre destination. S. A. R. m'envoya au Pont-Saint-Esprit.

Je trouvai dans cette ville des cohues indisciplinables. Il me fut impossible de m'en faire comprendre; cependant je servais la même cause que ces enragés royalistes, mais je n'avais pas leur langage passionné, et ma tenue calme n'allait pas à leur exaltation. Je fus contraint et forcé de prendre un cheval à la poste, et de m'enfuir avec mon aide de camp.

Rentré à Nîmes, le prince, qui, malgré les criailleries des gens qui m'entouraient, *avait confiance dans ma loyauté*, me donna l'ordre de me rendre dans le département de l'Ardèche pour y maintenir l'autorité du Roi. Je n'avais avec moi que mon aide de camp; les gardes nationales réunies à Privas avaient été dissoutes par un bataillon arrivé de Lyon, et la gendarmerie avait déjà pris la cocarde tricolore. Dans cet état de choses, et n'étant pas connu personnellement dans le pays, je demandai des troupes. Ma lettre n'arriva pas à sa destination. Après deux jours d'attente, je rentrai à Nimes.

En route, j'appris par la gendarmerie, qui ne me perdait pas de vue, que les levées faites pour la cause royale dans le département de la Lozère s'étaient retirées, et que les troupes de ligne marchaient contre Mɢʳ le duc d'Angoulême.

De Nimes, je me rendis à Montpellier. On annonça dans cette ville, le jour même de mon arrivée, l'entrée de Napoléon à Paris, la capitulation de *Monsieur* et le départ de la famille royale pour l'étranger [1]. Ces nouvelles me décidèrent, non sans regret, je l'avoue, à me mettre à la disposition du ministère de la guerre. Le maréchal Davoust qualifia ma conduite dans cette circonstance de *niaiserie sentimentale*. L'Empereur me jugea autrement, comme je le dirai bientôt.

Après avoir été retenu quelques jours à Montpellier, on m'accorda l'autorisation de me rendre dans mes foyers pour y attendre les ordres du ministère de la guerre. J'étais sous une impression fâcheuse, et mes blessures [2] étaient ouvertes.

De Montrejeau, je me rendis à Barèges : l'usage de

---

[1] La convention fut signée entre le duc de Damas et le général Gilly, au bourg de La Palud, le 8 avril. S. A. R. fut retenue prisonnière ; mais, sur un ordre de l'Empereur, adressé le 11 au général de Grouchy, elle fut mise en liberté.

[2] Je fus guéri par les bains de Barèges, et dans des circonstances assez extraordinaires. Le coup de feu que j'avais reçu sous les murs de Paris, et qui m'avait littéralement percé à jour, s'était cicatrisé, mais un morceau de drap de mon uniforme était resté dans la plaie, d'où des souffrances atroces. Au septième bain, la plaie se rouvrit, le drap sortit, et jamais depuis je n'ai ressenti de douleurs de cette grave blessure.

ses bains m'avait été conseillé par les médecins de Montpellier. Pendant mon séjour dans les Pyrénées, je reçus
l'ordre d'aller prendre le commandement d'une brigade
dans le corps d'armée du comte de Lobau : on avait
donc compris, au ministère de la guerre, que ma conduite
à Grenoble et dans le Midi n'était pas une *niaiserie senti-*
mentale. Je répondis au ministre que l'état de ma santé
ne me permettait pas encore de me rendre au poste qui
m'avait été désigné : un certificat des médecins de Barèges accompagna ma lettre, afin de m'abriter contre la
brutalité bien connue du maréchal prince d'Eckmuhl. Plus
tard, on me donna l'ordre de me rendre à Paris pour *con-*
courir à la défense de cette ville. Je quittai Barèges de
suite, et je pris la route de la capitale.

J'avoue que je me rappelle toujours avec fierté cette circonstance de ma carrière, prouvant que l'Empereur possédait au suprême degré ce tact qui fait discerner aux
chefs des gouvernements les bons et les mauvais. Il comprit,
l'Empereur, que le soldat parvenu qui avait su faire taire
les vieilles sympathies des champs de bataille pour rester
fidèle à un serment loyalement *donné,* que l'officier général qui ne reconnaissait qu'à son pays le droit de le relever d'un serment prêté sur l'honneur, saurait défendre
son gouvernement comme il avait su défendre celui du
Roi. — Il eut raison. J'ai constaté que les hommes qui
trahissent finissent par en contracter l'habitude, et que les
gouvernements, une fois établis, n'ont jamais grandement
confiance en eux.

Le jour de mon arrivée à Toulouse, on annonça les désastres de Waterloo. La population de cette ville était dans
les rues et paraissait très-agitée. A l'entrée de la nuit, on
vit des bandes, partie déguenillées, partie bien vêtues, qui

célébraient la victoire de nos ennemis par des hurlements et des cris de *vive le Roi !* qui faisaient frémir les honnêtes gens de tous les partis.

Le général comte Decaen [1], commandant la 10e division militaire, me fit connaître la marche des alliés sur Paris, m'engagea à renoncer à mon voyage qu'il considérait comme inutile, et me pria de prendre le commandement supérieur de Narbonne, afin d'arrêter la marche du marquis de Montcalm, dont les troupes, animées d'un esprit infernal, menaçaient Carcassonne et Toulouse d'une réaction sanguinaire. Bien que cette mission fût compromettante, je l'acceptai : il fallait se dévouer !

Narbonne avait une garnison de 2,000 hommes environ, composée de quelques compagnies de la ligne et de trois bataillons provisoires de volontaires, sans discipline, et commandés par de vieux officiers sans valeur. Les habitants de cette ville étaient généralement royalistes. Après avoir bien réfléchi sur ma position, dont je ne cherchai pas à augmenter ni à diminuer les difficultés, je demandai l'autorisation de mettre la place en état de siége, afin de ne pas être contrarié par les autorités locales. Ma demande accordée, j'usai de mon droit en prenant des mesures de discipline et de police qui me parurent propres à prévenir des collisions et à maintenir l'ordre en attendant la rentrée du Roi dans sa capitale. Les royalistes ardents et intrigants me causèrent des embarras. Je me mis en rapport avec eux, et je parvins à les calmer et à leur inspirer de la confiance.

Quant aux bandes conduites par le marquis de Montcalm, j'arrêtai leur marche par des démonstrations hostiles

---

[1] Ancien capitaine général des Indes françaises.

(qui eurent un plein succès. Il m'importait beaucoup de ne pas tirer un coup de fusil, et je fus assez heureux pour ne pas en arriver à une pareille extrémité.

Les communications entre Béziers et Narbonne étant interceptées, les conseils municipaux de ces villes m'envoyèrent des députés afin de les rétablir. Une convention fut arrêtée à cet égard ; je l'envoyai au marquis de Montcalm, qui l'approuva aussi sans faire la moindre difficulté.

Cependant le Roi s'avançait vers sa capitale, et l'armée française passait la Loire pour prendre des cantonnements sur la rive gauche de ce fleuve et y attendre sa dislocation. Enfin, le général Decaen m'envoya l'ordre de faire reconnaître le gouvernement du Roi et d'arborer le drapeau blanc [1]. Cette dépêche fut publiée et affichée dans toute la ville. Je n'assistai pas à la cérémonie qui eut lieu, malgré l'invitation pressante des autorités, ma présence étant indispensable sur le champ de manœuvres pour contenir les troupes. Un jeune officier du Gers cria *vive l'Empereur !* en défilant devant moi ; je le fis arrêter à la tête de son peloton, et personne n'osa s'y opposer.

Le lendemain, les soldats, excités par les habitants, désertèrent par troupes, emportant armes et bagages. Je fis fermer les portes de la ville. Dans la nuit, les gardes que j'avais placées furent forcées, et la désertion continua.

----

[1] La famille du général a entre les mains un procès-verbal d'une séance du conseil municipal de Narbonne portant la date du 18 juillet 1815, et s'exprimant ainsi : « *Les Narbonnais n'ayant été retenus jusqu'à ce jour, dans l'explosion de leurs sentiments pour le Roi, que par le respectueux attachement que leur ont inspiré la sagesse et la modération du général Pelleport, gouverneur de la ville...* » (*Note de l'éditeur.*)

Le 23 juillet, les habitants les plus exaltés se portèrent à la Mairie, où se trouvait un magasin d'armes. Prévenu à temps de cette circonstance par le maire, je courus à la Mairie, je promis de veiller moi-même à la tranquillité publique, et l'attroupement fut dissipé.

Le 24, je désertai à mon tour ; la place n'était plus tenable. Rentré chez moi, je reçus une lettre de Narbonne, qui m'annonça que le conseil municipal m'avait voté des remercîments en ces termes :

« Ce 21 juillet 1815, nous maire, adjoints et conseillers » municipaux de la ville de Narbonne (Aude), votons, au » nom de la ville, au général Pelleport, gouverneur de Nar- » bonne, de sincères remercîments pour tous les soins qu'il » s'est donnés pour conserver l'ordre ; invitons le maire et » les conseillers à porter audit général ce témoignage de » la reconnaissance de la cité.

» Signé A. GOUT, *maire de Narbonne.* »

J'appris en même temps que le comité royaliste m'avait dénoncé pour avoir comprimé l'élan de ceux qui voulaient exploiter la situation. Un de mes dénonciateurs, avocat médiocre, obtint plus tard une préfecture. Le collége électoral, qui fut réuni à quelque temps de là, me donna une soixantaine de suffrages pour la députation.

Je quittai enfin ce commandement difficile, emportant l'estime des honnêtes gens et la haine des exaltés blancs et bleus. Voilà la justification de mes actes. Au surplus, je vais transcrire ici la lettre que je dus adresser, le 7 novembre, au maréchal duc de Feltre, ministre de la guerre, destinée à faire connaître, comme l'exigeait une ordonnance du Roi, ma conduite pendant les Cent Jours.

Voici cette lettre :

« Monseigneur,

» L'ordonnance du Roi du 12 octobre ordonne à tous les
» officiers de l'armée de faire, à la commission que Sa
» Majesté a désignée, l'exposé de leur conduite pendant
» les Cent Jours. J'obéis respectueusement à cet ordre.

» *Enlevé par la réquisition de 1793*, j'ai passé ma vie
» dans les camps ; je ne me suis jamais occupé que de mes
» devoirs militaires. Nommé inspecteur-adjoint dans la
» 7e division militaire, je quittai Paris le 17 février pour
» me rendre à Grenoble. Je n'étais pas encore en fonction,
» lorsqu'on apprit dans cette ville le débarquement de Na-
» poléon. Je me présentai de suite au comte Marchand
» pour prendre ses ordres ; cet officier général, j'en suis
» persuadé, rendra à Votre Excellence le témoignage le
» plus favorable sur ma conduite. Vous connaissez, Mon-
» seigneur, le détail de ce qui s'est passé à Grenoble. Les
» soldats et le peuple introduisirent l'ennemi dans la place.
» Je m'échappai, et je pris la route de Lyon, où était le
» quartier général de *Monsieur,* frère du Roi. Ma voiture
» fut arrêtée à la porte, et je fus obligé de me cacher jus-
» qu'au départ de Napoléon. Je ne me ferai point un mérite
» d'avoir résisté aux sollicitations les plus pressantes, aux
» offres les plus séduisantes, et de n'avoir pas suivi
» l'exemple de soumission qui fut donné par la garde na-
» tionale et par une partie des autorités civiles et judi-
» ciaires. *L'espoir des honneurs et de la fortune n'a ja-*
» *mais déterminé ma conduite.*

» La route de Lyon étant occupée par l'ennemi, je me
» rendis au Pont-Saint-Esprit ; là, j'appris que Mgr le
» duc d'Angoulême arrivait à Montpellier : c'était le 12

» mars. Je me présentai à Son Altesse Royale, qui daigna
» m'accueillir avec bonté. Je lui fis un rapport exact de ce
» qui s'était passé à Grenoble, et, quelques jours après,
» Monseigneur me chargea de l'organisation et du com-
» mandement des gardes nationales du Gard.

» Les conjonctures dans lesquelles nous nous trouvions
» étaient très-difficiles pour tous les officiers généraux.
» *Les troupes de ligne ne voulaient point nous obéir, et*
» *les gardes nationales n'avaient pas confiance en nous.*
» *Nous étions en butte à tous les hommes passionnés,*
» *entourés de soupçons, harcelés par l'injure et la pro-*
» *vocation.....* J'en appelle à votre justice, Monseigneur,
» il y avait quelque vertu à persister. Ma dernière blessure
» s'étant ouverte, le prince voulut bien m'honorer du com-
» mandement de l'Ardèche. Parti du Pont-Saint-Esprit le
» 27 mars, il me fut impossible de remplir ma mission,
» de pénétrer dans le département, et, par consé-
» quent, d'y maintenir l'autorité du Roi. Je m'adressai
» à M. le lieutenant général de Britche, commandant
» la 2ᵉ subdivision de la 9ᵉ division, pour lui demander
» des troupes, celles qu'avait réunies M. de Vogué
» s'étant dispersées ; mes lettres furent interceptées par la
» gendarmerie chargée de la correspondance : elle avait
» probablement reçu des ordres en conséquence. Ne pou-
» vant rien par moi-même pour le service du Roi, je me
» décidai à me rendre à Nîmes pour me consulter avec le
» général de Britche. A mon arrivée à Alais, le 4 avril, je
» fus informé par un officier de gendarmerie que, dans le
» temps où Son Altesse Royale passait la Drôme, une ré-
» volution s'était opérée dans les départements du Gard,
» de l'Hérault et de la Lozère, et que les troupes de ligne
» se disposaient à marcher sur le Pont-Saint-Esprit. On

» me fit la proposition de me rendre à Nîmes pour en
» prendre le commandement ; je refusai avec indignation.
» Les communications étant interceptées par les troupes
» de ligne, je me décidai à rentrer dans mes foyers, à
» Montrejeau (Haute-Garonne).

» Arrivé à Montpellier, où avait été arboré le drapeau
» tricolore depuis quatre jours, il me fut impossible d'en
» sortir pour me rendre dans ma famille. Je fus donc re-
» tenu et chargé de faire armer la ville et la côte de Cette,
» mission qui ne me convenait sous aucuns rapports, car
» elle était en opposition avec ma conduite antérieure...
» Refuser fut ma première pensée et la première expres-
» sion de mon cœur ; mais en réfléchissant ensuite que ce
» refus pouvait avoir pour moi les suites les plus fâcheuses,
» sans aucune utilité pour le service du Roi, j'obéis.

» M. le maire de cette ville, qui m'avait inspiré la plus
» grande confiance, fut témoin de la peine que j'éprou-
» vais ; il sait combien j'ai été rigoureusement surveillé
» pendant les cinq ou six jours qu'a duré cette mission
» M. le duc de Damas, aide de camp de S. A. R. *Mon-*
» *sieur,* que j'ai vu à Toulouse, m'a fait l'honneur de me
» dire que Monseigneur avait été très-satisfait de la déli-
» catesse que j'avais mise dans ma conduite. Le 26 avril,
» j'arrivai à Montrejeau. Depuis cette époque, je n'ai point
» fait de service. Je fus cependant nommé au commande-
» ment d'une brigade dans le 6e corps d'armée, et ensuite
» désigné pour la défense de Paris. Dans les derniers jours
» seulement, le 6 juillet, époque à laquelle les événements
» étaient décidés, l'abdication de Napoléon et l'arrivée
» des alliés à Paris connues dans toute la France, je me
» rendis à Toulouse, et j'acceptai avec plaisir le comman-
» dement supérieur de Narbonne. J'avais la noble présomp-

» tion de croire que je parviendrais à assurer la tranquil-
» lité publique sans avoir recours *à des mesures de ri-*
» *gueur qui répugnaient à mon caractère.* Mon espoir ne
» fut pas trompé. Arrivé le 8 juillet dans cette ville, je
» reconnus combien les habitants et les autorités étaient
» prononcés pour la cause du Roi. Malheureusement, la
» garnison, composée en grande partie de nouvelles le-
» vées, n'était point dans les mêmes principes. Cepen-
» dant je fus assez heureux pour établir une bonne har-
» monie entre les habitants et les soldats. Les mesures que
» je pris à cet égard étaient commandées par ma position ;
» *elles n'ont coûté ni une goutte de sang, ni une larme,*
» *et aucun citoyen n'a été privé de sa liberté.* Ces
» mesures étaient de police, et toujours concertées avec
» l'autorité locale : toute autre conduite eût entraîné des
» désordres dont les conséquences étaient incalculables.
» En résumé, pendant que toutes les villes du Midi étaient
» dans *l'anarchie,* Narbonne seule jouissait de la plus
» grande tranquillité, et attendait avec calme le retour
» du Roi. J'avais reçu l'ordre de faire arborer le drapeau
» tricolore dans la ville de Béziers. J'offris ma démission
» à M. le lieutenant général comte Decaen, et, en atten-
» dant, je pris sur moi de conclure une convention avec le
» corps municipal de cette ville, qui conserva le drapeau
» blanc ; je fis rentrer alors un bataillon du 10e régiment
» que j'avais trouvé campé au passage des Écluses. — Le
» 18 juillet, après avoir fait connaître à la garnison et aux
» habitants l'arrivée du Roi, ma mission étant terminée,
» je rentrai dans mes foyers, n'ayant d'autres biens que
» mon petit patrimoine.

    » Voilà, Monseigneur, l'exposé de ma conduite dans
» toute sa simplicité. J'ai servi avec le zèle que mon res-

» pectueux dévouement au Roi et à son auguste famille me
» commandait. J'ai éprouvé des obstacles et des difficultés
» insurmontables. J'ai fait tout ce qui a été possible. *Les*
» *événements et les circonstances ont souvent été au-*
» *dessus de mes forces.* Votre justice, Monseigneur, les
» appréciera et mettra dans la balance *vingt-deux ans*
» *de service actif, trente blessures, tous mes grades*
» *reçus sur les champs de bataille à des époques glo-*
» *rieuses pour l'armée française, une conduite irrépro-*
» *chable, et une sévérité de principes qui ne s'est jamais*
» *démentie, ni en France, ni chez l'étranger.* »

On a longtemps et encore de nos jours accusé le duc
d'Angoulême d'avoir, pendant les Cent Jours, appelé en
France les Espagnols : *le fait est faux.* Voici, au surplus,
copie de deux lettres qui me furent adressées, les 27 et
29 août 1815, par le comte Ricard, commandant la 10ᵉ division militaire, l'une datée de Carcassonne, l'autre de
Narbonne :

« Carcassonne, le 27 août 1815.

» Général,

» Je vous invite à vous rendre, au reçu de cette lettre, à
» Saint-Gaudens, pour prendre le commandement des
» troupes qui s'y trouvent. Rassemblez le plus qu'il vous
» sera possible de gardes nationales et de volontaires
» royaux. Vous vous attacherez à garder les débouchés des
» frontières de la Haute-Garonne. Si les Espagnols veulent
» pénétrer sur notre territoire, vous les combattrez par
» tous les moyens que vous aurez à votre disposition, la
» volonté du Roi étant que l'on repousse la force par la
» force, *ce qui m'a été formellement exprimé par S. A. R.*
» *Mgr. le duc d'Angoulême.*

» Vous vous tiendrez en communication avec M. le gé-
» néral Bellissens, commandant le département de l'Ariége,
» qui se trouve à Ax, et vous correspondrez avec moi à
» Narbonne.

» L'ordre que je vous donne de prendre de l'activité est
» une mesure de circonstance que je prends sur moi ; je
» désire bien sincèrement qu'elle soit pour vous plus qu'un
» témoignage de mon estime, mais je n'ose pas vous ga-
» rantir qu'elle ait l'approbation du ministre.

» J'écris à M. le maréchal de camp Lantillac, comman-
» dant les Hautes-Pyrénées, de communiquer et de vous
» seconder de tous ses moyens.

» Recevez, général, l'assurance de ma considération
» distinguée.

> » *Le lieutenant général pair de France, com-*
> » *mandant la 10ᵉ division militaire,*

> > » Cᵗᵉ RICARD. »

> « Narbonne, le 29 août 1815.

» Général ,

» Le mouvement rétrograde de l'armée espagnole, qui a
» eu lieu à la suite *de la demande faite par S. A. R. Mgr.*
» *le duc d'Angoulême ,* rend inutiles les mesures de dé-
» fense que j'avais ordonnées. Votre présence, général, ne
» devient plus nécessaire sur le point de Saint-Gaudens,
» ainsi que les dispositions que vous aviez pu prendre.
» Veuillez donc donner vos ordres, afin de contremander
» le tout. Tout en me félicitant du parti sage que l'armée
» espagnole a pris, je regrette de voir terminer pour le
» moment nos relations de service ensemble, et il ne

» tiendra pas à moi qu'elles ne recommencent si les cir-
» constances en ramenaient l'occasion.

» Agréez, général, l'assurance de ma parfaite considé-
» ration.

> *Le lieutenant général pair de France, com-*
> *mandant la 10e division militaire,*

» Cᵗᵉ RICARD. »

Je passai tout le reste de l'année dans les Pyrénées, où j'oubliais toutes mes tribulations, m'en rapportant au temps, ce *maître homme*, pour l'appréciation de ma conduite pendant cette crise. Plus tard, sous la Restauration, on m'a souvent reproché de ne pas m'être rendu à Paris lors de la rentrée du Roi pour recueillir le fruit de ma fidélité pendant les Cent Jours; je ne l'ai jamais regretté. En restant fidèle au Roi, j'avais accompli mon devoir. En agissant autrement que je ne l'ai fait lorsque Louis XVIII fut rentré à Paris, je serais devenu lieutenant général plus tôt, mais j'aurais donné à tous mes camarades le droit de penser qu'au lieu d'obéir à ma conscience en ne trahissant pas le serment que j'avais prêté au Roi, je n'avais pensé qu'à jouer une partie et à me placer du côté qui me paraissait offrir le plus de chances; de plus, les *miens* étaient derrière la Loire, et je tenais à honneur de ne pas abandonner mes anciens frères d'armes; enfin, ayant conquis tous mes grades sur les champs de bataille, je ne voulais pas arriver au dernier échelon par une *réussite* politique; ce n'était pas dans mon caractère.

Le hasard et la droiture d'esprit du Dauphin devaient, quelque temps après, me donner raison. Parlant un jour avec l'un de nos maréchaux des événements du Midi, le

duc d'Angoulême demanda *ce que j'étais devenu;* on fut
aux informations, et, deux jours après, j'étais nommé au
commandement du département du Cantal. Je me rendis à
Aurillac dans les premiers jours de janvier. L'accueil qu'on
me fit dans cette ville fut médiocre; on mit peu d'empres-
sement à me voir; cependant le préfet me donna le dîner
de bonne venue.

Une lettre anonyme, reçue le lendemain de mon arrivée, me donna des renseignements précieux sur les
hommes avec lesquels j'allais me trouver en rapport; ils
me furent très-utiles.

Le préfet, bon homme, n'était occupé, ce qui est très-
naturel dans l'exercice de ses difficiles et périlleuses fonctions, qu'à se tenir en équilibre; il faisait mal à voir. Je
n'avais pas à m'en défier, mais je devais me tenir sur mes
gardes; il m'aurait vendu pour se raffermir. Le maire,
médecin instruit et administrateur loyal, se tenait en
dehors de la politique. Le commandant de la gendarmerie
(cet emploi était devenu considérable) avait fait partie,
pendant les guerres de la Vendée, de ces bandes de dé-
trousseurs qui infestèrent les départements de l'Ouest. Le
grand prévôt, émigré et ancien officier général au service
de l'Espagne du temps des Cortès, faisait trembler les personnes qui avaient rempli des fonctions publiques pendant
les Cent Jours, et surtout les malheureux officiers venus
de l'armée de la Loire. Le sous-intendant militaire, de
création récente, se faisait remarquer parmi les royalistes
les plus enragés; son père était grand prévôt de la Seine.
Le colonel de la légion du Cantal venait de Waterloo,
mais il avait demandé merci avant la capitulation de Paris:
cette démarche, que je n'ose qualifier, servait son ambition. Il repoussait les officiers qui avaient fait la campagne

de 1815, et ne voulait que des nobles dans sa légion ; *il
était fils d'un apothicaire.* Un ancien officier d'infanterie
qui, par couardise, s'était soustrait à l'émigration, agent
actif et passionné du comité ultra-royaliste de Paris, dominait toutes les administrations du département ; il eut
l'impertinence de me demander compte de ma conduite :
je l'envoyai paître. Voilà les principaux personnages avec
lesquels je me trouvais forcément en rapport. Tout le
monde se réunissait chez une dame des plus huppées du
pays ; elle avait exploité sans pudeur les préfets de l'Empire, et logeait chez elle un ancien abbé qui, pour ses
beaux yeux, avait jeté sa soutane aux orties. Ne pouvant
fréquenter ces gens-là sans faire de bassesses, je me tins
à l'écart sans blesser les convenances.

En ce qui concernait mes attributions et fonctions militaires, je pris, dès le début, une allure franche et dé-
cidée. Dans les notes qui me furent demandées sur les
officiers en demi-solde, je m'attachai principalement à
faire connaître les services, l'aptitude au métier et la mo-
ralité de chacun d'eux ; je n'avais pas d'autre moyen pour
atténuer les notes du colonel de la légion, transmises au
ministère de la guerre avant mon arrivée à Aurillac. Le
mois suivant, je fis mieux, et enfin je parvins, au grand
scandale des ultra, à faire rappeler quelques-uns de ces
officiers dont je garantis la loyauté. Cette circonstance me
brouilla avec le grand prévôt, qui se mêlait de tout. Je lui
dis que je n'avais pas sollicité mon commandement, et que
je ne tenais à le conserver qu'à condition d'agir en toutes
choses d'après mes convictions. Cette petite scène eut du
retentissement en ville, et elle contribua probablement à
me faire perdre le commandement. En effet, quelques
jours après, je fus officiellement informé que le Roi en

avait disposé en faveur du baron de Batz, ancien membre de l'Assemblée constituante, qui s'était improvisé officier général. J'attendis mon successeur pendant deux grands mois. D'Aurillac, je me rendis aux Pyrénées, où, dégagé de tout souci, je passai le reste de la belle saison[1].

Au mois de mars 1817, des affaires d'intérêt, négligées par l'effet des commotions politiques, m'appelèrent à Paris. Dès mon arrivée dans cette ville, je me présentai au ministère de la guerre. Le duc de Feltre[2] me reçut très-bien. Il me questionna beaucoup sur les hommes avec lesquels je m'étais trouvé en rapport pendant les Cent Jours et dans mon commandement du Cantal. Quelque temps après, il m'offrit le commandement de la Martinique; je lui fis agréer mes remercîments, motivés sur l'état de ma santé. Plus tard, le ministre, qui me voulait du bien, me fit porter sur le tableau des inspecteurs généraux pour 1818.

Le duc de Feltre, qui avait de nombreux parents dans les familles irlandaises réfugiées en France, en avait mis quatre dans le 18e régiment pendant que je le commandais. Deux furent tués en Russie, les deux autres rentrèrent en

---

[1] Voici un extrait de la lettre que le corps municipal d'Aurillac m'écrivit le 5 avril 1816 :

« . . . . Il serait difficile, général, d'emporter plus d'estime et de regrets que vous. Fidèles interprètes des sentiments de nos concitoyens, nous vous devions cette justice, et nous vous la rendons. Nous désirons que ce témoignage de gratitude se mêle quelquefois aux souvenirs de gloire qui vous suivront partout.

» *Signé* DELOLIN DE LALANDE, maire;
RAULLIAC, adjoint. »

[2] Au dire de Napoléon, le maréchal Clarke, duc de Feltre, était un bon ministre de la guerre, travailleur exact et probe, ennemi des fripons, un administrateur enfin, ayant rendu de véritables services au pays. (*Mémorial*, lettres au Directoire des 18 septembre 1797 et 26 septembre de la même année.)

France avec un grade supérieur à celui qu'ils avaient en entrant en campagne. Je dois attribuer à ce fait sa bienveillance pour moi.

Vers la fin de juin 1818, j'entrai en fonction comme adjoint au lieutenant général comte Claparède, avec lequel j'étais intimement lié. Nous inspectâmes la garnison de Paris. Cette troupe laissait beaucoup à désirer sous tous les rapports. Mon travail, que je fis avec un grand soin, me donna quelque réputation au ministère de la guerre; il est vrai que tous les détails de l'infanterie m'étaient familiers, ayant toujours vécu avec les troupes et passé successivement par tous les grades.

Le maréchal Gouvion Saint-Cyr, ministre de la guerre, ayant divisé, en 1819, l'état-major général de l'armée en deux catégories, l'une d'activité et l'autre de disponibilité, je fus compris dans la première.

Dans le courant de l'année, le ministre me donna le commandement d'un département dans le Midi. Cette destination ne me convenait pas; j'aurais préféré le Kamtschatka à Toulouse. Je priai le lieutenant général comte Maison, qui me portait beaucoup d'intérêt, d'intervenir et de me faire classer définitivement dans les inspections; la province n'était pas encore tenable pour un officier de l'Empire qui se respectait.

Je ne fus pas employé cette année.

En 1820, je fus nommé inspecteur général du 18e arrondissement. Je me rendis [1] directement à Toulouse pour

---

[1] Les corps que j'avais à inspecter formaient le 18e arrondissement; c'étaient : 1º le dépôt de la légion du Lot; 2º celui de Tarn-et-Garonne; 3º la légion des Pyrénées-Orientales; 4º le régiment de Steigner (suisse); 5º le dépôt de la légion de la Haute-Garonne; 6º celui de l'Aude; 7º celui de l'Ariége.

commencer mon travail par la légion des Pyrénées-Orientales qui se trouvait dans cette ville. Elle était commandée
par le comte de Montferré, officier capable et dévoué. Toutes
les parties du service étaient en bon état dans ce corps.

Je passai ensuite aux dépôts de la Haute-Garonne, du
Lot, de Tarn-et-Garonne, de l'Ariége et de l'Aude. Ils
laissaient beaucoup à désirer.

Je terminai mon travail par le 3ᵉ régiment suisse. J'y
trouvai beaucoup de choses à reprendre, et je les consi-
gnai dans l'ordre laissé au corps. Le colonel, habitué à une
indulgence honteuse, se plaignit de ma sévérité à *Monsieur,*
frère du Roi, colonel général des Suisses; le prince me fit
appeler, et me dit : « J'ai vu votre rapport; je vous engage
» à être plus indulgent une autre fois pour ces *braves*
» *gens.* »

En 1821, le Roi me donna le 5ᵉ arrondissement d'inspection, qui se composait des 3ᵉ et 7ᵉ régiments d'infanterie
légère et du 13ᵉ de ligne.

Je commençai mon travail par le 3ᵉ; il était commandé
par un marquis qui avait servi en amateur, soit à l'étranger,
soit en France. Il ne manquait pas d'instruction militaire,
mais il se livrait à des excentricités étonnantes. Je n'en ci-
terai qu'une, la voici : il avait donné sa livrée aux tambours et aux musiciens de son régiment. Je réformai cela,
comme beaucoup d'autres choses contraires aux règlements.
Les officiers détestaient le marquis.

Le colonel du 7ᵉ n'était pas estimé et ne méritait pas de
l'être. Il était soupçonné d'avoir, sinon participé à l'assas-
sinat du maréchal Brune, au moins d'avoir manqué de courage pour l'empêcher. Il vivait mal avec son lieutenant
colonel, qui ne valait pas mieux que lui. Néanmoins, toutes
les parties du service étaient convenablement établies.

Un ancien officier de l'armée commandait le 15ᵉrégiment de ligne. Ce chef était dur et capricieux; aucun officier supérieur ne pouvait rester avec lui. Il se donnait pour royaliste sans reproche ; tout le régiment savait le contraire. Son administration tortueuse faisait soupçonner sa probité. Mon inspection dura un mois entier. Je retournai le colonel dans tous les sens, afin de bien fixer mon opinion. Le ministre de la guerre avait appelé, d'une manière spéciale, mon attention sur cet officier supérieur.

Cette année, *le Roi me donna le grand ouvrage d'Égypte.*

Après l'inspection, j'entrai dans la commission mixte, composée d'officiers généraux et d'intendants militaires, chargée de réviser les règlements d'administration.

En 1822, les inspections générales ayant été données cette année aux lieutenants généraux, je fus nommé inspecteur adjoint dans l'arrondissement du général comte de Loverdo. Il se composait du 3ᵉ d'infanterie légère, et des 14ᵉ, 16ᵉ et 36ᵉ de ligne. Ces régiments me parurent en bon état; l'armée était en progrès.

Le 17 août 1822, il plut au Roi de me conférer le titre héréditaire de vicomte. Les armes qui me furent concédées par S. M. en cette circonstance se traduisent ainsi en langage héraldique :

De gueule à la croix alézée d'argent. Parti de sinople à une ancre en bande et une épée en barre posées en sautoir d'argent; l'épée montée d'or. Coupé d'or au sphinx de sable. En langage de soldat, je dirai que ces armes veulent dire : la croix d'argent, que j'ai assisté à la campagne de Russie; l'épée, que j'ai été général; l'ancre, que ma famille a servi dans la marine; le sphinx, que j'étais en Égypte. Plus tard, j'ai ajouté à cet emblème une devise latine que j'ai composée moi-même, et ainsi conçue : *Non œre sed œre*; ce qui veut dire : *Non par l'argent, mais par le fer*. Par le temps qui court et pour plus tard, il est bon d'indiquer l'origine de la possession.

Le 25 octobre, on me donna l'ordre de me rendre à Foix pour prendre le commandement de l'Ariége, où se trouvaient les 4e et 13e de ligne. Ces deux régiments faisaient partie du cordon sanitaire [1].

Mes rapports avec le lieutenant général commandant la 10e division, dont je dépendais, furent difficiles et même désagréables. Nous ne pouvions pas nous entendre. Il était sous l'influence du comité royaliste de Toulouse, et, de mon côté, j'exécutais littéralement les instructions du ministère en ce qui concernait les armées de la Foi. Je fis part des contrariétés que j'éprouvais au directeur du personnel, qui me défendit, et m'encouragea à persévérer dans la voie dans laquelle je me trouvais. Ce fut vers cette époque que j'adressai au général comte de Coetlosquet, directeur général du personnel de la guerre, les observations suivantes sur l'organisation de l'infanterie :

» 16 mars 1822.

» *A M. le comte de Coetlosquet, directeur général de la guerre.*

» L'organisation générale de l'armée et la constitution
» particulière des corps ont éprouvé des changements mul-

---

[1] Le cordon sanitaire avait été formé en 1821 pour empêcher toute communication entre la France et la Catalogne, dépeuplée par la fièvre jaune. Le fléau qui avait été la cause de la réunion des troupes ayant disparu, le cordon sanitaire fut maintenu sous le nom de corps d'observation, et, sous la protection de nos baïonnettes, les royalistes

» tipliés pendant la dernière guerre et depuis la Restaura-
» tion. S'il est difficile de donner des règles permanentes
» sur ce point fondamental, il faut convenir aussi qu'il est
» fâcheux de voir qu'à tous les renouvellements de mi-
» nistère on propose de nouveaux systèmes ou des modifi-
» cations importantes dans l'organisation existante. Il est
» temps, après tant de tâtonnements, de s'arrêter et de
» donner à tous les régiments cet esprit de famille qui ne
» s'acquiert que par la stabilité.

» J'étais cependant persuadé qu'il était urgent de refaire
» l'organisation de l'infanterie, lorsque l'ordonnance du
» 22 octobre 1820 fut rendue : le rapport du ministre de la
» guerre au Roi ne laissait aucun doute à cet égard. Tout
» autre développement de preuves serait superflu. Mais
» aujourd'hui y a-t-il nécessité de réviser cette organisation?
» Je ne le pense pas, parce qu'elle a été éprouvée utilement
» dans les temps les plus difficiles de la dernière guerre.
» D'ailleurs, elle aurait des imperfections, qu'il faudrait
» encore les conserver, par cela seul qu'on y est habitué :
» les changements même en mieux présentent toujours des
» inconvénients plus ou moins à redouter.

» Faut-il compléter cette organisation, c'est-à-dire porter
» tous les régiments de ligne à trois bataillons? Je n'hésite
» pas à me prononcer pour l'affirmative; mais ce complè-
» tement ne doit s'opérer que successivement et dans le
» rapport de l'effectif des autres armes. Toute opération,
» quelque ingénieuse qu'elle soit, et qui ne tendrait qu'à
» faire un revirement de compagnies, aurait de graves in-

espagnols firent de grands progrès. Dans les premiers mois de 1822,
la ville de la Seu-d'Urgel tomba en leur pouvoir, et ce succès donna
aux royalistes, conduits par Miralès, une place forte adossée à la
frontière d'Espagne. *(Note de l'éditeur.)*

» convénients : 1° elle augmenterait les dépenses sans
» augmenter la force numérique de l'infanterie ; 2° elle
» réduirait les bataillons à trois divisions, les voltigeurs en
» dehors ; mais cette formation ne serait plus en harmonie
» avec le règlement des manœuvres, qui a été respecté
» pendant vingt-cinq ans de guerre, malgré les attaques
» des faiseurs, et qui est suivi par la plupart des armées
» de l'Europe. Faut-il changer encore ce qui a été arrêté,
» il y a à peine dix-huit mois, pour ramener, dans l'orga-
» nisation de cette arme, l'uniformité qui se rétablira plus
» tard, lorsque les ressources du trésor le permettront ou
» que la politique le commandera ? A toutes ces considéra-
» tions j'en ajouterai une autre dont l'importance est re-
» connue par tous les inspecteurs généraux et par les chefs
» de corps : six compagnies de fusiliers suffisent à peine
» pour alimenter les grenadiers et les voltigeurs ; si, comme
» on le propose, vous les réduisez à cinq, elles ne seront
» plus que des dépôts, où la plupart des hommes ne séjour-
» neront que le temps nécessaire pour être éprouvés et
» instruits. Ces mutations étant fréquentes, on conçoit com-
» bien elles doivent décourager les officiers du centre, ré-
» duits au rôle pénible d'élever et d'instruire des recrues
» qui, à peine devenues soldats, passent dans d'autres
» compagnies.

» On ne doit s'occuper aujourd'hui, ce me semble, que
» de maintenir l'effectif des bataillons à 600 hommes en-
» viron : cette force est indiquée par la portée d'une voix
» ordinaire ; elle est nécessaire pour que les régiments,
» distraction faite des hommes de service et des recrues,
» puissent manœuvrer pendant les semestres et aux épo-
» ques de libération. Il importe, d'ailleurs, d'encadrer les
» hommes de nouvelle levée par un bon nombre d'anciens

» soldats, et surtout de ne point les distraire de leur ins-
» truction élémentaire pour faire le service des places.

» Bien loin d'adopter le projet du général d'Alton, je
» crois, au contraire, que, si on persiste à faire des chan-
» gements dans l'organisation de l'infanterie de ligne, en
» conservant les voltigeurs comme moyen d'encouragement
» pour les hommes de petite taille (en leur donnant toute-
» fois une éducation appropriée au service d'éclaireur), je
» crois, dis-je, que les bataillons de ligne, surtout sur pied
» de guerre, devraient être portés à neuf compagnies, au
» lieu de sept ou de huit. Par cette modification, on
» augmenterait cette arme d'une vingtaine de mille hommes,
» sans être obligé de créer de nouveaux corps, et on con-
» serverait la *formation-manœuvre* actuelle sans que les
» bataillons cessassent d'être maniables; car les voltigeurs,
» chargés d'éclairer les colonnes, de faire les avant-gardes,
» etc., manœuvreraient toujours en dehors.

» Ces observations sont applicables à l'infanterie légère,
» car on n'a différencié l'infanterie légère de l'infanterie de
» ligne que par l'habillement, l'armement et l'équipement.
» Cette distinction était utile sans doute; mais il en existe
» une autre à établir, celle de l'instruction, sans quoi l'on
» ne retrouvera, par la suite, en place de tirailleurs intelli-
» gents, que des soldats sous un autre uniforme. L'infan-
» terie légère étant recrutée, élevée de la même manière
» que l'infanterie de ligne, son organisation doit toutefois
» être la même. »

CHAPITRE VI

—

CAMPAGNE D'ESPAGNE

1823.

Je suis nommé au commandement d'une brigade du 2ᵉ corps (lieutenant général comte Molitor). — Je passe à Montrejeau à la tête de ma brigade. — Entrée en Espagne. — Le Dauphin fait jeter au feu toutes les dénonciations contre les officiers de l'armée. — Il entre en campagne à la tête des régiments les plus compromis. — Blocus de Pampelune. — État des bandes de la Foi. — Je suis harangué par un capucin. — Le 2ᵉ corps manœuvre dans le bassin de l'Ebre. — Prise de Saragosse et de Valence. — Je prends le commandement de la division Pamphile-Lacroix (2ᵉ corps), retiré à ce général à cause de ses excentricités. — Bataille de Campillo d'Arenas. — Défai e de Ballesteros. — Je suis nommé lieutenant général. — Je gouverne Grenade. — Prise de Riego. — Je suis nommé chevalier de 4ᵉ classe de l'ordre de Saint-Ferdinand. — Je rentre en France.

‹‹‹‹‹‹‹

Les Chambres ayant voté le crédit demandé par le Roi pour porter la guerre en Espagne dans le cas où ses propositions ne seraient pas acceptées par les Cortès, l'armée expéditionnaire fut organisée. Forte de 84,000 hommes, elle fut divisée en cinq corps d'armée, dont un de réserve, commandés par les maréchaux ducs de Reggio et de Conegliano, et les lieutenants généraux prince de Hohenlohe, vicomte Bordessoule et comte Molitor. S. A. R. *Monsieur* en prit le commandement avec le titre de généralissime; les lieutenants généraux comte Guilleminot, baron Tirlet et vicomte Dode de la Brunerie furent nommés, le premier, major général, les deux autres, chefs de l'artillerie et du génie[1]. Dans les premiers jours de mars, je reçus des lettres de service pour prendre le commandement des 24e et 39e de ligne, formant la 3e brigade du 2e corps (général Molitor). Quelques jours après, je quittais l'Ariége après avoir été assez heureux pour rendre quelques services aux soldats de l'armée de la Foi qui, après avoir éprouvé de

[1] L'état-major général de l'armée se composait : du comte d'Audenarde, commandant les gardes ; du général comte d'Escars, commandant le grand quartier général ; du général baron Meriage, aide-major général ; du colonel d'André, commandant la gendarmerie ; des aides de camp et officiers d'état-major marquis de la Chasse-Vérigny, de Salaignac, comte de Noinville, duc de Guiche, comte de Polignac, baron de Beurnonville, marquis de Lur-Saluces, comte de Fontenilles, Lecouteulx de Canteleu, comte d'Osmond, comte de la Rochefoucault, Levis de Ventadour, d'Archer de Mongascon.

Dans l'armée étaient employés : les lieutenants généraux comte d'Autichamp, vicomte Castex, comte de Loverdo, comte Bourck, vicomte de Pamphile-Lacroix, vicomte Obert, vicomte Domon, baron de Conchy, Canuel, comte Curial, baron de Damas, vicomte Donnadieu, comte de Bourmont, baron Roussel d'Urbal. — Les maréchaux de camp vicomte de Pelleport, baron Vincent, d'Arbaud-Jouques, comte de Saint-Chamans, Faverot, Ordonneau, vicomte Corsin, vicomte Bonnemains, de Saint-Priest, prince de Carignan, Goujeon, Toussaint, Vitré, Marguerye, d'Albignac, marquis de la Rochejaquelein, vicomte de Berthier Saint-Hilaire, vicomte Valin, Pothier, Janin, comte de Quinsonas, Hubert, Scheffer, Mellet, de Vence, Peccaduc, vicomte Vassérot, Montgardé, Maringoué, de Rastignac, de la Roche-Aymon, de Saint-Priest, de la Tour du Pin, comte d'Ambugeac, marquis de Béthisy, vicomte de Latour-Foissac, duc de Dino, du Kermont, Deschamps. — Les généraux baron de Borelli, Grundler, vicomte Meynadier, baron Desprez et comte de Bourbon-Busset, étaient chefs d'état-major des corps d'armée. — Les colonels baron de Laborde, de la Roche-Aymon, marquis de Conflans, marquis de Montpezat, baron Tholosé, Demarzi, Barbarin, comte de Ligneville, Juchereau de Saint-Denis, d'Hencourt, Chastenay-Lanty, Villate, comte de Tryon et baron Miot, remplissaient les fonctions de chefs d'état-major des divisions.

nombreux revers, et poursuivis par Mina, s'étaient réfugiés
sur le territoire français. Ces soldats, ainsi que leurs officiers, faisaient mal à voir, ils étaient plongés dans la plus
affreuse misère; j'usai de toute mon influence pour leur
venir en aide et faire respecter par tous leur dévouement
à la monarchie, telle qu'ils la comprenaient.

De Carcassonne, je me rendis, à la tête de ma brigade,
à Pau, en passant par Montrejeau, d'où j'étais parti, en 1793,
simple soldat, une pique sur l'épaule. Ma position, acquise
par vingt-deux ans de guerre, me fit beaucoup d'envieux.
Tous les hommes de mon âge se dirent en me voyant :
« Si j'étais resté au service, je serais autant que Pelleport,
» et peut-être plus que lui. » C'est dans l'esprit des petites
villes.

Monsieur arriva à Bayonne le 2 avril; S. A. R. adressa
à l'armée la proclamation suivante; elle était franche et
digne :

« Soldats !

» J'arrive parmi vous ! J'ai été satisfait du bon esprit
» qui vous anime, de votre constance à supporter les fa-
» tigues d'une longue marche pendant l'intempérie de la
» saison.

» C'est par l'éclat de toutes les vertus militaires que vous
» montrerez bientôt votre dévouement au Roi et à la patrie.
» *Fidélité, honneur et discipline* sera toujours la devise du
» drapeau blanc sous lequel nous allons combattre. Je veil-
» lerai à tous vos besoins.

» LOUIS-ANTOINE. »

Le même jour parut un manifeste du Dauphin, con-
tre-signé de Martignac, commissaire civil, et destiné à

faire connaître aux Espagnols le but de l'expédition ; le voici :

« Espagnols !

» Le Roi de France, en rappelant son ambassadeur de
» Madrid, avait espéré que le gouvernement espagnol, averti
» de ses dangers, reviendrait à des sentiments plus modérés,
» et cesserait d'être sourd aux conseils de la bienveillance
» et de la raison. Deux mois et demi se sont écoulés, et
» S. M. a vainement attendu qu'il s'établît en Espagne un or-
» dre de choses compatible avec la sûreté des États voisins.

» Le gouvernement français a supporté, deux années
» entières, avec une longanimité sans exemple, les provo-
» cations les moins méritées. La faction révolutionnaire qui
» a détruit dans votre pays l'autorité royale, qui tient votre
» Roi captif, qui demande sa déchéance, qui menace sa vie
» et celle de sa famille, a porté au delà de vos frontières
» ses coupables efforts ; elle a tout tenté pour corrompre
» l'armée de S. M. T.-C., et pour exciter des troubles en
» France, comme elle était parvenue, par la contagion de
» ses doctrines et de ses exemples, à opérer les soulève-
» ments de Naples et du Piémont. Trompée dans ses cou-
» pables espérances, elle a appelé des traîtres, condamnés
» par nos tribunaux, à consommer, sous la protection de la
» rébellion triomphante, les complots qu'ils avaient formés
» contre leur patrie.

» Il est temps de mettre un terme à l'anarchie qui dé-
» chire l'Espagne, qui lui ôte le pouvoir de pacifier ses
» colonies, qui la sépare de l'Europe, qui a rompu toutes
» ses relations avec les augustes souverains que les mêmes
» intentions et les mêmes vœux unissent à S. M. T.-C.,
» et qui compromet le repos et les intérêts de la France.

» Espagnols! la France n'est point en guerre avec votre
» patrie. Né du même sang que vos rois, je ne puis désirer
» que votre indépendance, votre bonheur et votre gloire :
» je vais franchir les Pyrénées à la tête de 100,000 Fran-
» çais; mais c'est pour m'unir aux Espagnols amis de l'ordre
» et des lois; pour les aider à délivrer leur Roi prisonnier,
» à relever l'autel et le trône, à arracher les prêtres à la
» proscription, les propriétaires à la spoliation, le peuple
» entier à la domination de quelques ambitieux qui, en pro-
» clamant la liberté, ne préparent que la ruine de l'Espagne.

» Espagnols! tout se fera pour vous et avec vous : les
» Français ne sont et ne veulent être que vos auxiliaires;
» votre drapeau flottera seul sur vos cités; les provinces
» traversées par nos soldats seront administrées au nom de
» Ferdinand par des autorités espagnoles; la discipline la
» plus sévère sera observée; tout ce qui sera nécessaire au
» service de l'armée sera payé avec une religieuse exacti-
» tude. Nous ne prétendons ni vous imposer des lois, ni
» occuper votre pays; nous ne voulons que votre délivrance.
» Dès que nous l'aurons obtenue, nous rentrerons dans notre
» patrie; heureux d'avoir préservé un peuple généreux des
» malheurs qu'enfante une révolution, et que l'expérience
» ne nous a que trop appris à connaître.

» Au quartier général, à Bayonne, le 2 avril 1823.

» LOUIS–ANTOINE. »

Le 4, S. A. R. passa la revue du 2e corps, qui lui fut
présenté par le général en chef Molitor. Le 5, le prince
généralissime passa la frontière, ayant devant lui le duc de
Reggio, commandant le 1er corps; mais, avant de quitter
Bayonne, il fit jeter au feu une quantité immense de dénonciations contre des généraux, des officiers et des régi-

ments entiers, et prit pour son escorte le colonel Verdier avec deux bataillons de son régiment. Le brave et
loyal officier lui avait été désigné comme *bonapartiste
enragé.*

On a beaucoup parlé, dans le temps, de l'esprit soi-disant
libéral qui animait l'armée des Pyrénées ; on a même affirmé
que les états-majors étaient dans le complot qui échoua
faute d'énergie. Je n'ai jamais pu savoir au juste ce qu'il y
avait de vrai dans cette assertion ; je crois bien toutefois que
les conspirateurs de l'époque essayaient de saisir cette occasion pour entraîner l'armée à faire, comme ils le disaient,
demi-tour en arrière, mais que l'importance de cette ten-
tative, que l'armée, toujours fidèle à son drapeau, fit échouer
par sa froide attitude, fut des deux côtés exagérée [1].

Une bande de transfuges français, italiens, corses,
groupés autour d'un énorme drapeau tricolore, parut au
moment où S. A. R. arrivait sur la rive droite de la Bidassoa : nos pontonniers commençaient alors leurs travaux.
Bientôt on entendit des cris de *Vive l'artillerie!* et de *Vive
l'Empereur!* Le général Valin, fatigué de ces vaines cla-
meurs, y répondit par des boulets........ La bande se dis-
persa pour ne plus reparaître, et un régiment espagnol,
massé en arrière, se retira aussitôt pour prendre une po-

---

[1] Plusieurs officiers de mérite avaient été signalés comme bona-
partistes, entre autres le capitaine Courcenet, que je demandai pour
aide de camp. J'écrivis au ministre pour demander Courcenet, et
j'obtins justice. Voici les termes mêmes de la lettre du général au
ministre ; ils prouveront qu'il savait défendre ses inférieurs :
« M. Courcenet m'a donné sa parole que les faits qu'on lui reproche
« sont faux. J'y crois, Monsieur le Ministre, car la parole de cet
« officier est pour moi une garantie suffisante...... Je ne balance pas
« à prendre sa conduite ultérieure sous ma responsabilité person-
« nelle...... » *(Note de l'éditeur.)*

sition plus forte, position qu'il abandonna bientôt après, en découvrant ainsi la petite ville d'Irun.

Le 2ᵉ corps passa la Bidassoa le 9, et arriva le même jour à Irun. Il arriva le 13 à Tolosa, où le prince généralissime l'attendait pour le voir défiler avec tout son matériel.

Le 14, le 2ᵉ corps prit la route de Saragosse par la Navarre, afin de gagner l'Èbre, et d'assurer les communications entre le 1ᵉʳ corps d'armée, qui marchait sur Madrid, et le 4ᵉ, qui opérait en Catalogne. Dans cette marche, nous avions pour flanqueurs les bandes du comte d'Espagne, de Santos-Ladron et du fameux Trappiste : ce dernier avait une grande influence sur les masses [1].

Le 15, le 2ᵉ corps passa l'un des cols qui, séparant la Navarre de la Biscaye, en sont la clé. On l'appelle, je crois, le col de Tiurmendi ; il est situé entre cette petite localité et celle de Salvatierra. Mina rôda longtemps dans ces parages lors de la dernière guerre, et y obtint des succès.

Le 16, le 2ᵉ corps se réunit devant Pampelune. La division de Conchy, du 3ᵉ corps, venue par la vallée de Ronceveaux, y arriva le même jour. Pendant que ces troupes se déployaient devant la place, le général Molitor envoya un parlementaire, qui fut reçu à coups de fusil. Toute autre sommation devenant inutile, Molitor laissa de Conchy devant la place pour en faire le blocus, et se dirigea sur le village d'Artajona. Un vent très-froid et le manque de bois rendirent le bivouac très-dur. Le 17, le 2ᵉ corps ne fit pas de mouvement.

---

[1] 25 à 30,000 réfugiés royalistes, divisés en petites divisions de 4 à 5,000 hommes, suivaient nos corps d'armée, sous les ordres du baron d'Eroles, du Trappiste, de Quesada, Longa, Mosen-Anton, comte d'Espagne et Santos-Ladron. Ils nous coûtèrent 22 millions. (Budget de 1824.) *(Note de l'éditeur.)*

Le 18, il vint s'établir à Tafalla. Rien ne saurait donner
une idée de l'enthousiasme qui se manifesta dans ce bourg
à notre arrivée. Des prêtres, armés de sabres et décorés
d'insignes militaires, étaient à la tête des rassemblements
populaires; des capucins couraient dans les rangs, en agi-
tant les étendards de la Foi; les femmes applaudissaient;
les cloches étaient en branle; des cris de *Vive la religion!*
vive le roi absolu! se faisaient entendre de tous côtés,
etc., etc. Il n'y a que l'Espagne pour avoir de telles explo-
sions d'enthousiasme [1].

Le 20, la division Pamphile-Lacroix se rendit à Caporoso.
Ma brigade fit une halte au village d'Olite; deux capucins,
armés de haches, assistèrent à mon déjeuner pour me faire
honneur. Nous couchâmes à Péralta. Je fus harangué par
l'alcade; il lut son discours sans faire une faute. Ma réponse
fut un mélange d'espagnol, de français, d'italien et de latin.
J'avais été obligé de mettre à contribution toute la famille
pour me faire comprendre; le curé m'en fit compliment,
et ajouta qu'un bachelier de Salamanque n'aurait pas mieux
dit. Cette comédie m'amusa.

Le 22, ma brigade, après quatre heures de marche, découvrit le bassin de l'Èbre et la route de Madrid. Le 23,
nous passâmes ce fleuve à Tudela, ville affreuse au milieu

[1] Les troupes destinées à nous combattre s'élevaient à 130,000
hommes, divisés en quatre corps, de 18 à 20,000 hommes, placés
sous les ordres des généraux suivants :

1º *Armée d'opérations :* Général, Ballesteros.— 2º *Armée de Catalogne :* Général en chef, Mina; généraux, Milans et Gurréa. —
3º *Armée du centre :* Général en chef, l'Abisbal; généraux, Castel
dos Rios, Zayas, Villacampa. — 4º *Armée de Galice et des Asturies :* Général en chef, le comte de Carthagène; généraux, Quiroga,
Palasia, Rosello. — 52,000 hommes, en outre, étaient répartis dans
les places fortes.

d'un site délicieux. Là on apprit que Ballesteros, à la tête d'un corps de 8 à 10,000 hommes, était en position entre Taragona et Calatayud. La division Loverdo fut envoyée de ce côté-là; elle rentra le lendemain, n'ayant pu se faire suivre de son artillerie à cause du mauvais état des routes [1].

Le 24, le 2ᵉ corps reprit sa marche sur Saragosse, après avoir laissé une brigade de la division Loverdo à Tudela. Il était essentiel de garder fortement le passage de l'Ebre. D'ailleurs, Tudela est le nœud des grandes routes de Madrid et Saragosse, avec celles de Logroño et de la Navarre.

Le 25, le général en chef reçut une dépêche par laquelle les autorités de Saragosse le priaient d'accélérer la marche de ses troupes, afin de maintenir l'ordre dans cette grande ville, menacée d'une réaction terrible.

Le 26, nous couchâmes à Alagon. Les habitants nous reçurent avec froideur; la pierre de la Constitution était encore debout.

Le 27, nous arrivâmes de bonne heure aux portes de Saragosse, où nous attendîmes quelque temps, afin de pré-

---

[1] Voici la composition de l'état-major du 2ᵉ corps et de la 6ᵉ division : *Général en chef :* Le comte Molitor.— *Aides de camp :* Le commandant Cavalier, le capitaine de Coaquan, les lieutenants de La Coste et Junch.— *État-major général :* Baron de Borelli, chef d'état-major et maréchal de camp; de Laperrière, sous-chef et lieutenant-colonel; de La Marre, intendant, officier d'état-major; le colonel Pozzo di Borgo, le commandant de Branvilliers, le capitaine de Veraege, les lieutenants Girot, Chevalier et Legrip.

6ᵉ DIVISION. — *Lieutenant général :* Le vicomte Pamphile-Lacroix, puis le vicomte de Pelleport. — *Chef d'état-major :* Le colonel Juchereau de Saint-Denis; le commandant de Menou, le capitaine de Vassal-Sineuil, les lieutenants Brunneau et Marchais.

N. B. Le 6ᵉ corps, fort de 8,054 hommes d'infanterie, de 727 chevaux et de 753 hommes d'artillerie et de génie, se composait des 4ᵉ, 13ᵉ, 24ᵉ et 39ᵉ de ligne, 4ᵉ et 20ᵉ de chasseurs à cheval.

parer notre entrée. Des voûtes ruinées, des murs chancelants et percés de créneaux, des maisons portant encore les traces des projectiles lancés par les Français, tels furent les objets qui frappèrent d'abord notre vue. Ces ruines nous rappelèrent l'héroïsme de ses habitants.

Notre entrée se fit avec une grande pompe; les cloches étaient à la volée, et les prêtres nous attendaient devant l'entrée des églises pour bénir nos armes. Mais la population fut moins animée que dans les autres villes : les Cortès comptaient beaucoup de partisans à Saragosse. — Chargé du commandement de la place, je passais les jours et les nuits à cheval, afin d'empêcher une réaction. Les royalistes, qui avaient été opprimés par les constitutionnels, voulaient prendre leur revanche. Je fus assez heureux pour l'empêcher.

Le 28, nous assistâmes au *Te Deum* qui fut chanté dans l'église de N.-D. de Pilar. Cette solennité fut imposante.

Le 2e corps avait été destiné d'abord à coopérer au mouvement du 1er corps sur Madrid, en passant par Guadalaxara ; mais Ballesteros s'étant retiré vers le royaume de Valence, le général Molitor reçut l'ordre de se mettre en communication avec le maréchal Moncey, et de seconder, au besoin, les opérations de l'armée de la Catalogne.

Avant de commencer le mouvement, le général Molitor disposa les troupes de la Foi (dont l'effectif augmentait chaque jour) de manière à être prévenu à temps dans le cas où Ballesteros [1] se présenterait, et fit pousser des reconnaissances dans la direction de Daroca.

---

[1] Don Francisco Ballesteros naquit à Saragosse en 1770. Lors de l'invasion française de 1808, il commandait une brigade sous les ordres de Castaños, et donna des preuves de talent militaire. Nommé lieutenant général, il fut ministre de la guerre du Roi en 1816, puis exilé à Valladolid jusqu'au moment de la révolte de l'île de Léon.

Le 1er mai, le général Loverdo se réunit à Saragosse; le général Pamphile-Lacroix se dirigea, avec ma brigade et celle du général Saint-Chamans, sur Fraga, et le général d'Arbaud-Jouques sur le fort de Monzon, par la sierra d'Alcubierra [1]. Le jour même de notre arrivée à Fraga, nous nous mîmes en communication avec le fort de Mequinenza, au confluent de la Segre et de l'Ebre. Cette petite place était occupée depuis longtemps par les royalistes qui l'avaient enlevée par surprise.

Du 9 au 14 mai, ma brigade et celle du général Saint-Chamans [2] obligèrent les partis ennemis sortis de Lérida à rentrer dans cette place. Nous trouvâmes, dans cette partie de l'Espagne, de l'indifférence et même de la froideur dans la plupart des localités.

Le 15, la division Lacroix se remit en marche pour se porter sur Balaguer et Cervera, afin de se mettre en communication avec le maréchal Moncey. On laissa des troupes pour observer les garnisons de Lérida et du Monzon.

Arrivés à Balaguer, nous apprîmes par le baron d'Eroles l'occupation de Manresa par les troupes du général Donnadieu, et la retraite de Mina vers le nord de la Catalogne. Dans cet état de choses, le général Molitor se décida à reprendre ses opérations contre Ballesteros, qui se dirigeait sur Murviedro. Ce fort lui était nécessaire pour favoriser l'exécution du plan qu'il méditait.

---

[1] En 1814, 90 gendarmes français, qui y avaient été oubliés lors de la retraite avec deux officiers, un caporal et un garde d'artillerie, y soutinrent pendant quatre mois un siége en règle contre 3,000 Espagnols. (*Note de l'éditeur.*)

[2] Issu d'une ancienne famille du Périgord, le comte de Saint-Chamans avait servi avec distinction dans les rangs de l'ancienne armée, notamment en Espagne et à Leipzig.

Le 29, nous rentrâmes à Fraga. On éprouva de grandes difficultés pour les subsistances dans ce court trajet : le pays avait été en partie épuisé par notre premier passage, et le paiement des fournitures qui nous avaient été faites n'était pas encore effectué. Cette partie du service était toujours en souffrance, et le fournisseur général était trop puissant pour être contrôlé......

La division Pamphile-Lacroix souffrit beaucoup de la chaleur ; elle ne se mettait en marche qu'à neuf ou dix heures du matin. On fit observer au lieutenant général que cette manière de voyager ne convenait pas au pays ; il ne tint aucun compte de cette observation. On supposa que Mme Pamphile-Lacroix, qui faisait aussi campagne, ne voulait rien changer à ses habitudes [1].

A notre arrivée à Fraga, les troupes de Loverdo, qui étaient encore dans cette ville, se mirent en marche sur Teruel. Le 31 mai, nous suivîmes la même direction, en passant par Caspe et Alcañiz. L'esprit des habitants de ces deux villes nous parut calme.

Le 4 juin, nous nous arrêtâmes à Ixar, et, le 10, à Teruel. Ce long trajet à travers un pays âpre et difficile nous fit perdre des hommes et des chevaux. La température était extrêmement élevée.

La division Loverdo, qui nous devançait, faisait des marches plus fortes encore que les nôtres, afin de secourir Murviedro, assiégé par Ballesteros.

Le 11, après avoir laissé un gros bataillon pour garder Teruel sur l'embranchement des routes de Madrid et de Valence, la division se mit en marche sur *las Barracas,*

---

[1] Le général Pamphile-Lacroix avait fait l'expédition de Saint-Domingue.

où elle n'arriva qu'à la nuit tombante, à cause des difficultés de la route. Son artillerie, sous l'escorte d'un bataillon, n'arriva que le lendemain.

Le 12 juin, les 1re et 2e brigades prirent la route de Segorbe. Nous quittâmes l'Aragon sans regret. Je logeai au palais épiscopal. L'aménité des bons prêtres que je trouvai dans cette maison m'a laissé des souvenirs qui me seront toujours chers.

Pendant que la division Pamphile-Lacroix s'avançait vers Segorbe, le général en chef, à la tête de celle de Loverdo, marchait en toute hâte sur Murviedro pour combattre Ballesteros, dont l'armée était de 12 à 15,000 hommes. Le général espagnol, à l'approche de la première brigade de Loverdo [1], leva brusquement le siége, abandonna son artillerie, ses munitions, et se retira sur Valence. Son départ fut si précipité, qu'il oublia ou ne voulut pas attendre l'un de ses lieutenants qui couvrait le siége de Murviedro.

Le 26, la division Pamphile-Lacroix entra à Murviedro, et le 28 à Valence. Rien n'était plus riche de végétation que la plaine que nous parcourûmes pour nous rendre dans cette dernière ville. De beaux villages, très-rapprochés les uns des autres, jalonnaient cette admirable route.

L'opinion royaliste nous parut moins vive à Valence qu'à Saragosse. On chanta un *Te Deum*. Le général Semperé, qui s'était fait capitaine général de Valence, ne voulut pas

---

[1] Le premier soin du général Molitor en arrivant à Murviedro fut de féliciter la garnison qui, forte de 300 hommes, avait résisté à trois assauts des constitutionnels très-nombreux. C'est en partie à coups de pierre qu'elle avait répondu à la fusillade. La garnison avait renouvelé dans la Sagonte moderne les prodiges de l'antique Sagonte. L'on doit conserver le nom du gouverneur don Jose Spueng, lieutenant-colonel. (HUGO, *Campagne de 1823,* tom. 1, pag. 301.)

y assister, craignant de compromettre sa haute dignité en cédant le pas au général en chef Molitor. Je dînai chez Semperé ; il avait mis à contribution les *negros* [1] les plus riches pour donner un festin splendide. Il avait huit sentinelles dans son palais, dont une préposée à la garde de l'honneur de la vice-reine : cette dernière pouvait dormir tranquillement.

Le jour de notre arrivée à Valence, le général Pamphile-Lacroix reçut l'ordre de se rendre à Bayonne, et d'attendre dans cette ville les ordres du ministre de la guerre. Ainsi s'évanouirent les espérances de célébrité de son amazone, qui, sous le simple habit de secrétaire intime, partageait nos fatigues et nos privations. Cette circonstance me donna le commandement par intérim de la division ; j'étais le plus ancien de grade des maréchaux de camp [2].

Le 1er juillet, la division quitta Valence et prit la route d'Alcira, dont le général Bonnemains [3] s'était emparé avec sa brigade. On trouva des magasins considérables dans cette ville.

Le lendemain, le général Bonnemains, poursuivant l'ennemi, s'empara de San-Felipe. Cette ville mérite d'occuper le second rang dans le royaume de Valence par sa belle situation, son étendue et sa population ; elle possède un hôtel d'invalides qui peut recevoir de 1,000 à 1,200 hommes.

[1] On appelait ainsi les constitutionnels.

[2] J'avais pour aide de camp l'un de mes compatriotes, le lieutenant Tatareau, aujourd'hui général, et l'un de nos plus brillants officiers d'état-major.

[3] Le général vicomte Bonnemains fut nommé lieutenant général en cette occasion ; c'était un bon officier, s'étant déjà distingué. Le colonel Buchet, du 4e léger, fut nommé maréchal de camp.

Ballesteros, en se retirant avec son armée, recommandait aux autorités locales de nous faire bon accueil, et particulièrement au général Molitor, qu'il signalait comme un galant homme et un militaire distingué.

Pendant que la retraite de Ballesteros se faisait sur le royaume de Murcie, la place de Tortose ouvrit ses portes aux soldats de la Foi. Les esprits se calmaient dans le pays qui allait servir de base à nos opérations, et une communication directe avec Madrid s'établissait par Cuença.

La 6ᵉ division sous mes ordres arriva, le 4, à Fuente de Higuera; le 5, à Villena, dans le royaume de Murcie; le 6, à Elda; le 7, à Menovar. Je logeai dans la maison du marquis de la Romana. Nous rencontrions chaque jour un bon nombre de déserteurs de l'armée de Ballesteros et des soldats qui, malgré l'urgence des circonstances, avaient reçu des congés de libération, après avoir accompli le temps de service voulu par la loi. Deux escadrons armés et montés firent leur soumission au roi *absoluto*[1].

Le 8, nous couchâmes à Elche : ses tours mauresques, ses forêts de palmiers, les figuiers de barbarie, les terrasses des maisons, toutes ces choses excitèrent notre surprise. Le 9, nous nous rendîmes à Orihuella : le pays continue à présenter le même aspect[2].

La division logea, le 11, à Murcie. Cette ville présente

[1] Le 2ᵉ corps avait enlevé à l'ennemi, en moins d'une semaine, 120 pièces de canon en bronze, savoir : à Murviedro, 11 ; à Valence, 73 ; sur le bord de la mer, 16 ; à Alcira, 2 ; à Denia, 18 ; — total, 120 pièces.

[2] Trois chefs royalistes agissaient dans le royaume de Valence : le lieutenant général Semperé, les généraux Chambo et El Boyo. Un autre chef royaliste, le général Santos-Ladron, s'était placé sous les ordres directs du comte Molitor.

un aspect qui plaît au premier coup d'œil; elle ne possède aucun monument remarquable. Deux jours avant notre arrivée, on voyait encore la pierre de la Constitution entre les portraits de Riego et de Quiroga, avec une inscription pompeuse en l'honneur de ces héros. Nous entrâmes à Lorca le 17[1].

Ballesteros, en se retirant, avait laissé dans le fort de Lorca un bataillon de 500 hommes, composé d'anciens officiers et sous-officiers et de jeunes soldats (quintos) sous les ordres d'un brigadier : cette troupe était occupée encore à s'approvisionner, lorsque la 1re brigade de Loverdo s'introduisit dans la ville pendant la nuit. Le 19, à la pointe du jour, les voltigeurs du 4e régiment d'infanterie légère se présentèrent devant la barrière : la porte était ouverte, et le drapeau blanc flottait sur les murailles. A l'approche des voltigeurs, les Espagnols firent lever le pont-levis et se mirent en défense. La fusillade s'engagea, et on tua des hommes de part et d'autre. L'intention de l'ennemi était manifeste : il ne voulait pas être pris de force, mais capituler. On finit par faire cesser le feu, et le fort fut livré aux Français. On fit *mousser* cette affaire d'une manière ridicule.

La garnison fut envoyée sous escorte à Murcie[2]. Une dame de haut parage appuya une pétition de quelques enragés royalistes, qui tendait à fusiller ces malheureux.

[1] Quelques jours avant la prise de Lorca, le 2e corps se trouva tout à coup sans fonds nécessaires pour la solde et la subsistance. Tous les officiers, inspirés par le plus pur des dévouements, versèrent à la caisse des régiments les sommes personnelles qu'ils pouvaient avoir à leur disposition, et assurèrent ainsi le prêt du soldat et le maintien de la discipline. (HUGO, *Campagne de 1823*, pag. 312, tom. 1er.) *(Note de l'éditeur.)*

[2] Ancienne ville arabe très-curieuse.

Le général Loverdo chassa ignominieusement la dame et les pétitionnaires.

La 2ᵉ division, suivant les traces de la 1ʳᵉ, arriva le 23 à Baza. Pendant ces dernières marches, Ballesteros, renonçant à défendre les montagnes de Huescar, se retirait sur Grenade.

Il trouva dans cette ville les généraux Zayas et Villa-Campa. Il fut convenu, dans un conseil de guerre, que ces officiers généraux resteraient à Grenade, que Ballesteros se jetterait sur notre droite, et que Torrijos et Chapalonguera opéreraient sur nos derrières.

Ballesteros commença son mouvement en prenant de grandes précautions pour le masquer. Zayas resta à Grenade. De son côté, le général Molitor dirigea la brigade Ordonneau sur Grenade, et fit des dispositions pour attaquer Ballesteros.

Le 25, ma division s'établit sur les hauteurs de Guelajo, et celle de Loverdo, avec les dragons, à Moreda et aux environs. Une reconnaissance fut poussée ce jour-là par le général Bonnemains jusqu'à Guadalhuertuna ; elle donna lieu à un combat de cavalerie qui tourna honteusement pour les Espagnols ; ils avaient 1,000 à 1,200 chevaux, et le général Bonnemains n'en avait que 500.

Le 26, Ballesteros changea les dispositions qu'il avait faites pour la bataille, et s'établit sur les montagnes escarpées qui entourent la vallée de Campillo. Le général en chef fit faire divers mouvements à ses deux divisions, afin de concentrer ses forces et d'obliger son adversaire à combattre.

Dans la nuit du 27 au 28, je reçus l'ordre de partir à trois heures du matin pour me rendre à Monteijar, et me porter ensuite sur Campillo de Arenas, en passant par No-

valejo [1]. La division Loverdo reçut l'ordre de se combiner
avec la 6ᵉ division. Le général Domon, avec ses dragons,
devait soutenir cette dernière division aussitôt qu'elle serait descendue dans la vallée de Campillo, qui s'étend
entre le royaume de Grenade et celui de Jaen.

Cette vallée est formée par deux chaînes de montagnes :
la Sierra de las Albuñuelas, qui regarde Grenade, et la
Sierra del Castillo (ainsi nommée des ruines d'un vieux châ-

---

[1] Ordre du 2ᵉ corps :

« A Monteijar, le 27 juillet 1823.

» Demain 28, le 2ᵉ corps attaquera l'ennemi sur Campillo de Arenas.
Le général Loverdo, avec sa division, partira de Monteijar demain
vers les six heures du matin, et aussitôt qu'il verra déboucher la
division Pelleport, pour se porter par le chemin direct sur Campillo
de Arenas, après avoir laissé son matériel à la suite de cette division.
Arrivé à Arenas, et à la hauteur del Cortijo del Zaque, le général Loverdo s'y arrêtera pour voir arriver la division Pelleport et communiquer au besoin avec elle. Le général Pelleport, avec sa division, partira de Guadalhuertuna demain vers trois heures du matin, de manière à arriver à Monteijar avant six heures, et de là se portera,
par le chemin canonnable, sur Campillo de Arenas, en passant par
Novalejo. Arrivé à environ une lieue de Campillo de Arenas, et à la
hauteur du Cortijo del Zaque, le général Pelleport s'y arrêtera pour
reconnaître la division Loverdo. Cette reconnaissance faite, les
deux divisions se dirigeront vers le point d'attaque. La division Loverdo s'emparera des hauteurs qui dominent Campillo de Arenas,
d'où le général donnera à son attaque la direction qu'il jugera convenable, mais en tâchant toujours de lier ses mouvements avec ceux
de la division Pelleport. Le général Pelleport, attaquant en même
temps, se trouvera sur le flanc de l'ennemi ; il saisira tous les avantages de sa position pour lui couper la retraite. Le général Domon,
avec sa division de dragons, soutiendra les mouvements de la division Pelleport, et consommera la victoire que l'on doit attendre de
la valeur des troupes, du talent et du dévouement de MM. les généraux. Le général en chef sera avec le général Pelleport.

» *Signé* Comte MOLITOR, *général en chef;*
Baron DE BORELLI, *chef d'état-major.* »

teau bâti par les Maures sur la crête la plus élevée), qui
regarde Jaen. Le bourg de Campillo de Arenas est situé sur
la rive droite d'un torrent (le Dormillo) et dans la partie la
moins étroite de la vallée que le torrent traverse dans toute
sa longueur, et dont il sort par le Puerto de Arenas, déchi-
rement profond que ses eaux ont fait à la Sierra del Castillo. Les deux chaînes parallèles qui bordent la vallée
sont réunies par une branche de montagnes escarpées qui
partent du Puerto de Arenas et aboutissent au pied de
Santa-Coloma, point culminant des Albuñuelas. La route
directe de Grenade à Jaen passe par Campillo, mais cette
route, impraticable pour les voitures, est peu fréquentée.
En sortant de Campillo, et jusqu'au moulin de Velasco,
situé à une lieue de là, elle se confond même avec le lit du
Dormillo. Enfin, depuis Campillo jusqu'au Puerto de Arenas,
la vallée se resserre de plus en plus; elle est en partie com-
blée par des pics considérables et des mamelons élevés.

La route de Monteijar, par où l'armée française arrivait
à l'ennemi, longe les Albuñuelas depuis Santa-Coloma
jusqu'à l'embranchement de la route de Grenade et du
chemin de Novalejo ; c'est sur cette chaîne de montagnes
et sur leurs contre-forts que les constitutionnels étaient
en bataille, leur gauche appuyée sur Santa-Coloma, et leur
droite sur Novalejo.

Le 28 juillet, les divisions du 2e corps se mirent en
marche aux heures prescrites par le général en chef. A
une petite lieue de Monteijar, la cavalerie de Saint-Chamans
rencontra une centaine de cavaliers espagnols, qui furent
chassés. Bientôt après, le général Loverdo fit attaquer
par la brigade Corsin une colonne ennemie qui gravissait
les hauteurs de Santa-Coloma. Cette affaire eut le plus
grand succès, et nous rendit maîtres de las Albuñuelas.

Pendant ce premier engagement de la division Loverdo avec l'ennemi, le général en chef, à la tête de ma division, suivie de la division de dragons, continuait sa marche et se dirigeait sur l'extrémité droite de la position occupée par l'ennemi.

Arrivé à l'embranchement des chemins, dont l'un conduit à Campillo et l'autre à Novalejo, le général en chef laissa l'artillerie sous l'escorte de deux bataillons et continua sa marche [1].

Le général Saint-Chamans, avec ses deux régiments de cavalerie légère, suivit la route de Novalejo, chassa l'ennemi de ce village, pendant que mon infanterie, réduite à 7 bataillons, descendait dans la vallée par un sentier étroit, afin de gagner Campillo, où elle devait se joindre à la brigade de Saint-Chamans. Cette réunion opérée, la division attaqua les troupes des Cortès qui couronnaient les premières hauteurs qu'on trouve à gauche et devant soi en remontant la vallée. Saint-Chamans, avec son régiment d'infanterie légère et sa cavalerie, les poussa sur Cambil.

Je disposai le 39e de ligne, afin de soutenir Saint-Chamans et de me mettre en rapport avec le général Loverdo.

Le général Loverdo, dès qu'il vit déboucher les colonnes de ma division, fit attaquer par le 8e régiment d'infanterie légère le pic qui domine le moulin Velasco. L'en-

---

[1] Le combat de Campillo de Arenas fut le plus disputé de la campagne. (VAULABELLE, *Histoire des deux Révolutions*, tom. 6, pag. 404.)

La victoire de Campillo de Arenas porta un coup mortel à la cause des constitutionnels. Ce fut une brillante affaire, et le midi de l'Espagne se trouva bientôt sans défenseurs. (*Victoires et Conquêtes*, tom. 28, pag. 280.) *(Note de l'éditeur.)*

nemi, chassé de cette position, nous laissa une centaine
de prisonniers.

Après cette affaire, la brigade Bonnemains se mit à la
poursuite de l'ennemi, qui se retirait en toute hâte pour
gagner la position de Castillo. Saint-Chamans prit la même
direction.

Les troupes engagèrent une vive fusillade avec l'infanterie espagnole, et la forcèrent à la retraite. L'aspérité du
terrain, en empêchant l'action de l'artillerie et de la cavalerie, sauva l'armée ennemie d'un grand désastre [1].

Pendant que nous combattions à Campillo, le général
Ordonneau s'emparait de Grenade et chassait Zayas sur
Malaga, afin d'empêcher ce général de se réunir à Balles-
teros.

Les choses étant dans cet état, Ballesteros prit la résolution de traiter avec le général Molitor. A cet effet, il envoya, le 29 juillet, un officier au quartier général français.
Le lendemain, une convention intervint, qui mit fin aux

---

[1] Ma division perdit très-peu de monde, malgré la vivacité de l'affaire. Voici les noms des officiers qui se signalèrent au combat de
Campillo de Arenas, le plus considérable de la campagne :

Les généraux de Saint-Chamans et Buchet, le colonel Jucherau
de Saint-Denis, le capitaine Courcenet et le lieutenant Tatareau,
mes aides de camp. — *4e de ligne* : Le colonel de Castries, les capitaines Buisseret d'Ackweiler et Beltramam, le lieutenant de Croy,
le brigadier Pierre-Pierre, M. de Rouvray, aide-major. — *20e de
ligne* : Le colonel de Sourdis; Tessier de Marouge, lieutenant-
colonel; Delpech, capitaine. — *24e de ligne* : Le colonel Verdier
(il conduisit son régiment avec une rare distinction), le commandant
Lambert, les capitaines Boissy, Barbier d'Anthenay, les lieutenants
Branner et Lejeu, les sous-lieutenants Mouton et de Villavray, les
sergents Vallory et Babouin, le sergent-major Bertrand, le caporal
Dupuy, les voltigeurs Perdriau et Huard. — *39e de ligne* : Le commandant Devaux, les capitaines Charron et Galletter. — *État-major
des brigades* : Le capitaine d'Alvuget.

hostilités entre le 2ᵉ corps d'armée et les troupes de Ballesteros[1].

Cette convention enleva aux Cortès un de leurs corps d'armée, celui sur lequel elles comptaient le plus, et permit aux troupes françaises, déjà réunies sous Cadix, de poursuivre, sans crainte d'être inquiétées, l'attaque d'une place à la prise de laquelle était attachée la délivrance du Roi.

Le 29, le général en chef fit son entrée à Grenade, à la tête de ma division et des dragons. Le général de Loverdo resta encore à Campillo et aux environs[2].

Les gouverneurs des places qui se trouvaient sous la dépendance de Ballesteros ne voulurent pas faire leur soumission à la régence établie à Madrid, ni ouvrir leurs portes à l'armée française[3].

Le prince généralissime, satisfait du résultat obtenu par le 2ᵉ corps, accorda les récompenses qui lui furent demandées par le général en chef. A cette occasion, *je fus nommé lieutenant général.*

---

[1] Par cette convention signée le 4 août 1823, le général Ballesteros reconnaissait la régence établie à Madrid pendant l'absence du Roi, et s'engageait à suspendre toutes les hostilités.

[2] Le succès de la bataille de Campillo de Arenas, où plus de 18,000 hommes furent engagés, et où les généraux en chef dirigèrent eux-mêmes toutes les manœuvres, est dû, comme on peut s'en convaincre en comparant l'ordre de bataille donné la veille avec les mouvements de la journée, à la stricte exécution des dispositions prises par le comte Molitor. Cette observation, qu'on a rarement l'occasion de faire à la guerre, est à la fois l'éloge des talents du général en chef et de l'habile intelligence de ses lieutenants. [ABEL HUGO, *Campagne de 1823*, tom. 1, pag. 340.]

[3] Les places, aux gouverneurs desquelles le général Ballesteros donna l'ordre de reconnaître la régence, furent celles de Carthagène, d'Alicante, de Pampelune, de Saint-Sébastien, de Peniscola, de las Peñas de San-Pedro, de Monzon et de Venasque.

Nous étions à Grenade depuis une quinzaine de jours, lorsque le général en chef reçut l'ordre d'envoyer six bataillons avec le général Ordonneau[1] devant Cadix. Ce détachement rendit la force numérique du 2e corps plus faible que celui de l'armée de Ballesteros. Bien que le général en chef eût une confiance entière dans le caractère de ce général, il prit des précautions pour surveiller ses mouvements, de concert avec le général de Latour-Foissac[2], envoyé par le prince généralissime dans la province de Cordoue. La présence de Riego à Malaga et celle de Torrijos à Carthagène augmentaient les difficultés de notre position.

Dans cet état de choses, le général vicomte Bonnemains reçut l'ordre de se porter sur le littoral, afin de ramasser les dépôts de recrutement qui s'y trouvaient, et de fermer à Riego la route de Carthagène. Le général Loverdo s'établit, avec 4 bataillons et 2 régiments de cavalerie, à Antequerra, d'où il couvrait le pays de Ronda et les cantonnements de Ballesteros. Commandant la réserve, je ne bougeai pas de Grenade.

La garnison d'Almeira se rendit au général Bonnemains; 300 hommes capitulèrent en rase campagne, et plusieurs cadres de bataillons stationnés entre Malaga et Carthagène firent leur soumission.

Le 4 septembre, le général Bonnemains atteignit Motril,

---

[1] Le général Ordonneau avait servi en Espagne en 1811, où il s'était distingué aux combats de Villafranca et d'Ordal.

[2] Officier général, capable, le vicomte de Latour-Foissac était fils du général de ce nom qui s'était distingué dans la campagne de 1799, et qui fut mis au ban de l'armée le 5 thermidor an VIII pour avoir vendu Mantoue, *acte illégal et tyrannique*, comme l'a depuis reconnu l'Empereur lui-même, rendant enfin justice à la mémoire du digne général Foissac-Latour. *(Mémorial de Sainte-Hélène.)*

et le général de Loverdo s'approcha de Malaga; mais Riego, prévenu de ces mouvements, avait déjà quitté cette ville avec 4,000 hommes de toutes armes, et se portait sur Velez-Malaga. Le général Saint-Chamans se mit à sa poursuite, et Loverdo prit possession de Malaga.

Riego, battu à Velez-Malaga, prit la route de Cartha-gène. A l'approche de Bonnemains, qui arrivait de Motril, il changea de direction et se jeta dans les Alpujaras, marchant jour et nuit; il se montra dans la plaine de Gre-nade, entre Loja et Santa-Fé. Dans cette position, il ne lui restait d'autre parti à prendre que de se porter sur les cantonnements de Ballesteros, d'arrêter ce général, et de se mettre à la tête de son armée; mais Ballesteros se te-nait sur ses gardes.

Riego [1], n'ayant pas réussi à soulever l'armée constitu-tionnelle contre son général, se retira sur Jaen, et fit des dispositions pour s'y défendre. Le 13 septembre, il fut attaqué par les généraux Bonnemains et Buchet, qui le chassèrent, lui tuèrent beaucoup de monde, et le mirent en déroute. Riego se retira sur Alcala-la-Real, d'où il fut encore chassé.

Les débris de cette troupe furent détruits ou dispersés par le général de Latour-Foissac. Riego, pris dans sa fuite, fut mis en jugement et périt sur l'échafaud.

Après la délivrance du Roi, j'obtins l'autorisation de rentrer en France; j'étais malade depuis deux mois. Je fus nommé chevalier de l'ordre de Saint-Ferdinand 4e classe.

Ainsi se termina pour moi cette guerre d'Espagne, que

---

[1] Raphael del Riego était né en 1788 dans les Asturies; son père était gentilhomme. Il joua un rôle très-important dans la révolution espagnole, et périt sur l'échafaud le 7 novembre 1823.

l'Opposition appela *une promenade à travers les montagnes et les constitutionnels espagnols*, et qui ne devait
avoir d'autres résultats pour la France que le triste ré-
tablissement monstrueux d'un roi absolu sur son trône.
L'Opposition, égarée comme toujours par l'esprit de parti,
n'entrevit pas alors les conséquences heureuses qui devaient
forcément découler pour la France de cette campagne ;
elle ne vit pas ou ne voulut pas voir que nous venions de
prouver à l'Europe que l'armée française était réorganisée,
et de montrer une fois de plus encore notre vitalité et notre
merveilleuse faculté de *résurrection militaire*.

L'on pourrait discuter ici la grave question de *l'intervention armée dans les affaires des nations étrangères ;*
de telles discussions ne peuvent me convenir. Je me bor-
nerai, toutefois, à constater que l'intervention française
avait été demandée par *le pays légal*.

Parlant de l'expédition française, l'illustre Canning dit
en plein Parlement que *jamais armée n'avait fait si peu
de mal et n'en avait empêché tant*. Cette parole, dans
une bouche aussi peu suspecte, légitime, à mes yeux, le
but de l'expédition française plus que tous les raison-
nements [1].

---

[1] La question de la guerre de 1823 n'est pas une question de stra-
tégie ; c'est une question toute sociale, toute politique. Le bras qui
a retenu l'Espagne et qui a favorisé et opéré son mouvement rétrograde, qui l'a aidée à refouler le torrent contre lequel elle se débat-
tait impuissante, c'est le bras de la France.... C'est avec les stig-
mates de la honte qu'on veut adresser le souvenir de 1823 à la postérité ; ce langage des passions violentes et de l'esprit de parti n'est
avoué ni par la justice, ni par la vérité.....

..... En matière d'honneur, défendre n'est pas seulement un droit
et une faculté ; c'est un devoir. [MARTIGNAC, *Essai historique sur
la Révolution d'Espagne*, Introduction.] *(Note de l'éditeur.)*

Souvenirs Militaires et intimes

Général Vte de Gallepore

CAMPAGNE D'ESPAGNE
1823.

Campillo de Arenas
Séville et Grenade.
Carte N° 16.

CHAPITRE VII

CONSEIL SUPÉRIEUR DE LA GUERRE

1824-1830

Je passai l'année 1824 en disponibilité, sur ma demande.

En 1825, le Roi me donna l'inspection générale de cinq régiments, et le commandement d'un camp d'instruction à Bayonne, composé des 4e léger, 55e, 52e et 24e de ligne. Les corps que je devais inspecter formaient le 10e arron-dissement; c'étaient : le dépôt du 9e léger, le 5e léger, le 13e de ligne, le dépôt du 2e régiment suisse, celui du 3e léger, le 4e régiment d'infanterie légère, les 24e, 52e et 55e régiments d'infanterie de ligne, le dépôt du 20e de ligne. Les maréchaux de camp comte de Danrémont et Zœpffel étaient mes adjoints.

Cette mission était difficile; il s'agissait d'analyser bien des choses, de reconnaître bien des erreurs et de conclure.

Je trouvai de la bonne volonté et de la flexibilité dans les troupes. Elles furent exercées aux grandes manœuvres, aux fortifications passagères, aux reconnaissances, enfin à tout ce qui se pratique en campagne. Les maréchaux de camp Danrémont et Zœpffel me secondèrent parfaitement.

Le ministre de la guerre, dans son inspection des frontières des Pyrénées, passa trois jours à Bayonne pour voir les troupes, et juger par lui-même du degré d'instruction auquel elles étaient parvenues. Il fut très-satisfait de son inspection. Le maréchal duc de Bellune eut la bonté de le témoigner au commandant comte du Rocheret, qui m'écrivit le 18 novembre 1825 : « Il paraît que le camp de Bayonne » a eu un grand succès. J'ai su par le maréchal Molitor » que le ministre était extrêmement content, et qu'il en » avait beaucoup parlé, à son retour, au Roi et à » Monsieur. »

Le camp étant levé et les troupes rentrées en garnison, je fus appelé à Paris pour faire partie d'une commission chargée d'apporter quelques changements à l'ordonnance du 1er août 1791, pour le maintien de laquelle je m'étais prononcé; on voulait m'opposer le général comte d'Alton [1], qui demandait une révision. Cette commission se composait des lieutenants généraux comte Curial, comte d'Alton, vicomte Vasserot, vicomte de Saint-Hilaire, comte de Danrémont, baron Balthazar d'Arcy, du commandant comte du Rocheret et du commandant de Beauvilliers.

Dans les premiers jours de janvier, on me fit entrer dans une autre commission qui devait proposer des modifications au règlement relatif à l'administration et à la comptabilité

---

[1] Très-connu par une énergique défense de la place d'Erfurt en 1813; s'est beaucoup occupé, sous la Restauration, de l'organisation de l'armée et d'inspections générales.

de l'habillement des troupes, de manière à faciliter le contrôle des intendants militaires et des inspecteurs généraux.

La commission des manœuvres, dans sa première séance, contrairement à mon opinion, décida que l'ordonnance du 1er août 1791 serait révisée en entier. La plupart de mes collègues voulurent y introduire les manœuvres que, dans certaines circonstances de guerre, ils avaient fait exécuter aux troupes placées sous leurs ordres. Je répondais à cela que l'ordonnance était une grammaire, et que, bien comprise, elle suffisait à tous les cas et à tous les besoins. Je citai les exemples suivants pour motiver mon opinion :

1° Napoléon demandait à un officier de sa garde, qui avait la réputation d'être le meilleur manœuvrier de son régiment, comment il ferait combattre une colonne serrée entre deux fossés infranchissables et prise en queue par l'ennemi ?

L'officier, ne trouvant dans l'ordonnance aucune manœuvre applicable à ce cas, balbutia. Napoléon lui dit : « *Monsieur, faites demi-tour à droite, faites feu, et* » *marchez ensuite sur l'ennemi. Ces moyens se trouvent* » *dans l'ordonnance.* »

2° A la première bataille contre les Mamelouks, Napoléon donna l'ordre de ne former qu'un carré par division, sur six hommes de hauteur et à centre vide, et d'échelonner ensuite ces carrés de manière à ce qu'ils se protégeassent mutuellement. Rien dans l'ordonnance n'indiquait cette disposition ; néanmoins elle fut comprise et exécutée parfaitement, parce que les troupes avaient appris à marcher en avant, en arrière et de flanc, à se mouvoir en colonne et en bataille, et à passer d'un ordre à un autre. Ces exemples ne convertirent personne.

Le 15 juin, la commission se rendit au camp de Saint-

Omer, où se trouvaient déjà les troupes. Elles formaient deux divisions, chacune de quatre régiments. La commission devait suivre toutes les parties de l'instruction, et faire tous les essais qu'elle jugerait convenables.

Nos journées étaient entièrement remplies; nous montions à cheval à cinq heures du matin, et nous ne rentrions en ville qu'à onze heures. A une heure après midi, la commission se réunissait. Ses séances se prolongeaient jusqu'à cinq heures; les discussions étaient animées. J'étais le *classique* de cette réunion, et le général d'Alton le *romantique*.

Le jour de Saint-Charles, je fus nommé grand officier de la Légion-d'Honneur. Il fut fortement question de moi vers cette époque pour le ministère de la guerre; j'eus l'air de ne pas comprendre. Être ministre de l'administration de la guerre m'eût beaucoup convenu, mais accepter un portefeuille pour devenir un homme politique et aborder la tribune ne pouvait m'aller. Le premier avocat inconnu, parlant militaire comme une vieille giberne réformée, m'aurait cloué sur mon banc, et je serais sorti un beau jour du ministère, abandonné forcément par le Roi, dont je n'aurais pu défendre le système politique, et par moi-même, dont je n'aurais pu soutenir les idées. Les gouvernements représentatifs devraient avoir des hommes spéciaux à la tête des départements ministériels, et des discoureurs politiques pour les défendre dans les Chambres : cela se pratiquait, d'ailleurs[1], sous l'Empire.

---

[1] La famille du général a retrouvé dans ses papiers une lettre du commandant comte du Rocheret, du 29 octobre 1825, se terminant ainsi : « *Le général de Caux veut quitter le ministère. Vous seriez* » *du goût du Dauphin, et le ministre actuel n'aurait pas d'éloigne-* » *ment pour vous; il s'offre même à vous aider de ses conseils.* » (*Note de l'éditeur.*)

Comme l'année précédente, la commission se rendit, en 1827, au camp de Saint-Omer pour y continuer ses travaux.

Les troupes présentaient un effectif de 18,000 hommes : c'était un corps d'armée d'élite, ayant les armes accessoires dans une proportion convenable.

Le 10 septembre, le Roi fit son entrée à Saint-Omer. Pendant le séjour de S. M. en ville, l'étiquette du château fut remplacée par celle d'un quartier royal, tout aussi respectueuse et moins gênante pour tous que la première.

Le 11, dimanche, le Roi se rendit au camp, où tout était préparé pour la prise, de vive force, de deux demi-lunes du fort élevé par la troupe. Cet épisode, le plus intéressant du siége par le grand nombre des feux qui se combattaient et la variété des dispositions d'attaque et de défense, s'exécuta avec un ensemble et un à-propos parfaits. Il n'y manquait que le sifflement des balles et des boulets, ce qui est bien quelque chose.

Le Roi entendit la messe au camp. A cet effet, on avait dressé un autel sur un tertre de gazon. Il se plaça devant son prie-Dieu, ayant le Dauphin à sa gauche, et le prince royal des Pays-Bas à sa droite. Celui-ci, quoique protestant, fut d'un recueillement catholique pendant cette cérémonie religieuse. Trois grosses colonnes d'infanterie et une de cavalerie formaient le carré au milieu duquel se trouvait l'autel. En dehors des troupes, on voyait les populations de Saint-Omer et des environs. L'éclat des armes, un temps magnifique, tout concourut à rendre ce spectacle imposant. J'en éprouvai une vive émotion.

Après la messe, Charles X me fit l'honneur de me passer le cordon rouge de Saint-Louis, qui était alors très-envié, et dénotait, de la part du Roi, une grande confiance [1].

Le 12, le Roi entendit la messe à l'église de Notre-Dame, où il fut reçu et complimenté par Monseigneur d'Arras. Ce pauvre évêque était médiocrement traité au quartier royal. On n'avait pas oublié encore sa présence au Champ-de-Mai. A dîner, il se plaça à côté de moi, et je fus le seul à lui adresser la parole.

Le 13, les troupes exécutèrent de grandes manœuvres en présence du Roi. Tout se fit avec une entente parfaite.

Le lieutenant général comte Valée, qui s'était rendu au camp avec trois batteries montées, fit apprécier les avantages du nouveau système de l'artillerie de campagne par la facilité et la promptitude avec laquelle il manœuvra sur

---

[1] L'Ordre de Saint-Louis fut institué en avril 1696 par Louis **XIV**, et modifié en 1779 par Louis XVI. Le ruban était ponceau moiré, et la marque de l'Ordre une croix à huit pointes pommetées, émaillée de blanc, bordée d'or. Dans chaque angle, une fleur de lys de même, et au milieu, l'image de saint Louis, cuirassé d'or, couvert de son manteau royal, tenant de la main droite une couronne de laurier, et de la gauche une couronne d'épines; le fond du médaillon était rouge, et parsemé des clous de la Passion. — Légende : *Ludovicus magnus instituit 1696.* — Au revers, la décoration présentait un médaillon de gueules à une épée flamboyante, la pointe passée dans une couronne de laurier, liée de l'écharpe blanche. — Devise : *Bellicæ virtutis præmium.* — Grades de l'Ordre : Chevaliers, commandeurs, grands-croix. — Nombre des titulaires : Chevaliers, *illimité;* commandeurs, *cent vingt;* grands-croix, *quarante.* — L'Ordre était essentiellement militaire, et il transmettait la noblesse.

Nul ne pouvant obtenir la croix de Saint-Louis s'il n'était catholique, Louis XV institua, le 10 mars 1719, l'*Ordre du Mérite militaire*, destiné à récompenser les services des officiers protestants. Le ruban, d'abord bleu, de l'Ordre du Mérite fut changé, le 28 novembre 1814, en un ruban semblable à celui de l'Ordre de Saint-Louis. *(Note de l'éditeur.)*

des terrains très-accidentés et coupés de ravins très-profonds.

Le 14, le Roi se rendit à Dunkerque ; il ne rentra à Saint-Omer qu'à sept heures du soir.

Le 15, grandes manœuvres au camp. Après dîner, le Roi distribua des décorations.

Le 16, le Roi continua son voyage ; les troupes et les populations se trouvèrent sur son passage, et le saluèrent encore par de vives acclamations.

La commission ne rentra qu'après la levée du camp, qui eut lieu le 15 octobre. Ses travaux cessèrent pendant les mois de novembre et décembre.

Le 17 février 1828, le Roi créa le conseil supérieur de la guerre, composé du ministre de la guerre, de trois maréchaux de France et de douze lieutenants généraux, sous la présidence de M. le Dauphin.

Deux intendants militaires furent attachés au conseil avec voix consultative, et un maréchal de camp remplit les fonctions de secrétaire.

Par décision royale, en date du 6 mars 1828, le conseil supérieur de la guerre fut appelé à commencer ses travaux par la discussion de différents projets d'amélioration dont pouvaient être susceptibles les ordonnances ci-après :

1° Les ordonnances des 10 décembre 1826 et 6 mai 1827 sur le corps royal d'état-major, et celle du 1er décembre sur le cadre des officiers généraux ;

2° Celles des 18 septembre 1822 et 26 décembre 1827 sur l'intendance militaire ;

3° Celle du 26 mars 1826 sur les corps des ingénieurs géographes ;

4° Celle du 27 février 1825 sur l'organisation de la cavalerie, de l'infanterie et de l'artillerie ;

5° Celles des 29 septembre et 27 novembre 1824 sur le corps royal du génie ;

6° Celle sur le train d'artillerie ;

7° Enfin sur les modifications possibles à faire aux lois des 10 mars 1818 et 9 juin 1824 sur le recrutement de l'armée.

Voici les noms des personnes appelées à ce conseil : Le duc de Bellune, le duc de Raguse et le comte Molitor, maréchaux de France ; le comte Reille, le vicomte Rogniat, le comte Valée, le comte de Bordessoule, le comte Ruty, le comte de Girardin, le comte de Bourmont, le vicomte de Préval, le vicomte Dode de la Brunerie, le comte de Loverdo, le vicomte de Pelleport, le comte d'Ambrugeac, lieutenants généraux ; le baron Dennié, le baron Regnault, intendants ; le comte Gentil Saint-Alphonse, maréchal de camp.

Quelques mots sur les services des membres du conseil.

La carrière si glorieuse des maréchaux Victor de Bellune, Marmont et Molitor est trop connue par tous pour qu'il soit nécessaire de la retracer ; citer leur nom, c'est rappeler les hauts faits de guerre de la France de 1793 à 1823. Le comte Reille, gendre de Masséna, depuis maréchal de France par une juste nomination due à d'éclatants services, et non à une faveur de cour ou à une concession politique, était l'un des grands divisionnaires destinés, sous l'Empire, à devenir maréchaux. J'en dirai autant de mon ami le lieutenant général Valée, également promu plus tard à la dignité de maréchal. Les vicomtes Ruty et Rogniat, officiers généraux d'artillerie et du génie, jouissaient dans l'armée d'une haute considération due à de réels services ; ils étaient à la tête de leurs armes. Le vicomte Dode de la Brunerie, devenu depuis maréchal à l'occasion des fortifications de

Paris, était un homme spécial et de grand mérite. Le comte de Loverdo, militaire aussi instruit que brave, avait fourni une très-brillante carrière. Le vicomte de Préval s'était fait un nom par ses écrits : c'était un officier général d'état-major et de ministère. Le comte d'Ambrugeac, le comte de Girardin et le vicomte de Bordessoule avaient très-bien servi. Le comte de Bourmont n'était, malheureusement pour lui, connu que par sa déplorable conduite pendant les Cent Jours. Les barons Dennié et Regnault étaient des intendants fort capables; le général comte Gentil Saint-Alphonse, un officier général très-distingué.

Ce conseil devait examiner, sur le renvoi qui lui en serait fait par ordre du Roi, les lois et ordonnances en vigueur sur l'organisation des troupes, la législation, l'administration de l'armée, à l'effet d'indiquer successivement les améliorations dont elles pouvaient être susceptibles.

Le 4 mars, le conseil supérieur se réunit, au palais des Tuileries, pour arrêter un projet de règlement relatif à la tenue de ses séances et à la division du travail. Le conseil se divisa en trois comités : le comité d'infanterie, dont firent partie le maréchal duc de Bellune, président; les lieutenants généraux comte Reille, comte de Bourmont, comte de Loverdo, vicomte de Pelleport, comte d'Ambrugeac, l'intendant militaire baron Dennié; — le comité de cavalerie, dont firent partie le maréchal duc de Raguse, président; les lieutenants généraux comte Bordessoule, vicomte de Préval, comte de Girardin, le maréchal de camp comte Gentil de Saint-Alphonse, l'intendant baron Regnault; — le comité de l'artillerie et du génie, dont firent partie le maréchal comte Molitor, président; les lieutenants généraux vicomte Rogniat, comte Valée, comte Ruty, vicomte Dode de la Brunerie.

Quelque temps après, je fus nommé rapporteur des projets d'ordonnance *sur le service intérieur ;* le comte de Loverdo, rapporteur des projets *sur le service des places,* et le général de Préval, rapporteur des projets *pour le service en campagne.*

Dans la séance suivante, le règlement fut adopté, et on forma les commissions d'infanterie, de cavalerie, d'artillerie, du génie, des états-majors et de l'intendance militaire.

Ces commissions furent chargées de présenter un plan d'organisation qui, sans dépasser les limites du budget arrêté pour 1828, procurerait les moyens de donner, en temps de paix, l'instruction pratique à la totalité des hommes appelés au service.

Dans la séance suivante, il fut décidé en principe, après de grands débats, que l'effectif de guerre serait porté à 400,000 hommes de toutes armes, et que la commission d'infanterie, dont j'étais un des rapporteurs, rechercherait les produits nets du recrutement pendant huit ans. Ce travail était nécessaire avant de faire la répartition de ces produits entre toutes les armes et l'administration.

Les situations fournies par le ministère de la guerre, en défalquant les non-valeurs, donnèrent, au 31 décembre de la première année, 54,000 hommes ; et en ajoutant au produit de la loi les engagés volontaires et les rengagés, on trouva 56,000 soldats. Ainsi, le total général, dans la période de huit années, était de 448,000 hommes ; mais il fallait encore défalquer de ce nombre les pertes successives des classes pendant sept années, soit sous les drapeaux, soit à la réserve. La commission d'infanterie démontra ensuite, en prenant une moyenne sur dix ans, que le chiffre de 448,000 serait réduit à celui de 380,000. Le travail, après avoir été soumis aux intendants militaires et aux bureaux du ministère de la guerre, fut approuvé par le conseil[1].

Dans cet état de choses, on proposa une modification aux lois de recrutement, pour porter à 70,000 au lieu de 60,000 le contingent annuel. Le ministère de la guerre refusa de présenter son projet de loi à cet égard. Il fut décidé alors que l'effectif des régiments suisses sur pied de paix ne serait point changé ; qu'il serait porté à 20,000 sur pied de guerre, afin de compléter les 400,000 hommes demandés par le conseil. Cela étant convenu ainsi, à défaut d'autre moyen, on s'occupa de faire la répartition entre toutes les armes.

Elle souleva de longues discussions dans le conseil. Les armes spéciales demandèrent une part plus considérable que celle qui leur avait été assignée. L'administration, qui voulait s'organiser militairement, se plaignait aussi. On aurait pu éviter ces difficultés en prenant pour base la force à donner à l'infanterie, qui, dans une armée bien constituée, est l'arme principale, non seulement par son effectif, mais encore par son importance, et donner aux armes accessoires et à l'administration un effectif relatif, conforme aux principes d'organisation générale sanctionnés par une longue expérience et adoptés par tous les États de l'Europe, à l'exception de la Russie. En suivant ce système, la cavalerie aurait obtenu une part égale au cinquième de l'infanterie en hommes, et un sixième en chevaux.

[1] La famille du général a entre les mains quelques documents relatifs aux travaux du conseil supérieur de la guerre, notamment des projets sur l'organisation de l'infanterie. Ces pièces sont trop volumineuses pour être insérées dans ces *Souvenirs*. Si la famille ne se décide pas à les publier, elles seront déposées au dépôt de la guerre pour y être conservées. *(Note de l'éditeur.)*

Après quelques concessions faites aux armes spéciales, on fit la répartition, et chaque commission s'occupa de l'organisation des régiments, bataillons, escadrons, batteries et compagnies, de manière à recevoir sous les drapeaux, chaque année, tous les produits du recrutement, à les instruire et à les renvoyer successivement *chez eux*, à l'exception des engagés volontaires et rengagés, pour former la réserve. Il fut bien entendu qu'on ne dépasserait pas les limites du budget, et que les cadres de paix suffiraient à l'effectif de guerre. Ces conditions rendirent le problème insoluble, comme il fut démontré plus tard.

La commission de l'infanterie, après avoir supprimé les emplois inutiles, proposa un projet qui avait pour résultat de conserver quatre classes seulement, les plus jeunes, sous les drapeaux, et de former la réserve avec les quatre classes les plus anciennes; mais, dans cette hypothèse, elle dépassait l'allocation affectée à l'entretien de l'infanterie.

Les projets d'organisation des armes spéciales portaient six classes sous les drapeaux et deux en réserve. La dépense, par suite de cet effectif du pied de paix, dépassait aussi les allocations qui lui étaient attribuées dans le budget. L'administration demanda plusieurs bataillons pour encadrer ses *riz-pain-sel;* elle se posait comme une arme : on se moqua de ses prétentions.

Le temps de service sous les drapeaux devant être le même pour toutes les armes, il fut décidé, après plusieurs séances, qu'il serait porté à cinq ans. Par suite de cette résolution, on se remit à l'œuvre pour se plier à cette condition.

Le nouveau travail des commissions fut présenté dans les premiers jours de juin. Toutes déclarèrent qu'elles ne pouvaient faire entrer tous les produits du recrutement sans

augmenter considérablement les dépenses. Le conseil décida que la réserve se composerait, dans chaque arme, des
hommes instruits appartenant aux 6e, 7e et 8e classes, et
de la portion de toutes les classes qui n'auraient pas passé
sous les drapeaux. On se remit encore au travail. Bientôt
après, l'organisation de tous les corps de l'armée fut arrêtée provisoirement.

Vint ensuite l'organisation de la garde royale; on ne
pouvait guère se dispenser de l'examiner, car l'entretien
de ce corps d'élite figurait dans le budget de l'armée. Les
membres du conseil supérieur qui avaient un commandement dans la garde la défendirent avec chaleur; néanmoins le conseil supérieur proposa des modifications essentielles sur sa force, sur son recrutement, sur ses pri-
viléges et ses prestations. Les discussions qui eurent lieu
à cette occasion eurent du retentissement au château, bien
que M. le Dauphin ne mît aucun obstacle aux vœux ex-
primés par le conseil.

Le 15 août, nous prîmes vacances. Nous fûmes rappelés
le 1er novembre. Pendant les deux derniers mois de cette
année, le ministre nous présenta successivement des projets d'ordonnance sur l'état-major général, sur le corps
royal de l'état-major, sur l'intendance militaire, sur l'état-
major des places, et enfin sur tous les officiers sans troupe.
Il nous recommanda de nous rapprocher du Consulat autant
qu'il serait possible, et nous rappela ce grand principe
d'organisation : *qu'il n'y a pas d'officier sans emploi.* Ce
travail fut divisé entre toutes les commissions ; elles se
réunirent deux fois par semaine.

Dans les premiers jours de 1829, le conseil supérieur
eut à s'occuper de l'état-major général. D'après son opinion, l'état-major devait être divisé en deux catégories :

activité avec ou sans fonctions, et non-activité. Le nombre des officiers généraux devait être limité dans l'une comme dans l'autre classe. Dans la première, on donnait les appointements du grade avec les accessoires pour ceux qui seraient employés ; dans la seconde, on donnait les quatre cinquièmes des appointements du grade. Il fut décidé aussi qu'on ne passerait d'une classe à une autre qu'en vertu d'une ordonnance royale.

Il fut reconnu, en outre, que le grade appartenait à l'officier, et qu'il ne pouvait en être dépouillé que par un jugement, mais que l'emploi appartenait au Roi. Voici les conclusions du rapport : 100 lieutenants généraux, 200 maréchaux de camp. De plus, le conseil proposait au Roi de rendre une ordonnance pour déclarer qu'en cas de guerre, il serait créé un *nouveau grade* dans le cadre d'état-major, celui de *général*. Les officiers généraux investis de ce grade devaient avoir le pas sur les lieutenants généraux, et exercer le commandement d'une armée ou d'un corps d'armée. Nous voulions, par ce moyen, éviter les conflits regrettables qui arrivent si souvent à la guerre entre les officiers généraux du même grade dont l'un est chargé d'un commandement en chef.

Quant au corps royal de l'état-major, le conseil supérieur fut d'avis de diminuer le nombre des aides de camp et des officiers attachés aux divisions territoriales, de mettre quelques officiers d'élite à la disposition du ministre des relations extérieures, et de placer les jeunes gens sortant de l'École d'application dans les troupes, en leur donnant un emploi de leur grade, sauf à les rappeler au fur et à mesure des besoins.

Une ordonnance d'organisation pour l'intendance militaire fut proposée par le conseil ; elle supprimait les élèves, recrutait ce corps parmi les officiers de l'armée, en diminuait le cadre en temps de paix [1].

Après avoir apporté une réforme sévère sur les officiers sans troupe, le conseil supérieur s'occupa de l'organisation des bataillons coloniaux et de leur recrutement, puis des compagnies de discipline.

On revint ensuite à l'organisation de la ligne et de la garde, afin de leur appliquer les économies proposées sur

[1] J'ai gardé dans mes papiers un état de situation physique d'un régiment d'infanterie au complet de 2,010 hommes, en admettant qu'il soit pris parmi ceux qui sont les mieux partagés sous le rapport des bonnes constitutions.

Voici cet état; il est curieux, et je l'avais dressé, dans le temps, avec soin :

Division du régiment au moment d'entrer en campagne.

	EFFECTIF du CORPS.	CONSTITUTIONS RECONNUES ÊTRE			
		Fortes.	Bonnes.	Ordin...	Délicates
Constitutions à la revue de santé....	2,010	396	1,199	275	140
A laisser au dépôt : Le cadre de 6 compagnies du centre, à savoir : 6 sous-officiers, 8 caporaux et 2 tambours par compagnie...... 96 (Ces cadres n'ont pas de soldats, mais on leur donne les absents et les hommes délicats et ne pouvant faire campagne.) Hommes ordinairement à l'hôpital ou en convalescence...... 92 En jugement, détenus, au recrutement, etc..................... 46 Élèves tambours, etc............ 10 Ouvriers de la section hors rang 74	318				
Il resterait disponible le............	1,692	332	1,025	227	108

Mais, en retranchant les constitutions délicates, il ne resterait que 1,584 hommes ; et dans les constitutions ordinaires, la moitié étant

les officiers sans troupe, et d'augmenter ainsi l'effectif entretenu en temps de paix.

Il est inutile d'entrer dans de nouveaux détails sur les travaux du conseil supérieur de la guerre.

Au mois d'août, nous entrâmes en vacances. Comme l'année précédente, je fus chargé de présenter, à la rentrée, un projet de règlement sur la police intérieure des régiments d'infanterie. Chacun de mes collègues, à l'exception des maréchaux, fut chargé aussi de préparer un travail sur une partie d'organisation ou de législation militaire. Ainsi, le temps des vacances ne fut pas entièrement perdu.

Le conseil fut rappelé le 1er novembre par ordre de M. le Dauphin, mais il ne fut pas réuni. M. de Bourmont, devenu ministre de la guerre, n'en voulait plus.

Nos discussions sur la garde royale, sur les officiers attachés aux princes, sur l'état-major donné à M. le duc de Bordeaux, colonel général des Suisses, etc., etc., indisposèrent la Cour et le nouveau ministère contre le conseil supérieur, qui ne fut plus réuni. Cependant M. le Dauphin ne paraissait pas partager l'opinion du château,

---

également faibles et délicates, soit 114, *on ne peut donc mettre en campagne que 1,470 hommes.*

Ainsi, un régiment n'aurait que les deux tiers de son effectif à mettre en campagne; et si de 1,470 on retranche 70 hommes de la tête de colonne, les 18 compagnies n'auront qu'un effectif de 14 sous-officiers ou caporaux et 63 fusiliers, en tout 77 hommes de troupe et 3 officiers ; — total, 80.

C'est tout juste au complet de l'état de paix, et il est évident que, pour atteindre celui du pied de guerre, il faudrait élever l'effectif du régiment au moins de 500 hommes.

Quant aux compagnies de dépôt, si vous ne leur laissez que des non-valeurs, notamment des hommes du cadre qui seront les premiers à libérer, il sera impossible de reconstituer les cadres et d'instruire les recrues. *(Conseil supérieur de la guerre, 1829.)*

et la Dauphine, lorsque les membres du conseil étaient admis à l'honneur de les saluer, leur parlait toujours des travaux déjà faits et de ceux qui restaient à faire pour compléter l'organisation de l'armée.

M. de Bourmont, dans le courant de mars, réunit plusieurs officiers généraux, pris soit dans le conseil, soit en dehors, pour leur soumettre un projet d'organisation de l'état-major général; c'était la dissolution du conseil supérieur.

De janvier 1830 jusqu'au mois de juin, je fus employé à diverses commissions du ministère de la guerre et à celle des manœuvres.

Vers cette époque, je fus nommé aussi au commandement d'une division dans l'armée expéditionnaire d'Alger, mais l'état de ma santé ne me permit pas d'accepter ce commandement, et je fis agréer mes excuses et mes remercîments au Dauphin, qui m'avait désigné. Le général Berthezène fut, sur ma demande, nommé à ma place : c'était un de nos lieutenants généraux les plus distingués; il venait de Waterloo.

Je rentrai à Bordeaux vers la fin de juin. Quand je pris congé de M. le Dauphin, il me dit : *A bientôt ! Nous nous réunirons après le retour du ministre de la guerre.* Je ne devais plus le revoir !...

A la veille de quitter Paris, je me promenais aux Tuileries avec le duc de Raguse, et je faisais part au maréchal de mes inquiétudes politiques. Je lui demandai même si je devais quitter Paris : *Soyez sans crainte, général,* me dit-il ; *partez, et bientôt je vous imiterai. Mon service comme major général expire dans deux mois, et je compte aller faire un voyage en Allemagne et en Hongrie. Je suis fatigué !* Si je rapporte cette conversation, c'est que, dans le temps, j'ai entendu soutenir que le coup d'État de juillet était préparé de longue main ; c'est une grave erreur. Paris était presque sans troupes, le Roi sans ministre de la guerre ; et les hommes les plus dévoués au gouvernement, qu'il était si facile de retenir, étaient pour la plupart en congé.

Le conseil supérieur de la guerre fut supprimé en août 1830. Inutile d'ajouter que, quelque temps après, il fut, comme tant d'autres institutions, réorganisé sous un autre nom ; il s'appela alors *comité consultatif,* et fut divisé en plusieurs sections. Le duc d'Orléans n'en avait pas, comme le Dauphin, la présidence nominale ; mais il y assistait, et le directeur général du personnel travaillait avec lui.

Fac-Simile de l'écriture du Général Vte de Pelleport
tirés du Manuscrit même de ses Souvenirs et de sa Correspondance avec sa famille.

Extrait de lettres reproduites dans le chapitre 8 du tome II pages 192 & 193.

il y a longtemps, ma chère sœur, que je suis privé de vos nouvelles, il est vrai que l'on a à me reprocher un silence inexcusable. croirez-vous que moins je suis occupé plus je deviens paresseux? c'est pourtant ce qui m'arrive. le fer s'émousse dans les fourreaux pour moi, je le trouve à ma hauteur, et lorsque des vieillards, pleins de zèle et [illegible] surgissent de toutes parts en brandissant leur épée, je me trouve humilié de mon inaction. néanmoins, je préfère ma position à la leur. toute la race qui s'agite et se trémousse pour être quelque chose, doit s'attendre à rentrer sous peu dans une position très modeste; en effet, la génération qui nous suit immédiatement, renversera tous les obstacles qui s'opposent à son ambition. elle est d'un caractère qui tient du patriotisme et est propre à tout; à propos, quel est donc [illegible]

Extrait d'une lettre écrite en 1841.
reproduite dans le chapitre 9 du tome II page 245.

J'ai été obligé de souscrire à la collection des bulletins de la grande armée, afin d'obtenir un article biographique, qui fut exact et sans vanterie. tout le monde se pose en beau, il m'est bien permis de me poser au naturel.

Tome II. Chap. 9 Page 218.

1837 cette année je fus porté sur le tableau des inspecteurs généraux & proposé pour le commandement d'une division au camp de compiègne ou pour le commandement du camp de Saint-Omer, mais le prince royal ne voulut pas de moi. on envoya à Saint-Omer un officier général tout à fait étranger aux troupes qui fit tout le contraire de ce que j'avais fait l'année précédente. il fut complimenté par le prince dont il avait reçu les instructions.......

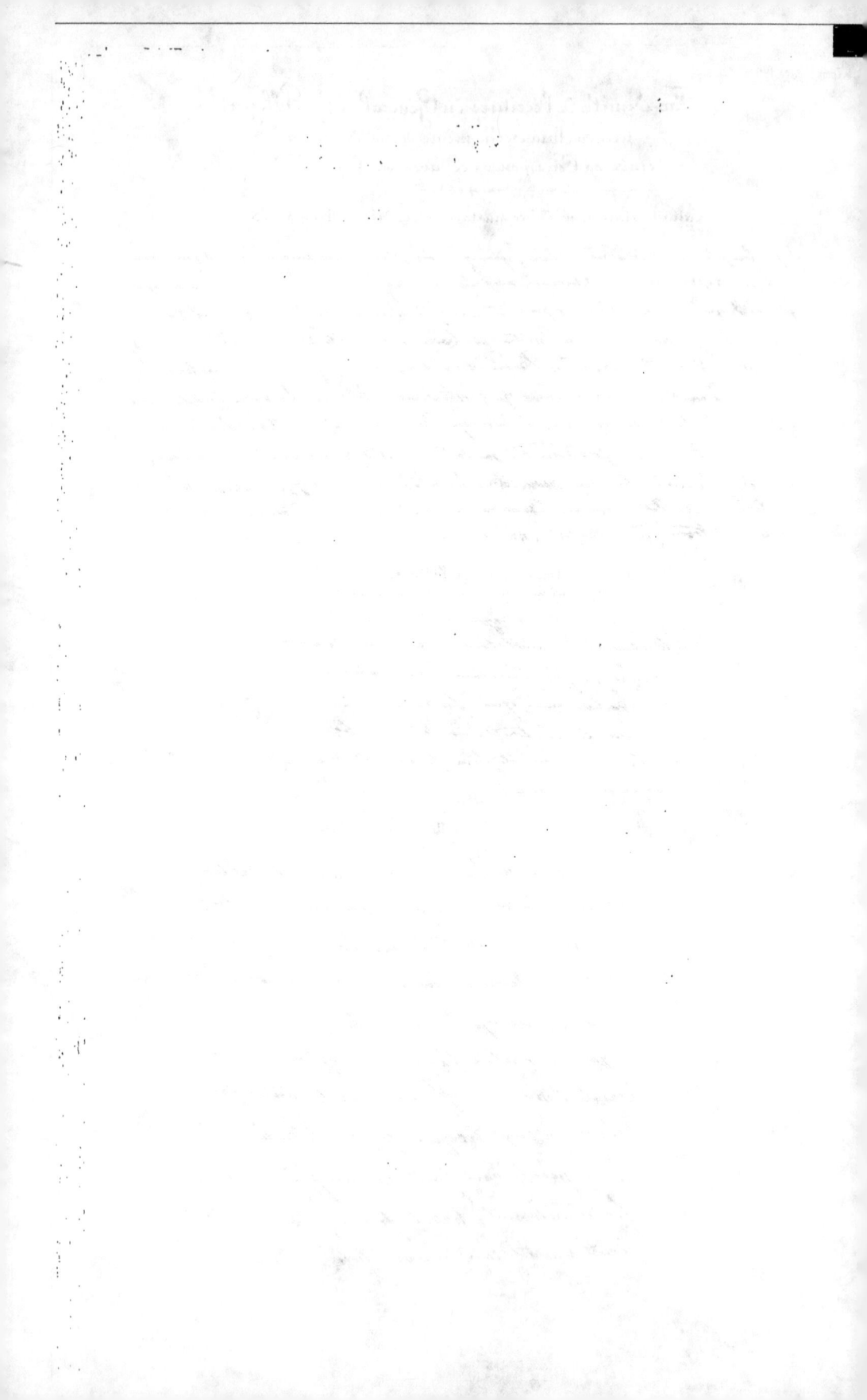

CHAPITRE VIII

GARDE NATIONALE

1830-1834

Révolution de 1830. — Mon opinion sur cet événement. — Je demande ma retraite. — État politique et moral de Bordeaux. — Je suis admis au cadre de réserve. — Je suis nommé, malgré moi, commandant supérieur de la garde nationale de Bordeaux. — Esprit de cette garde. — Les autorités de l'époque. — Mon commandement. — J'entre à la commission des Hospices. — Je suis nommé conseiller municipal et membre des commissions du Dépôt de Mendicité et des Sourds-Muets. — Rapport sur la garde nationale de Bordeaux. — Je donne ma démission de commandant supérieur. — Réflexions sur la garde nationale. — Ses services. — Je passe au cadre d'activité.

C'est à Bordeaux que les événements de 1830 vinrent me surprendre. J'en fus péniblement affecté, car ils avaient pour conséquence de bouleverser encore la France, et de faire descendre du trône une famille aux instincts grands et nationaux[1], qui, pendant quinze ans, avait eu grandement

---

[1] « *Qui ne se souvient* des accusations éternelles dirigées contre » le gouvernement de la Restauration! *Vous êtes*, lui disait-on, « *le vassal de la Sainte-Alliance, le gouvernement de l'étranger;* » *vous avez fait votre entrée parmi nous à travers les cadavres* » *de vos frères et dans les bagages de l'étranger.* La Restaura- » tion tombe; le gouvernement de Juillet est sur-le-champ ac- » cusé de suivre un système de soumission à l'étranger. *Le pou-*

confiance en moi. Dans cette pénible situation pour mon
cœur et pour mon esprit, je m'empressai, dès que les premiers jours de confusion et d'enthousiasme furent passés,
de demander ma mise à la retraite. Je ne pouvais exprimer
autrement la part que je prenais aux malheurs de la branche
aînée, et la répugnance que j'éprouvais d'avoir à retourner
encore une fois *ma cocarde*. Après quelques mois d'attente,
le maréchal duc de Dalmatie, ministre de la guerre, m'admit
au cadre de réserve [1] de l'état-major général.

Depuis le moment de mon admission au cadre de réserve
jusqu'au jour où le hasard, ma famille et mes amis y aidant
un peu, me fit rentrer dans la vie publique dont je m'étais
très-volontairement retiré moi-même, je me laissai aller,
dans un *far niente* très-agréable, à observer la situation
politique et les hommes qui essayaient de vouloir en résoudre
les difficultés. Je vis bien vite qu'il faudrait au nouveau
Roi un long règne et une bien grande habileté pour dompter

" *voir n'a jamais été plus avili qu'en vos mains,* vocifère un jour
" M. Glais-Bizoin. *Il y avait plus de fierté nationale sous le jupon*
" *de la Pompadour,* s'écrie le *National* (15 décembre 1830). Il n'y
" a pas jusqu'à M. de Lamartine qui, se lamentant un jour à la
" tribune sur la situation de la France, ne s'écrie à son tour [29 jan-
" vier 1848] : *Que les traités de la royauté de Juillet sont iden-*
" *tiques à ceux de 1815 qu'on a fait signer en tenant la main de*
" *la France captive* sur un protocole; M. de Lamartine, qui, le
" 4 mars 1848, écrivait dans un manifeste de ministre républicain :
" *La République admet les traités de 1815 comme base de ses*
" *rapports avec les nations étrangères.* " (LIADIÈRES, *Dix mois et*
dix-huit ans, pag. 41.) Que faut-il conclure de ces citations véritablement désolantes? C'est qu'en général l'opposition est le chemin
le plus sûr, quoique de traverse, pour arriver au pouvoir, et que
l'impudence et le mensonge forment ordinairement le fond de toutes
les accusations jetées à la face des gouvernements établis. *(Note
de l'éditeur.)*

[1] Le 7 février 1831.

les idées subversives que la révolution venait de faire éclore, et pour avoir raison de ses plus grands ennemis, je veux dire de ceux qui l'avaient intronisée. Je le dis ici, parce que c'est très-vrai : dès 1830, je prévis 1848, ne pouvant comprendre comment le trône de Juillet se tiendrait en équilibre, ne reposant que sur des principes tout au plus bons à constituer une république. Les barricades, les mots heureux et un entourage qui n'a pas foi et qui ne demande que des places, peuvent établir une dynastie, mais ils ne la fondent pas.

Ce qui me surprit le moins au milieu de mes observations (j'ai assisté à tant de révolutions), ce fut de voir des hommes dont nous n'avions pas voulu, à cause de leur incapacité ou de leur mauvais vouloir bien connu, prendre d'assaut les ministères, et se poser en victimes d'un gouvernement qu'ils avaient sollicité pendant quinze ans, ou contre lequel ils ne s'étaient nullement gênés de conspirer; ce fut de voir des vieillards, ressuscitant tout à coup, surgir de toutes parts, brandissant leur épée, et cachant leur incapacité derrière l'inaction forcée dans laquelle on les avait tenus, et dont ils se prévalaient pour se restaurer à leur tour. Ce zèle patriotique m'humiliait, et j'avais parfois honte de mon inaction; néanmoins je préférai bientôt ma position à la leur, convaincu que tout ce monde qui s'agitait et se trémoussait pour être quelque chose finirait, un jour ou l'autre, par rentrer dans une position très-modeste, en rapport, d'ailleurs, avec son mérite et ses antécédents. L'histoire impartiale ira un jour plus loin que moi !

On a souvent reproché à la Restauration de n'admettre dans les hautes fonctions publiques que des noms de la vieille noblesse : c'est faux et archifaux; à part certains personnages militaires et politiques de l'Empire que la Restauration ne pouvait employer, et qui, d'ailleurs, surent aussi rester à l'écart, le gouvernement de Louis XVIII et de Charles X appela à lui toutes les capacités de l'Empire et de la République, et se confia loyalement et sans arrière-pensées à leur honneur.

Quoi qu'on puisse en dire encore aujourd'hui, nous étions en majorité, je veux parler des hommes nouveaux, dans les états-majors, dans les administrations et dans les grands pouvoirs de l'État, et nous marchions tête haute et de front avec nos aînés, les vieux noms militaires et politiques de l'ancienne monarchie [1]. C'est ainsi que les soldats de la République, les magistrats, diplomates et savants du Consulat, les princes, généraux et chambellans de l'Empire, étaient, dans la Chambre des pairs, dans la proportion de 2 contre 1. Je vais plus loin, le Dauphin aimait *les vieilles épaulettes;* il y aurait, de notre part, une bien grande ingratitude à ne pas le reconnaître, et, pour mon compte, je resterai toujours fidèle au culte de reconnaissance que j'ai voué à la branche aînée, et particulièrement au Dauphin, pour la mémoire duquel je m'honore d'avoir prié publiquement, sous la République, dans la cathédrale de Bordeaux, au milieu d'une assistance très-nombreuse et surtout très-respectable.

La situation des esprits, à Bordeaux, m'offrit encore un vaste champ d'observations. Bordeaux, à l'époque de la révolution, n'était déjà plus depuis longtemps la ville du

---

[1] De 1814 à 1830, il y eut 465 nominations de pairs. Sur ce nombre (*Annuaire de la Pairie, 1848*), 292 appartenaient à la vieille aristocratie, 173 à la nouvelle, c'est-à-dire près de la moitié. De plus, sur les 292 appartenant à la vieille France, plus d'un tiers avaient servi l'Empire, et pouvaient être rangés dans la classe des *hommes politiques. (Note de l'éditeur.)*

12 mars, ouvrant ses portes aux Anglais, non par défaut de patriotisme, mais par haine pour le blocus continental qui la ruinait. L'opinion libérale, patronée par le haut commerce tout puissant dans cette grande cité, y avait fait de rapides progrès sous la Restauration; les événements de Juillet trouvèrent donc de l'écho dans les rangs de sa population. On comprit, dès les premiers jours, que nulle ville ne devait, au point de vue de l'ascension politique de la classe dirigeante, profiter plus que Bordeaux de l'intronisation de la monarchie citoyenne. Les habiles entrevirent les honneurs et les dignités! Le peuple ne prit qu'une part très-secondaire aux événements locaux dont Bordeaux fut le théâtre; il resta paisible : c'est, d'ailleurs, dans ses allures. Disons-le à sa louange, nulle part l'ouvrier n'est plus ami de l'ordre que dans cette ville. Cette manière d'être provient non seulement de son aisance personnelle, mais encore des incertitudes commerciales qui, élevant les uns et renversant les autres, empêchent, à Bordeaux, la création d'une sérieuse aristocratie d'argent. L'aptitude, le bonheur aidant, improvise, à Bordeaux, les heureux du jour; d'où pas de division entre les citoyens, comme dans les villes sans industrie, dans lesquelles la prépondérance sociale reste toujours dans les mêmes mains. En somme, la population de Bordeaux est excellente, et nul ne se repentira jamais d'avoir consacré sa vie à son service.

Quelques jours après la mise en vigueur de la loi du 22 mars 1831 sur la garde nationale, la 5ᵉ compagnie d'artillerie et la légion du centre me nommèrent successivement capitaine et chef de légion. Je dus, étant porté sur les contrôles de l'armée, refuser cet honneur auquel je fus très-sensible, car c'était le droit de cité qui m'était accordé.

Une fois la garde nationale constituée[1], on ne tarda pas à reconnaître qu'il était impossible d'en rien faire tant qu'on ne placerait pas à sa tête un homme pris en dehors des coteries, ne tenant point compte des prétentions de chacun, et ayant dans sa tête autre chose que ces mots si beaux, mais vides de sens, de *liberté* et d'*ordre public*. De toutes parts, je fus demandé au gouvernement pour commandant supérieur. Mes amis me sondèrent à ce sujet; je refusai catégoriquement. Les choses en étaient là, lorsque, le 5 août 1831, le ministre de l'intérieur m'annonça que j'étais nommé à ces fonctions. Je dus accepter : refuser, c'était faire un acte d'opposition, contraire à mes antécédents; refuser, c'était ne pas vouloir concourir à la réorganisation après avoir déploré la désorganisation, c'était briser peut-être l'avenir de mon fils, lutter avec les sentiments même de ma famille; c'était enfin mal reconnaître la bienveillance de mes concitoyens d'adoption. J'acceptai, tout en gémissant d'être obligé de jouer, dans une mission difficile, le repos de mes derniers jours, et peut-être le souvenir de toute ma carrière.

La mission, je le répète, était difficile pour tous, surtout pour moi, dont tout Bordeaux connaissait le passé, et qui

---

[1] Réunie spontanément, le 31 juillet 1830, par le lieutenant-colonel Dussumier-Latour, la garde nationale avait été réorganisée d'office le 8 août suivant, et placée sous les ordres du colonel Dalbusset, du lieutenant-colonel Guilhem-Ducléon, du major Bouscasse et des commandants Henri Ducos, Seguineau, Sandré, Thévenard, Jouis, B. Mareilhac et Pédroni. Quelques jours après, l'état-major avait été encore réorganisé, et se composait définitivement de MM. Dalbusset, colonel en 1er; Guilhem-Ducléon, colonel en 2e, et chef de la 1re légion; Bouscasse, chef de la 2e légion, et Cuzon, major. L'effectif, dans les premiers jours, fut de 4,000 hommes. [*Archives de la Mairie.*] (*Note de l'éditeur.*)

ne le cachais pas. Je me résignai cependant à jouer au soldat,
et à essayer de mettre de l'ordre dans ces cohues armées,
en leur donnant cette flexibilité convenable au respect et au
maintien de l'autorité, toujours ébranlée par les révolutions.

Les autorités me reçurent parfaitement; elles avaient
quelques craintes. A la tête du département, se trouvait
placé, comme préfet, le comte de Preissac, gentilhomme
devieille souche, ancien officier et député libéral sous la
Restauration. S'il n'avait pas une grande connaissance des
lois de ventôse et de frimaire, il n'en était pas moins un
homme de cœur et de tact; nous fûmes bien vite liés. La
ville était administrée par M. de Bryas, homme d'esprit et
d'intelligence, mais ayant besoin de beaucoup faire pour se
faire pardonner d'être un véritable marquis. Enfin, la division militaire était commandée par le baron Janin, ancien
officier de gendarmerie, connu dans l'armée par un coup
de main hardi en 1814 [1], et fait lieutenant général après les
événements de 1830 [2]. Étant plus ancien que le commandant de la division, en cas d'événements, j'aurais
eu le commandement des troupes et de la garde nationale.

Cette règle de la hiérarchie militaire plaisait beaucoup
aux autorités civiles, et flattait même la brave milice
citoyenne. Quant à moi, elle m'imposait une grande responsabilité.

[1] Voir à ce sujet les *Mémoires du duc de Rovigo*, tom. 7, et Vaulabelle, *Histoire des deux Restaurations*, pag. 15, tom. 2. *(Note
de l'éditeur.)*

[2] Bordeaux n'a pas oublié qu'en 1830, pendant tout le temps que
M. le vicomte de Curzay, préfet de la Gironde, fut traîné dans la
rue par la populace égarée, les troupes restèrent dans leurs ca-
sernes, et n'arrivèrent qu'après l'attentat. Le lendemain, prome-
nant aux Quinconces, je rencontrai des officiers qui me dirent :
« Général, nous sommes déshonorés ! »

Je fus, dans le début, accueilli très-froidement par les libéraux de la garde nationale ; ils se méfiaient de ceux qui n'avaient pas participé à la révolution de Juillet. Je fis, dès le principe, de grandes parades pour les amuser ; ils furent étonnés bien vite de savoir marcher en avant et en arrière, à droite et à gauche, sans confondre leurs rangs. Cela me fit beaucoup de bien, et j'en profitai pour me rendre maître de la position. Voici quelle était l'organisation de la garde nationale de Bordeaux au 28 juin 1831 : 3 légions d'infanterie, la 1re, dite des Chartrons ; la 2e, dite du Centre ; la 3e, dite du Sud ; 1 escadron de cavalerie, 2 compagnies de sapeurs-pompiers, 1 bataillon de marins [1].

Je fus souvent contrarié par les anciens officiers de l'armée qui se trouvaient dans les cadres ; la plupart de ces militaires avaient fait la guerre comme des gibernes ; néanmoins il fallut beaucoup de circonspection et de temps pour détruire leur influence sur les compagnies dont ils avaient les sympathies. Ils ne me cédèrent le terrain qu'avec beaucoup de peine.

Dans le mois de décembre, on me nomma membre de la commission administrative des hospices de Bordeaux.

---

[1] Composition de l'état-major de la garde nationale de Bordeaux de 1831 à 1833 :

Commandant supérieur : Vicomte de Pelleport, lieutenant général (G. O. ✻) (C. ✻). — *Colonel chef d'état-major :* Guilhem-Ducléon (✻). — *Lieutenant-colonel sous-chef :* Jacques Alauze (✻). — *Aides de camp :* Étienne Couderc, chef d'escadron ; Nath. Johnston, et Jacq. Burette, capitaines. — *Officiers d'état-major :* Sandré, chef d'escadron ; Ferran (✻), Rivière, Pujos, Cadilhon, Lassalle, Guimard, Letanneur, J.-L. Baour, W. Foussat, capitaines ; Th. Galos, Rousseau, Laloubère, Lechevalier, Godefroy, de Contancin, Pellet, Rossi, Evan Dumas, Alary, Ch. Oldekop, N..., lieutenants. (*Archives de la Mairie.*) (*Note de l'éditeur.*)

C'est de cette époque que datent mes services administratifs[1].

Dans le mois de janvier 1832, je présentai au maire des règlements sur les diverses parties du service, et notamment sur la comptabilité en matières et en deniers; ils furent approuvés. J'acquerrais ainsi chaque jour de l'autorité, malgré les aboyeurs, dont je ne partageais pas l'élan patriotique, trop exalté pour moi. *Soit manque de chaleur dans l'imagination, soit par raison,* je me suis trouvé toujours et sous tous les gouvernements en arrière des autres.

Vers la fin de l'année, on me nomma membre de la commission de surveillance de la prison départementale. Elle était pauvrement tenue, médiocrement administrée. Ma présence ne changea rien à cet état de choses. Le peu d'accord entre les personnes qui avaient action sur cet établissement, et la mauvaise disposition du local, s'opposaient aux améliorations désirables dans l'intérêt de l'humanité. On se réunissait souvent, on parlait beaucoup, et on ne faisait rien. C'est ainsi que cela se passe dans la plupart des commissions[2].

L'expérience ayant démontré les difficultés que l'autorité éprouve dans le maniement de la garde nationale pour les services qui intéressent l'ordre public, je formai le projet d'en diminuer l'effectif, en paralysant, au moyen de la

[1] Arrêté du 12 décembre 1831. Je fus nommé en remplacement de M. Loriague, démissionnaire.

[2] M. de Villèle me disait un jour : « Lorsque la Chambre me force
» à faire étudier une idée dont je ne suis pas trop désireux de faire
» connaître les conséquences, je nomme une commission de quinze à
» vingt membres : l'affaire est enterrée pour longtemps. Lorsque je
» désire une prompte solution, je réunis deux ou trois hommes spé-
» ciaux, et quelques jours ne se passent pas sans qu'un rapport
» concluant et motivé ne me soit adressé. »

réserve, la partie qui n'avait rien à défendre. A cet effet,
j'augmentai, sans nécessité, les postes, les patrouilles, etc.,
etc. J'usai de toute mon influence pour faire condamner
les délinquants par les conseils de discipline. Les gardes
nationaux qui n'avaient d'autre fortune que le prix de leur
travail demandèrent, comme une faveur, de passer à la
réserve, et déposèrent leurs armes et leur équipement. Cinq
mille fusils rentrèrent dans les arsenaux de l'État : cette
opération délicate n'excita aucun murmure ; les journaux
de Bordeaux, même les plus difficiles, n'en dirent pas un
mot. On m'en fit même des compliments.

Cette année, en ma qualité de membre de la commission
des Hospices, j'entrai dans celle du Mont-de-Piété [1], et les
électeurs de Saint-Gaudens voulurent me nommer député.
Je refusai. D'ailleurs, je ne pouvais accepter [2].

L'effectif de la garde nationale pour le service ordinaire
étant réduit à 8,000 hommes [3], il me parut convenable de
proposer une nouvelle organisation de manière à ne conserver que les cadres nécessaires à cet effectif. Mon projet
fut combattu par la presse ; je le défendis avec conviction ;
il fut présenté au ministre de l'intérieur, qui l'approuva et
fit rendre une ordonnance de dissolution et de réorganisation immédiate.

---

[1] Arrêté du 2 août 1834.

[2] Le vicomte de Pelleport, *lieutenant général, commandant supérieur, futur pair, grand officier de la Légion-d'Honneur*, etc., etc.,
ne payait pas le *cens! (Note de l'éditeur.)*

[3] L'effectif de la garde nationale avait été réduit à ce chiffre sur une
délibération du conseil de recensement du 7 mai 1834. Voici de quels
éléments il se composait :

Infanterie (1re et 2e légion), 6,632 ; marine, 723 ; artillerie, 425 ;
sapeurs-pompiers, 148 ; cavalerie, 146 ; total, 8,074. (*Archives de la
Mairie.*) *(Note de l'éditeur.)*

Les élections, dans chaque quartier de la ville, se firent sans obstacle; mais les citoyens les plus intéressés au maintien de l'ordre ne s'y rendirent pas, et les cadres ne s'améliorèrent point [1].

Voici, au surplus, le rapport que j'adressai à cette époque au ministre de l'intérieur, et qui fera connaître l'état de la garde nationale après la réorganisation :

« Monsieur le Ministre,

Trois ans se sont écoulés depuis la promulgation de la loi sur la garde nationale ; ce temps a suffi pour apprécier convenablement les difficultés que présente son exécution.

Il ne faut pas se le dissimuler, une loi sur la garde nationale, appliquée indistinctement à toutes les populations, offre des embarras presque insurmontables ; néanmoins il est d'un véritable patriotisme de ne pas se rebuter devant les obstacles, et de chercher sans cesse à faire entrer cette institution dans nos mœurs.

Le Roi, dans sa bonté, ayant daigné m'honorer du commandement supérieur de la garde nationale de Bordeaux, j'ai dû, pour répondre autant qu'il était en moi à ce témoignage de sa confiance, ne rien négliger pour la justifier

---

[1] Voici les noms des principaux officiers supérieurs de la garde nationale après la réorganisation :

LÉGION DU SUD. — *Colonel*, Fonvielle. — *Lieutenant-colonel*, Sudreau. — *Major*, Goursac. — *Chefs de bataillon*, Barrait, Lesclide, Fieffé.

LÉGION DU NORD. — *Colonel*, Bouscasse. — *Lieutenant-colonel*, Jouis. — *Major*, Seguineau. — *Chefs de bataillon*, Grangeneuve aîné, Laval de Lostange, Duffour-Dubergier.

ARTILLERIE. — *Chef d'escadron*, Pédroni.

SAPEURS-POMPIERS. — *Chef de bataillon*, Filheau.

MARINE. — *Chef de bataillon*, Gautherin.

CAVALERIE. — *Chef d'escadron*, B. Mareilhac.

par mon zèle. Je me trouve heureux, après une longue carrière militaire, d'utiliser les loisirs de la paix à servir encore mon pays de mon expérience, lorsqu'il n'a plus besoin de mon bras. La plus douce récompense de mes soins serait de les voir couronner de quelque succès.

Organisation. — Lorsque je pris le commandement supérieur de la garde nationale, elle était déjà organisée conformément à la loi, et présentait, indépendamment des corps spéciaux, 3 légions, 9 bataillons et 72 compagnies. L'administration municipale avait fait procéder à un recensement par listes et à l'établissement des bulletins individuels. Malgré tout le soin apporté à ces opérations, il se glissa des erreurs considérables sur les contrôles ; vous allez en juger, Monsieur le Ministre, par l'aperçu des diverses réductions du service ordinaire.

La garde nationale, organisée spontanément au mois d'août 1830, était de 4,000 hommes environ. Dans ce nombre, je vous prie de remarquer, Monsieur le Ministre, que plus de la moitié des citoyens qui en faisaient partie ne pouvaient que temporairement sacrifier leurs intérêts aux exigences du service ordinaire.

Le recensement précité donna 20,000 noms. Le conseil de recensement, en procédant à la confection du contrôle du service ordinaire, réduisit, par la mise à la réserve et les radiations, ce nombre à 13,500. Les réclamations subséquentes et les appels aux jurys de révision abaissèrent cet effectif à 10,600.

Mais bientôt, la tranquillité étant rétablie, les affaires reprenant une certaine activité, les citoyens, qu'un zèle généreux avait distraits de leurs occupations, sentirent la nécessité de renoncer à un service qui leur enlevait un temps absolument indispensable à l'entretien de leur famille. A la fin de l'année 1832, l'effectif n'était plus que de 9,000 citoyens environ, corps spéciaux compris.

Un pareil résultat démontrait assez l'exagération du premier recensement; il faisait sentir le besoin de procéder à la réorganisation de la garde nationale en remaniant tout son effectif, afin de rentrer dans les prescriptions de la loi et de mettre les cadres en rapport avec les effectifs réels des compagnies.

Au mois d'août 1832, j'adressai à M. le Maire de Bordeaux un premier rapport sur l'organisation des trois légions d'infanterie. Je lui fis sentir que le seul moyen de conserver cette force était de la réorganiser sur la base de deux légions.

L'administration municipale hésita longtemps ; elle craignait que l'opinion publique, attaquant cette mesure avec aigreur, ne l'imputât à l'intention cachée de détruire un corps si utile et si dévoué, et, enfin, d'annihiler des droits acquis par les élections.

Mais, dans ces conjonctures, l'obligation d'établir les listes des mobilisables, prescrite par la loi du 19 avril 1832, la décida à faire procéder à un nouveau recensement.

Son résultat fut de constater :

1° Qu'il existait sur les contrôles de nombreux doubles emplois ;

2° Que beaucoup de citoyens inscrits au contrôle du service ordinaire n'habitaient plus Bordeaux ;

3° Qu'un très-grand nombre de citoyens, par leur position de fortune, ne pouvaient sans injustice concourir à un service évidemment onéreux pour eux.

L'administration municipale se décida alors à tenter la réorganisation, et m'invita à lui présenter les moyens que je croyais qu'elle dût employer pour froisser le moins possible les intérêts d'amour-propre et les habitudes des gardes nationaux.

Au mois de mars 1833, je lui adressai un travail qui, soumis et adopté par le conseil de recensement, fut adressé à votre prédécesseur. Une ordonnance royale intervint, portant dissolution des trois légions d'infanterie avec réorganisation immédiate en deux légions. Cette nouvelle formation s'exécuta avec le plus grand ordre. Aujourd'hui, ces deux légions forment 6 bataillons et 36 compagnies, présentant un effectif de 6,500 hommes environ. Dans ce nombre, j'estime que 1,200 à 1,500 citoyens qui y figurent devraient passer au contrôle de la réserve; mais, par contre, 2,000 citoyens, à l'aide de domiciles ruraux fictifs ou de tout autre moyen, se sont dispensés du service de la garde nationale.

Corps spéciaux.—La ville de Bordeaux a plusieurs corps spéciaux, savoir : Escadron d'artillerie, 425 hommes; 2 compagnies de sapeurs-pompiers, 148; 1 bataillon de marins, 720; 1 escadron de cavalerie, 145.

Artillerie.—L'opération de la réorganisation de l'infanterie étant terminée, j'adressai à l'administration municipale un projet de réorganisation de l'artillerie, qui, par suite d'une demande, a été converti en une ordonnance royale.

L'effectif de ce corps reste le même; mais, au lieu de 6 compagnies existant actuellement, il se composera de 2 batteries, chacune d'elles se recrutant dans la circonscription de l'une des légions; on procédera, dans le courant de ce mois, à l'amalgame et aux élections.

Sapeurs-pompiers. — Le conseil de recensement, sur la demande que j'en fis à M. le Maire, a décidé que chacune des compagnies de ce corps se recruterait exclusivement dans la circonscription de l'une des légions.

Bataillon des marins. — Quant au bataillon des marins, il est impossible de revenir sur l'organisation existante, parce que chacune des compagnies de ce bataillon a une spécialité. Ainsi, la 1re compagnie se compose d'officiers de la marine marchande, la 2e d'arrimeurs, la 3e de constructeurs, la 4e d'ouvriers, considérés comme troupe du génie.

Cavalerie. — La cavalerie se compose d'un escadron-compagnie ; je viens de proposer à l'administration municipale de le fractionner en deux compagnies, chacune d'elles se recrutant dans une circonscription légionnaire.

Par suite de ces améliorations, la garde nationale de Bordeaux se pliera parfaitement aux exigences du service, et la circonscription de chaque légion présentera également les éléments de force et d'utilité dont une bonne garde nationale est susceptible.

Armement. — Je ne me suis pas exclusivement occupé de l'organisation. L'intérêt de l'État, celui de la commune de Bordeaux réclamaient impérieusement que l'ordre fût apporté dans la distribution, l'entretien et la conservation des armes de guerre confiées à la garde nationale.

Des soins non interrompus, des mesures d'ordre et de prudence ont arrêté le mal à sa naissance ; quoiqu'il fût déjà très-grave par suite des mutilations faites aux fusils, j'ose croire qu'aucune autre grande ville de France ne pourrait, ni aussi bien, ni aussi promptement que Bordeaux, représenter le matériel qu'elle a reçu.

A peine appelé au commandement supérieur de la garde nationale, je me fis rendre compte de l'état de l'armement ; mais, je ne dois pas vous le dissimuler, les exigences des premiers jours de la révolution, malgré tous les soins de l'administration municipale, avaient donné lieu à des distributions précipitées, dépourvues de tout contrôle propre à éviter des erreurs ou à les rectifier promptement.

Dans cet état de choses, le 24 octobre 1831, après avoir pris connaissance de tout le détail de cette comptabilité alors fort embrouillée, j'adressai à M. le Maire de Bordeaux un rapport où je remettais sous ses yeux toute la législation relative à la matière, et un projet de règlement approuvé le 25 du même mois et de suite mis en vigueur.

Je dois vous faire remarquer, Monsieur le Ministre, qu'indépendamment des règles tracées pour cette comptabilité, ainsi que pour la surveillance et la conservation de l'armement, j'ai fait adopter à l'administration la nomination d'un armurier spécialement attaché à chaque corps; de plus, la création d'un contrôleur d'armes soldé par la ville, qui surveille, autorise ou prescrit les réparations auxquelles il ne peut concourir. Enfin, pour que les réparations fussent régulièrement faites dans les conditions prescrites par la législation et les règlements, l'administration municipale a demandé, dans l'une des manufactures royales, une caisse de pièces d'armes et les instruments vérificateurs destinés à préciser les réparations et les vérifications de l'armement aux époques des revues.

Ainsi, Monsieur le Ministre, les mesures que plus tard vous avez prescrites dans l'intérêt de l'État étaient appliquées à Bordeaux depuis 1831.

Après plus d'un an de soins, nous avons pu, dans le courant de 1833, passer une revue de détail des armes, qui a exigé six mois de ténacité et de persistance, tant de la part de l'administration que de la mienne.

Par suite de ces travaux, tous les documents étaient prêts pour la revue d'inspection prescrite par ordonnance

royale. Le rapport de l'officier vérificateur vous fera connaître la situation de notre armement.

Habillement. — L'habillement de la garde nationale a
aussi attiré mon attention. L'uniformité est satisfaisante
dans les corps spéciaux, les compagnies de grenadiers et
voltigeurs. Les compagnies du centre ne sont pas toutes
habillées ; mais les citoyens de ces compagnies qui sont
habillés, le sont uniformément. Le nombre des hommes
habillés s'élève à 6,000 environ.

Équipement. — Pour encourager les dispositions des
citoyens qui désiraient s'habiller, mais éviter la dépense
d'un équipement, quelques compagnies ont acheté des
équipements à l'aide de souscriptions ouvertes dans leur
sein ; de mon côté, avec le concours bienveillant de l'administration municipale, j'ai ouvert une souscription qui a
produit la somme nécessaire à l'achat de 760 équipements.

Le nombre des hommes équipés s'élève à 5,600.

Instruction. — L'instruction de la garde nationale n'a
pas fait tous les progrès désirables. En 1831 et au commencement de 1832, les exercices furent suivis pendant
quelque temps ; mais les occupations des gardes nationaux
devenant plus nombreuses par la reprise des travaux, il a
été impossible de les réunir pour les exercices, même à
des époques éloignées. Néanmoins la garde nationale, dans
son ensemble, peut exécuter assez passablement les manœuvres indispensables, pour ne pas trop choquer des
yeux même exercés.

Service. — Le service a successivement été allégé autant que cela était possible. La garde nationale fournit actuellement deux postes de nuit de 25 hommes chacun, et
un poste de vingt-quatre heures, également de 25 hommes.

Le service se fait assez bien. Les postes sont visités par un officier supérieur et un capitaine.

Discipline. — La discipline laisse bien quelque chose à désirer ; néanmoins les légères infractions qu'elle éprouve n'ont rien de sérieux , et les conseils de discipline suffisent complètement à la répression des fautes qui leur sont déférées.

Les officiers n'ont pas toujours la fermeté et la dignité que commande leur position militaire ; mais cela tient souvent à ce que leur position sociale est trop dépendante.

Administration. — L'administration intérieure de la garde nationale de Bordeaux imite autant que possible celle de l'armée. Ainsi, un règlement, approuvé par M. le Maire de Bordeaux, a déterminé les règles de comptabilité que devraient suivre les conseils d'administration des corps sur lesquels j'exerce les fonctions attribuées aux inspecteurs généraux dans l'armée.

L'entretien, la solde et l'habillement des tambours étaient une cause de dépenses exagérées très-onéreuses à la commune.

Lorsque je pris le commandement supérieur de la garde nationale , je sentis qu'il importait de les régler avec ordre et économie ; en conséquence , le 12 octobre 1831 , j'adressai à M. le Maire de Bordeaux un rapport et un projet de règlement approuvé le 13 du même mois et de suite mis en vigueur.

Ce règlement avait pour but :

1° De fixer la solde des tambours de tout grade ;

2° De fixer le nombre et la durée des effets que la commune fournirait aux tambours.

3° La création d'une masse individuelle pour chaque

tambour au moyen d'une retenue journalière, masse destinée à garantir la conservation des effets délivrés, et à pourvoir à l'achat des effets de petite tenue et de petit équipement que la ville ne leur fournirait pas.

Par suite de la réorganisation des légions, des changements qui vont s'opérer dans l'artillerie, ainsi que par l'ordre et l'économie qui ont été apportés dans toutes les dépenses, le budget de la garde nationale, qui, en 1831, était de 120,000 fr., est réduit actuellement à 65,000 fr. environ. L'expérience montrera plus tard si de nouvelles économies sont praticables.

Esprit de la garde nationale. — L'esprit de la garde nationale est bon en général, comme celui de toute la population de Bordeaux. L'amour de l'ordre et du travail s'y fait remarquer.

Le service et les revues n'excitent plus le même zèle que dans les premiers temps de l'organisation ; mais la tranquillité parfaite dont nous jouissons contribue puissamment à ce relâchement. Je suis convaincu que le plus léger trouble suffirait pour rendre au zèle toute son énergie, et au service toute sa première exactitude [1]. »

---

[1] Voici la lettre par laquelle M. Thiers, ministre de l'intérieur, rend justice à ce rapport :

« Paris, le 22 juillet 1833.

» *Copie d'une lettre de M. le Ministre de l'intérieur à M. le Ministre de la guerre.*

« Monsieur le comte et cher collègue, l'organisation de la garde » nationale bordelaise a présenté, dans l'origine, d'assez graves diffi- » cultés. Remplis, contre le vœu de la loi, d'un grand nombre de » prolétaires, ses cadres étaient loin d'offrir toutes les garanties que » pouvaient exiger les intérêts de la chose publique, lorsque S. M.

La réorganisation apporta de notables économies dans le budget ; néanmoins le conseil municipal proposa une réduction de moitié sur l'allocation qui, conformément à la loi, m'avait été accordée, et dont la partie afférente aux cinq premiers mois de mon commandement avait été supprimée, sur la proposition du citoyen Dufaure.

La discussion qui s'engagea à cet égard dans le conseil me blessa profondément. J'écrivis au maire que je renon-

« en confia le commandement supérieur à M. le lieutenant général « Pelleport.

« Dans toutes les circonstances où l'autorité a réclamé son appui, « la garde nationale bordelaise a répondu à l'appel des magistrats et « à la voix de ses chefs. Son concours a toujours été assuré au main- « tien de l'ordre public ; mais je suis heureux de rendre ici ce témoi- « gnage, qu'on le doit en grande partie à l'activité, à la sagesse et à « la prudente fermeté qu'a constamment déployées M. le général « Pelleport dans la mission difficile qu'il tenait de la confiance du « Roi.

« M. le lieutenant général Pelleport a étudié avec soin les éléments « du corps placé sous ses ordres ; et aujourd'hui que la nécessité « d'une réorganisation se fait impérieusement sentir, il m'a adressé, « sur cet objet, un travail riche d'observations et d'expérience, et « qui mérite la plus haute attention.

« Sans doute, vous estimerez comme moi, Monsieur le comte, que « les services de cet officier général méritent une récompense. Vous « êtes un meilleur juge que moi de ceux que, dans sa carrière mili- « taire, il a déjà rendus au pays ; mais j'acquitte une dette en vous « signalant les titres nouveaux qu'il s'est acquis à sa reconnaissance « dans le commandement de la garde nationale de Bordeaux, et je « viens vous demander avec instance de proposer à S. M. de faire « passer M. le général Pelleport du cadre de réserve au cadre de dis- « ponibilité.

« Agréez, etc.

» Pour copie conforme :

« *Le Maître des requêtes,*
« *chef de la division des gardes nationales,*

« J.-G. IMBERT. »

çais entièrement à mon traitement, tout en conservant le commandement qui m'avait été donné par le Roi[1].

Dans le mois de novembre, j'écrivis au ministre de l'intérieur pour lui demander à me retirer. M. Thiers m'engagea à rester; je persistai dans ma résolution, et c'est à cette occasion que le ministre m'écrivit, de sa propre main, la lettre suivante :

« Monsieur le général,

» Je vous ai fait connaître que le Roi désirerait que vous
» restassiez attaché au commandement supérieur de la garde
» nationale de Bordeaux. Une difficulté municipale s'est éle-
» vée. J'en ai rendu compte au Roi; elle est levée mainte-
» nant, et j'espère que vous ne persisterez pas dans un refus
» qui affligerait le gouvernement et la ville de Bordeaux. »

Ma résolution fut irrévocable, parce que je voyais, avec un grand regret, que ma position militaire, acquise par vingt-cinq ans de guerre, s'amoindrissait chaque jour. Je donnai ma démission, qui fut acceptée dans ces termes :

« Paris, le 3 novembre 1834.

» Monsieur le général,

» Dans la lettre que vous m'avez fait l'honneur de m'é-

---

[1] Voici la lettre que j'écrivis à ce sujet, le 30 janvier, au maire de Bordeaux :

« Monsieur le maire,

» Voulant encore, autant qu'il dépend de moi, ne pas augmenter
» l'embarras des finances de la ville, j'ai l'honneur de vous prier de
» faire connaître au conseil municipal que je renonce à l'indemnité
» qui m'est accordée conformément à la loi.

» Veuillez agréer, etc. »

» crire le 24 août dernier, vous exprimez de nouveau et
» avec insistance le désir de quitter le commandement de
» la garde nationale de Bordeaux.

» J'ai placé votre démission sous les yeux du Roi, et Sa
» Majesté, en l'acceptant, m'a chargé de vous faire connaître
» que c'était avec regret qu'elle vous voyait renoncer à des
» fonctions où vous avez si pleinement répondu à sa con-
» fiance. Je suis heureux d'avoir à vous transmettre cet
» honorable témoignage de la satisfaction du Roi pour les
» bons et utiles services que vous avez rendus. La ville de
» Bordeaux, qui les a si bien appréciés, ne les mettra point
» en oubli, et je puis vous donner l'assurance que le gou-
» vernement se les rappellera toujours avec reconnais-
» sance.

» Agréez, Monsieur le général, l'assurance de ma haute
» considération.

> » *Le Ministre Secrétaire d'État de l'intérieur,*
> » A. THIERS. »

Quelque temps après, j'entrai à la commission des Sourds-
Muets, en remplacement de M. Delisle-Séjourné [1].

Le rôle que joua la garde nationale de Bordeaux pendant
les premières années du gouvernement de Juillet fut très-
honorable. Elle rendit, en un mot, tous les services qu'une
garde nationale peut rendre en France avec l'organisation
vicieuse que la loi lui impose [2]. En effet, pour qu'une garde

---

[1] Arrêté du 31 janvier 1835.

[2] Le général avait l'habitude de dire qu'en France les gardes
nationales ne font jamais deux habits sous le même gouvernement.
(Note de l'éditeur.)

nationale pût être véritablement utile , il faudrait : 1° qu'il
fût parfaitement reconnu qu'elle n'est pas une force politique [1], mais bien une institution purement municipale, une
association de citoyens possédants, réunis pour empêcher
les mauvais sujets de porter atteinte à la propriété ; 2° qu'elle
fût régie par des règlements sévères et non faciles à éluder
dans l'application ; 3° que la nomination des officiers appar-
tînt à l'autorité municipale ; 4° qu'elle fût peu nombreuse ;
5° qu'elle n'eût pas enfin, par l'uniforme, la prétention
d'égaler l'armée. Je n'ai pas le désir de faire ici un traité sur
la réforme que devrait subir cette institution. Je constate
le résultat de mes observations. Quelques personnes, allant
plus loin, nieront l'utilité de la garde nationale. Elles auront
raison et tort à la fois. Elles auront raison, si la législation
actuelle n'est pas réformée ; elles auront tort, si la garde
nationale, d'institution politique, devient une simple association municipale, comme elle existait en France avant 89
et comme nous l'avons vue fonctionner à Vienne en 1805
et 1809.

Je fus remplacé [2] dans le commandement supérieur par le

---

[1] Ni la loi du 13 juin 1851, inspirée de l'esprit du décret de 1791,
ni le décret du 12 janvier 1852, calqué sur les décrets de l'Empire, ne nous paraissent avoir dit le dernier mot sur la question
de la garde nationale. Tant que le caractère *politique* de l'institution subsistera , tant que la sûreté publique ne sera pas conférée
aux élus des populations, on passera alternativement de l'anarchie
au despotisme. (F. BÉCHARD, *De l'état du paupérisme en France*,
pag. 359.)

[2] Par délibération en date du 1er décembre 1834 , le conseil municipal de Bordeaux *me vota des remercîments pour les services
importants que j'avais rendus à la cité bordelaise.*

L'administration municipale, présidée par M. Brun, m'adressa
également une lettre de remercîments des plus chaleureuses (8 décembre 1854).

colonel Fonvielle [1]. Dans la situation paisible des affaires, il pouvait convenir à l'emploi [2].

[1] *Ordre du jour du lieutenant général, commandant supérieur, à la garde nationale.* (9 décembre 1834.)

Camarades !

Avant de me séparer de vous et de rentrer dans les rangs de l'armée, je viens vous remercier de votre franc et loyal concours ; il a rendu mes fonctions aussi faciles qu'agréables.

Vous avez prouvé, par votre zèle à répondre à la voix de vos magistrats et par votre discipline, que vous aviez bien compris la garde nationale. En persévérant dans cette conduite généreuse, vous contribuerez puissamment à faire entrer cette institution dans nos mœurs, et à assurer le maintien de l'ordre public dans notre belle cité.

Camarades ! les rapports que j'ai eus avec vous pendant cette heureuse époque de ma carrière militaire ne s'effaceront pas plus de mon cœur que de mes souvenirs. (*Archives de la Mairie.*) (*Note de l'éditeur.*)

[2] La garde nationale de Bordeaux a été successivement commandée, de 1831 à 1852, 1° par le lieutenant général vicomte de Pelleport (G.-O. ✳) (5 août 1831), ayant pour chef d'état-major M. Ducléon-Guilhem (✳) ; 2° par le commandant en retraite Fonvielle (O. ✳) (28 juin 1835), ayant pour chef d'état-major M. Ducléon-Guilhem (✳), puis M. J. Alauze (✳) ; 3° par le général de brigade Favereau (C. ✳) (18 février 1847), ayant pour chef d'état-major M. J. Alauze (✳), puis le commandant en retraite Lagrange de Chancel (O. ✳) ; 4° enfin par le colonel en retraite Carvalho (C. ✳) (16 février 1849), ayant pour chef d'état-major le lieutenant-colonel en retraite Lecacheux (O. ✳). (*Archives de la Mairie.*) (*Note de l'éditeur.*)

CHAPITRE IX

—

BORDEAUX — PAIRIE

1836, 1853

—

L'année 1835 s'ouvrit pour moi sous d'heureux auspices. Par décision royale, je fus rétabli sur le cadre d'activité de l'état-major général de l'armée. Cette faveur m'avait été promise, en ces termes, par le duc de Dalmatie, le 6 juillet 1834 :

« . . . . Les services que vous avez rendus sont trop » marquants pour qu'ils puissent être oubliés. . . . »

Quelques mois après, le maréchal marquis Maison, ministre de la guerre, me fit nommer inspecteur général

d'infanterie et commandant supérieur du camp de Saint-
Omer. Je dois avouer que je fus très-sensible à cette
double nomination, qui me réintégrait définitivement dans
les rangs de l'armée d'une manière active et tout à fait
conforme à mes goûts. Je commençai mon travail d'inspection par le 58ᵉ régiment de ligne, stationné à Bordeaux.
Je retournai ce brave régiment dans tous les sens, voulant bien faire comprendre aux officiers que l'ancien chef
de la garde nationale de Bordeaux connaissait le métier.
Nous nous séparâmes très-bons amis. Mon travail d'inspection terminé, je me rendis à Paris pour être présenté
au Roi, dont je n'étais nullement connu. Louis-Philippe,
auquel je n'avais jamais été présenté, m'accueillit très-
convenablement; mais je m'aperçus bien vite, par l'entourage, que je ne devais qu'à de vieilles et saintes amitiés
mon rappel au service actif. Je n'en fus pas étonné ! Enfin,
j'arrivai à Saint-Omer, où je trouvai le camp formé et ins-
tallé sous les ordres des maréchaux de camp comte du
Rocheret et Carbonnel. Le premier de ces officiers généraux m'était personnellement connu; c'était l'un de mes
intimes, un de ces hommes d'honneur et de cœur avec
lesquels je m'étais intimement lié pendant la Restauration ;
il appartenait à une vieille famille militaire. Du Rocheret [1],
qui est mort lieutenant général et directeur général du
personnel, était un homme d'élite, qui serait certainement

---

[1] Originaires du Piémont, les ancêtres du comte du Rocheret
vinrent s'établir en Lorraine vers le XVIᵉ siècle. Quarante d'entre
eux sont morts sur les champs de bataille en combattant pour la
France. Son père mourut en émigration, après avoir exercé un
commandement sous Louis XVI, en qualité d'officier général.

Théodore-Philippe-Henri comte du Rocheret naquit le 31 juillet
1788 et mourut le 17 mai 1844, étant lieutenant général, grand

devenu ministre de la guerre si la mort n'était venue l'en-
lever prématurément à l'armée et à ses amis. Le général
Carbonnel m'était complètement inconnu; il avait été, en
1830, chef d'état-major du général Lafayette.

Au moment de mon arrivée à Saint-Omer, je reçus une

officier de la Légion-d'Honneur, conseiller d'État, directeur général
du personnel au Ministère de la guerre, etc., etc.

Voici un résumé exact des états de services de cet officier général :

Entré dans la marine comme mousse......................	1800
Aspirant de deuxième classe............................	1803
Entré dans l'infanterie de marine comme sous-lieutenant.	1807
Entré dans l'armée de terre (5e de ligne) lieutenant......	1809
Adjudant-major (30e de ligne).........................	1810
Capitaine	1812
Aide de camp du général Joubert......................	1812
Chef de bataillon (47e de ligne)......................	1813
Lieutenant chef de bataillon (gardes à pied du Roi)......	1822
Lieutenant-colonel (2e régiment d'infanterie de la garde).	1826
Colonel (38e de ligne)................................	1828
Maréchal de camp....................................	1832
Lieutenant général...................................	1841

Le général du Rocheret, après avoir fait sept campagnes sur mer,
assista aux mémorables affaires d'Essling, de Wagram, de la Moskowa, de Leipzig et de France, dans lesquelles il reçut cinq blessures.

De 1818 à 1841, cet officier général fit partie d'un grand nombre
de commissions au Ministère de la guerre, et associa son nom à
toutes les graves délibérations qui furent prises pendant ce laps de
temps sur l'organisation de l'armée.

Gentilhomme par le cœur comme par le sang, le général du Rocheret ne fut pas seulement un brave soldat, il fut encore un administrateur des plus remarquables et un écrivain très-distingué. Nous
ne l'avons jamais connu, mais notre père, qui ne prodiguait pas son
admiration, se complaisait à nous en faire un portrait des plus en-
thousiastes. C'est donc en toute sécurité que nous pouvons dire aujourd'hui : *C'était une belle âme dans un beau corps.*

Puisse cet hommage rendu à la mémoire du comte du Rocheret
demeurer comme une preuve de tous les sentiments respectueux qui
nous animent pour la veuve de celui que notre père aimait et esti-
mait tant. *(Note de l'éditeur.)*

lettre du général Carbonnel (13 août 1836), dans laquelle cet officier général m'exposait, en peu de mots, son historique. Je fus enchanté de cette communication, qui détruisait dans mon esprit une impression donnée à Paris, et d'où il résultait que Carbonnel était un héros de Juillet. Cet officier général me disait, entre autres choses : *Je n'ai provoqué en aucune manière les événements de 1830, et, la révolution accomplie, j'ai combattu l'anarchie.* Carbonnel est resté depuis fidèle à la branche d'Orléans, pour l'avénement de laquelle il avait beaucoup fait en 1830.

Le général Carbonnel prit le commandement de la 1re brigade, composée du 12e léger, colonel Martin, et du 3e de ligne, colonel Brayer.

Le général du Rocheret eut le commandement de la 2e brigade, composée du 6e de ligne, colonel Boullé, et du 50e de ligne, colonel Favereau.

Le 10 août, les troupes montèrent au camp ; elles se composaient des quatre régiments d'infanterie plus haut dénommés, de quatre escadrons de cuirassiers, et d'une demi-batterie d'artillerie à cheval[1].

L'instruction fut méthodique et progressive, ne s'écartant en rien du texte des règlements. Cette école, dont je rendais compte chaque semaine au ministre, ne fut pas approuvée par le Prince royal, qui commandait le camp de Compiègne. Il est vrai que des rapports peu bienveillants lui en étaient rendus journellement par l'un des officiers sous mes ordres[2] chargé de cette honteuse mission. Je m'arrête, pour ne pas m'étendre sur la conduite infâme de

[1] Le commandant Filhon était chef d'état-major de ce camp, dont l'effectif s'élevait à 5,032 hommes d'infanterie.

[2] Le grade de l'officier dénonciateur est indiqué dans le manuscrit ; nous avons cru devoir ne pas le faire connaître. *(Note de l'éditeur.)*

cet officier, que j'aurais pu confondre et faire chasser des
rangs de l'armée, qui méprise *les traîtres et les dénonciateurs*. J'étais trop fier de mes antécédents pour descendre
à une justification. Après deux mois de travail, le camp
fut levé, et le ministre de la guerre m'écrivit de sa propre
main une lettre pour me remercier d'avoir su initier les
troupes à la connaissance des *véritables règles militaires*.
L'année suivante, en 1837, je fus prévenu par le ministre
que j'allais être nommé inspecteur général et commandant
de nouveau d'un camp à Saint-Omer ou à Compiègne. Le
Prince royal ne voulut pas de moi, et envoya à ma place
un officier général très-peu habitué au maniement des
troupes ; il fit le contraire, bien entendu, de ce que j'avais
fait l'année précédente, et fut fortement complimenté.

Vers la fin de décembre, un soir que j'étais tranquillement occupé à délibérer, au conseil municipal à Bordeaux, sur la grave question des eaux, qui m'intéressait
beaucoup, le général Janin me fit appeler, et me remit
une lettre du général Bernard, ministre de la guerre,
m'ordonnant de me rendre à Perpignan pour y prendre le
commandement de la 24ᵉ division militaire et de la division active des Pyrénées-Orientales. Cette nomination me
contraria vivement, car il était déjà question de mettre les
officiers généraux en coupe réglée, afin de faire au Prince
royal un jeune état-major. J'acceptai toutefois, et je re-
merciai le ministre de m'avoir donné un commandement
aussi important ; j'en pris possession huit jours après.

Arrivé à Perpignan, je me trouvai en rapport avec les
officiers généraux espagnols qui commandaient en Catalogne et en Aragon, et notamment avec le baron de Meer,
capitaine général. Chaque jour je rendais compte, aux
ministres de la guerre et des affaires étrangères, des graves

événements qui se passaient sous mes yeux. Cette circonstance donnait une très-grande importance à mon commandement. J'avais sous mes ordres 4 régiments d'infanterie, 2 de cavalerie, 2 batteries d'artillerie et 2 compagnies d'équipages militaires. Ces forces excédaient de
beaucoup les besoins du service, mais le général de Castellane les avait demandées pour se créer un semblant de
commandement en chef.

Je ne suivis pas les traces de mon prédécesseur dans le
maniement des troupes. Je supprimai toute la mise en
scène qui fatiguait les troupes ; *je fus sérieux,* en un mot.
Je rendis à chaque grade son importance relative, et je
dirigeai l'instruction d'après les méthodes adoptées au
camp de Boulogne. Point de petite guerre pour amuser les
populations. Je fis peu de bruit ; on en fut étonné à Perpignan.

J'étais depuis peu de temps à Perpignan, lorsque Castellane, n'ayant trouvé, en Algérie, ni un accueil flatteur
du maréchal comte Vallée, général en chef, ni une position telle qu'il la désirait, demanda sa rentrée en France
et le commandement de la 21e division que j'occupais. Un
grand personnage politique, le comte Molé, intervint
comme toujours en sa faveur, et toutes les difficultés furent levées. Je n'avais d'autre recommandation que mes
services ; on n'en tint aucun compte, et il fut décidé que
je serais envoyé à Besançon. Prévenu à temps de cet arrangement, j'écrivis au ministre de la guerre pour lui déclarer que je ne pouvais accepter décemment la position
qu'on me faisait, et que, dans cet état de choses, il me
serait plus agréable de rentrer chez moi.

Sur ces entrefaites, arriva au ministère de la guerre une
réclamation, étrangère au service, du général Janin, com-

mandant la 11e division militaire. Pour toute réponse, le ministre lui envoya l'ordre de se rendre à Besançon, où la représentation, pour le lieutenant général, est plus modeste qu'à Bordeaux, et me nomma, en même temps, au commandement de la 11e division. Voilà de quelle manière, le hasard me servant toujours, je revins à Bordeaux. Janin, furieux, se rendit à Paris pour faire révoquer la décision. A cet effet, il *ameuta* les députés des cinq départements de la 11e division militaire. L'intervention ridicule de ces messieurs fut sans succès. Pendant ces menées, je me rendis à Bordeaux, et je pris le commandement le jour même de mon arrivée dans cette ville, au grand étonnement de mes concitoyens. Janin, honteux et confus, s'achemina lentement vers Besançon.

Je trouvai à l'état-major général le général Carbonnel, le colonel Carvalho, et ce bon Dintrans, intendant militaire et député, ancien camarade d'études, compatriote et ami aussi dévoué que sûr.

Je ne puis m'empêcher de transcrire ici la lettre du ministre qui accompagnait mes lettres de service :

« Général ,

» Vous recevrez, par le courrier de ce jour, un ordre de » service pour commander la 11e division militaire.

» Je comptais que vous conserveriez le commandement » de la 21e, où vous appelait votre haute expérience ; mais » le retour du général Castellane, dû à des causes tout à » fait indépendantes de sa volonté, m'a fait penser que je » pouvais de nouveau lui donner le commandement de la » 21e division, tout en ménageant, d'abord, l'intérêt de » votre position. Je vous ai donc proposé au Roi pour le » commandement de la 11e : ce commandement, en vous

» rapprochant d'une population qui, à juste titre, vous
» apprécie hautement, m'a paru convenir à vos affections
» et à vos intérêts. Je désire vivement, général, que cet
» arrangement vous soit agréable ; j'en serai heureux s'il
» en est ainsi.

» Je dois profiter de cette occasion pour vous exprimer
» combien j'ai regretté de ne pas vous voir figurer parmi
» les officiers généraux admis dernièrement à la Chambre
» des pairs ; mais j'éprouve la satisfaction de pouvoir vous
» annoncer que j'ai la ferme espérance que mes vœux à cet
» égard seront réalisés aussitôt qu'une occasion favorable
» se présentera ; je la provoquerai de tous mes efforts. »

Je n'ai jamais fait usage de cette lettre *pour arriver à
la pairie ;* on ne le croirait pas, c'est cependant la vérité.
J'ai toujours pensé que les dignités ne devaient pas être
demandées.

En 1839, aux troupes d'infanterie de la 11ᵉ division dont
on me donna l'inspection générale, le ministre ajouta le
37ᵉ régiment, stationné à Toulouse. Son colonel était un
homme médiocre sous tous les rapports. Je ne fis pas son
éloge ; néanmoins il fut promu, en 1840, au grade de
maréchal de camp : il est vrai qu'il s'était fait remarquer
par son exaltation patriotique pendant les glorieuses !

En inspectant les troupes stationnées dans les départements de la Gironde, de la Charente-Inférieure, de la Charente, de la Dordogne et du Lot-et-Garonne, je vis tous
les établissements militaires de la division, et je me mis en
rapport avec le personnel. J'entrai en relation suivie avec
MM. les officiers généraux sous mes ordres, auxquels je re-
commandai surtout d'apporter une grande sévérité dans
l'examen des contingents. Il arrive, en effet, très-souvent

que, par un motif facile à expliquer, l'autorité préfectorale admet des hommes peu capables de porter les armes, et encombre, par ce moyen, nos hôpitaux, en diminuant l'effectif général. Les conséquences désastreuses de cette manière de procéder sont incalculables. Il en est de même pour tous les détails, même les plus petits, de l'administration d'un régiment : des clous de soulier mal posés font des traînards, encombrent les hôpitaux, et peuvent conduire au typhus. Les militaires pratiques me comprendront [1].

Le 31 décembre 1839, éclata une émeute à La Rochelle. Tous les portefaix se réunirent sur le port et se rendirent ensuite à la Mairie, accompagnés de leurs femmes et de leurs enfants, pour demander une augmentation de salaire relatif au transport de grains des magasins de la ville aux bâtiments de commerce qui devaient les recevoir. Le maire était absent. L'adjoint, qui faisait l'intérim, fit de vains efforts pour calmer les esprits; il parla et pataugea longtemps sans rien obtenir de cette troupe criarde et obstinée; mais lorsqu'il apprit que les plus positifs des émeutiers *dévalisaient sa maison* et enfonçaient les portes de celle du maire, il appela la garnison à son secours : elle était déjà sous les armes. Le général d'Hautpoult, qui la commandait, s'avança, et, les sommations voulues étant faites, il courut sur les émeutiers, qui se dispersèrent.

Le lendemain, 1er janvier, la révolte prit un caractère plus sérieux. La population ouvrière se répandit dans les

---

[1] Le général n'a pas assez vécu pour pouvoir lire au *Moniteur* une lettre de l'Empereur Napoléon III recommandant aux préfets de n'admettre, dans la formation du contingent, que des hommes valides. C'est une consécration bien solennelle donnée à la réflexion de l'auteur de ces *Souvenirs*. *(Note de l'éditeur.)*

rues en criant qu'il fallait s'opposer à l'exportation des
grains : ses cris eurent du retentissement au dehors de la
place, et un grand nombre de paysans se présentèrent
aux portes de la place; le général d'Hautpoult empêcha
leur entrée.

Dans l'après-midi, on fut informé que de tous les points
de l'arrondissement partaient des gardes nationales,
drapeaux déployés, pour se rendre à La Rochelle et à
Marans, avec l'intention hautement annoncée de s'opposer à l'exportation et d'imposer une diminution dans
le prix des grains portés sur les marchés. Le général
d'Hautpoult, informé de l'état des choses, forma deux
colonnes mobiles, chacune de 300 hommes, pour arrêter
ce désordre.

Les communications entre La Rochelle et Rochefort
ayant été interceptées, je n'appris ces événements que
le 2. Avant de quitter Bordeaux, j'écrivis au général commandant la 12e division militaire pour qu'il mît à ma disposition l'infanterie de Bourbon-Vendée et la cavalerie de
Niort. Je fis fréter deux bateaux à vapeur pour porter un
bataillon de Bordeaux à Royan, et je retirai deux compagnies de Rochefort. De son côté, le ministre de la guerre,
prévenu par le télégraphe, dirigea sur La Rochelle un régiment de dragons et une batterie attelée, et sur Bordeaux
quatre bataillons pris dans la 10e division militaire. Ces
forces réunies firent respecter l'autorité publique dans
cette contrée.

Je dois faire connaître ici la conduite brillante et énergique du comte d'Hautpoult. J'en rendis compte au ministre, et je demandai pour cet officier général le grade
de lieutenant général, qu'il obtint quelque temps après.

Cette petite révolte servit beaucoup à d'Hautpoult, qui

n'était pas très-bien noté à cause des opinions de sa famille toute légitimiste [1].

Vers la fin de juillet, le duc et Mme la duchesse d'Orléans se rendirent à Bordeaux et y passèrent une huitaine de jours ; je sortis de mon lit pour aller les recevoir. J'avais une attaque de goutte. Cette circonstance, mes cheveux blancs, et les impressions laissées dans l'esprit par les rapports qui lui avaient été adressés du camp de Saint-Omer, me valurent un accueil peu encourageant. Cependant je ne me déconcertai pas, et je fis bonne contenance. J'accompagnai le Prince dans ses visites en ville, comme c'était mon droit et mon devoir, avec une réserve qui fut remarquée, à mon grand regret. On m'accusa même de faire de la dignité. Je n'en avais pas l'intention ; on ne devait pas me gratifier d'une pareille absurdité. Au moment de monter en voiture pour quitter Bordeaux, le Prince fut gracieux envers toutes les personnes qui l'entouraient. Je fus le seul auquel il n'adressa pas la parole. Je puis dire aujourd'hui que le Prince ne fut ni juste, ni convenable envers moi. Mme la Duchesse fut bonne pour tous sans exception. Le souvenir plus que favorable qu'elle laissa à Bordeaux de sa personne ne sera contesté par personne [2].

En 1844, des émeutes eurent lieu à Toulouse à l'occasion du recensement. Mon ami le général Rulhières, qui, depuis, est devenu ministre de la guerre sous la Prési-

---

[1] La lettre écrite au maréchal-ministre au sujet du général d'Hautpoult porte, sur le registre de correspondance du général, la date du 30 janvier 1840 ; elle se termine par ces mots : « C'est avec la » conscience d'être utile au service du Roi que je vous recommande » M. le général d'Hautpoult. » (*Note de l'éditeur.*)

[2] C'est le 8 février 1840 que le ministre de la guerre baron Bernard me fit maintenir dans la 1re section du cadre de l'état-major

dence, y commandait. Homme de guerre et de haute intelligence, cet officier général laissera un des noms les
plus chers à l'armée et au pays.

Aussitôt que je fus informé que l'autorité publique avait
été méconnue dans cette ville et mise hors d'état de pouvoir agir, je me décidai à donner l'ordre à un bataillon que
j'avais à Agen de se rendre à Toulouse à marches forcées,
et je le fis remplacer par un bataillon de Bordeaux. Je
rendis compte au ministre de la guerre de ces dispositions. Le maréchal Soult ne me répondit pas. Je compris
parfaitement ce silence, et je continuai à manœuvrer selon
mes convictions, sans aucune crainte.

Plus tard, l'opposition au recensement se manifesta dans
ma division; d'abord, dans les départements de Lot-et-
Garonne, puis dans la Dordogne, et, enfin, dans la Gironde. La peur avait gagné les préfets; tous me deman-
daient des troupes. Les courriers ordinaires n'allant pas
assez vite, ils m'envoyaient des estafettes; je leur répondais que je n'avais pas de forces suffisantes pour prévenir
le désordre, mais qu'elles suffiraient pour le réprimer, et
qu'à cet effet, je me porterais successivement avec des
masses sur les points où l'autorité ne serait pas respectée.
Je fis quelques changements dans l'emplacement de mes
troupes. J'intimidai les turbulents dans la Dordogne et dans
le Lot-et-Garonne, où j'avais envoyé, pour me représenter,
le colonel Neumayer, du 10e de ligne. Grâce à l'énergie de

général, conformément à la loi du 4 août 1839. Sa lettre d'avis se
terminait ainsi : « *Je me félicite, général, d'avoir à vous donner
avis d'une décision si honorable, et qui vous permet de consacrer
encore au service de l'État les fruits de votre longue expérience et
les qualités qui vous ont fait distinguer pendant tout le cours de
votre carrière.* »

cet officier supérieur, les troubles s'apaisèrent bien vite. Je fus heureux de pouvoir transmettre plus tard au colonel Neumayer les félicitations du ministre et la promesse du grade de maréchal de camp, qu'il obtint, en effet, quelque temps après. Neumayer est devenu depuis lieutenant général, et a commandé à Paris sous le général Changarnier, en 1850. C'est un homme de cœur et de tenue ; il l'a prouvé[1].

A Libourne, le maire fit le recensement comme il voulut, bien que j'eusse mis à la disposition du préfet des forces suffisantes pour le contraindre à se conformer à la loi.

A Bazas, le sous-préfet, le procureur du Roi et les gendarmes furent houspillés. Quatre compagnies, parties de Bordeaux à cinq heures du soir, se trouvèrent sur la place d'Armes le lendemain à quatre heures du matin. L'ordre fut rétabli immédiatement avec le secours de cette troupe.

Bordeaux voulut avoir aussi une émeute; elle fut annoncée par le chant de la *Marseillaise*. Je n'avais que deux bataillons et deux escadrons en ville ; mais douze compagnies venaient de la Charente pour me renforcer.

Le . . . . . , vers neuf heures, les réverbères furent cassés dans plusieurs rues, et des cris de *A bas le recensement !* furent vociférés par des *hommes qui ne possédaient rien*. Je fis courir les piquets d'infanterie et de cavalerie que j'avais sous la main sur ces émeutiers, qui furent chassés impitoyablement. Plusieurs arrestations eurent lieu, et l'ordre fut rétabli vers minuit.

[1] Né dans le grand-duché de Hesse, en 1789, Neumayer a fait les campagnes d'Allemagne, d'Espagne, de Portugal, des Pyrénées, de France, d'Espagne (1823), de Belgique et d'Afrique.

Dans la nuit, je donnai des ordres pour faire rentrer à Bordeaux l'infanterie que j'avais laissée à Libourne, et deux escadrons qui se trouvaient à Bergerac. J'envoyai un bateau à vapeur à Blaye pour y prendre les renforts qui me venaient de la Charente.

Le lendemain, les autorités se réunirent à la Mairie pour aviser aux moyens de réprimer l'émeute si elle se présentait encore. On mit en délibération s'il convenait de convoquer la garde nationale. J'opinai pour l'affirmative, bien persuadé qu'elle ne se rendrait pas en très-grand nombre ; mais je voulais lui ôter tout prétexte d'intervenir, comme à Toulouse, dans une collision sérieuse entre les turbulents et la troupe.

Vers huit heures du soir, des sifflets et les chants de la *Marseillaise* donnèrent le signal du rassemblement des émeutiers. Tout avait été prévu pour bien les recevoir. Je me rendis sur la place de la Comédie. Aussitôt que les émeutiers, armés de pierres, se présentèrent, ils furent refoulés avec une vivacité à laquelle ils ne s'attendaient pas. La police, parfaitement dirigée, fit beaucoup d'arrestations. Vers onze heures, l'attaque recommença. Les assaillants furent encore repoussés durement. Vers minuit, une tranquillité parfaite s'établit dans tous les quartiers de la ville.

Le lendemain, mes dispositions furent prises comme la veille. J'avais deux cents hommes de plus qui m'étaient arrivés dans la matinée. J'avais aussi trois cents gardes nationaux, parmi lesquels on comptait un grand nombre d'officiers, et notamment MM. Alauze, mon beau-frère, chef d'état-major de la garde nationale ; Biquet, chef de bataillon ; Bellus-Mareilhac, chef d'escadron, et d'autres dont les noms m'échappent. Ils se conduisirent fort bien, quoique la garde nationale fût opposée en principe au recensement.

Vers neuf heures du soir, les émeutiers, qui s'étaient recrutés dans la journée, s'avancèrent, les poches remplies de cailloux. Une petite colonne les refoula à coups de crosse. Elle rentra ensuite. Il lui avait été recommandé de ne point s'engager dans les petites rues. Vers minuit, tout rentra dans l'ordre. En rentrant chez moi, je reçus un coup de pierre à la jambe gauche, ainsi que mon ami et aide de camp le brave commandant Fornier de Saint-Larry [1].

Le troisième jour, je leur offris encore le combat; personne ne se présenta. On avait compris que j'étais bien décidé à faire mon devoir, quoi qu'il arrivât, et que je tenais à terminer honorablement ma carrière militaire.

Dans ces graves circonstances, la troupe fut admirable de tenue, et je trouvai dans le général Hurault de Sorbée et dans mon état-major de dévoués coopérateurs.

Rendant compte au ministre de la guerre des événements qui venaient de se passer, je ne pus m'empêcher de lui déclarer que l'autorité du gouvernement s'amoindrirait dans ces luttes. Voici en quels termes, d'ailleurs, je m'exprimais le 18 août 1841 :

« *Je crains de voir que, dans les départements du*
» *Midi, l'autorité sortira toute meurtrie de l'opération*
» *du recensement, sans autre résultat que d'obtenir des*
» *bases fausses et tout à fait dérisoires.* »

---

[1] Devenu plus tard colonel d'état-major et représentant du peuple. Fils d'un ancien questeur de la Chambre des députés sous la Restauration, Fornier de Saint-Larry, homme de cœur et d'aptitude, a toujours été pour moi un ami sincère.

Voici quelle fut la réponse du ministre, datée du 22 août :

« *Loin de penser comme vous, général, je crois que* » *l'autorité sortira de cette lutte avec plus de force qu'elle* » *n'en avait auparavant.* »

Ma lettre avait été portée au conseil des ministres et avait fait du tapage, le ministre de l'intérieur disant, comme toujours, que tout allait admirablement bien.

L'administration municipale m'adressa, le 15 août 1844, une longue lettre pour remercier les troupes placées sous mes ordres, à l'occasion de la conduite qu'elles avaient tenue pendant les troubles. Voici comment s'exprimait M. D. Johnston, maire de Bordeaux ; les termes de sa lettre feront comprendre la gravité de la lutte et les moyens employés pour la réprimer :

« . . . . Au courage commun à tous les soldats de » l'armée, ceux des régiments en garnison à Bordeaux ont » joint une modération plus rare et plus glorieuse encore; » car il y avait un vrai mérite à n'opposer que la patience » et la fermeté aux lâches et brutales attaques dirigées » contre eux. Honneur donc, général, aux braves mili- » taires qui, dans les moments difficiles, ne se sont pas » écartés de leur périlleuse consigne ! Honneur à vous, » général, qui avez personnellement concouru au réta- » blissement de l'ordre avec le dévouement le plus absolu. » Vous devez avoir une large part dans les sentiments de » notre gratitude. . . . »

Le 26 octobre 1844, je passai au cadre de réserve, conformément aux prescriptions de la loi[1].

_____

[1] Je dois rappeler ici les démarches flatteuses qui furent faites en ce moment par les principales autorités de la ville, les corps muni-

Je ne songeais plus aux affaires publiques. Je m'en croyais
cette fois tout à fait détaché, lorsqu'une ordonnance royale,
en date du 25 décembre 1841, m'appela à la Chambre
des pairs. J'en fus très-flatté, non que je me fisse illu-
sion sur le rôle que je devais jouer à la pairie dans notre
système constitutionnel, mais parce que je trouvais dans
cette nomination la dernière consécration des services que
j'avais pu rendre à mon pays. Je m'empressai de me rendre
à Paris pour prêter serment et prendre séance dans la
noble Chambre. C'est avec un sentiment de tristesse bien
grand que je constatai alors à quel degré d'abaissement
la Chambre des pairs, si riche en illustrations et en
grandes capacités, était tombée. Grâce au mauvais jeu du
système constitutionnel, je m'aperçus bien vite que le premier pouvoir de l'État après le Roi n'était plus qu'une cour
d'enregistrement, qu'un parlement sans droit de remon-
trances. Il ne pouvait en être autrement, et la faute de
cette situation ne devait retomber ni sur le gouvernement,
ni sur la pairie elle-même, s'efforçant de rendre tous les
services possibles. La Chambre des députés, gâtant tout,
nous signalant comme des invalides politiques tout au plus
bons à sanctionner ses votes, se présenta à mes yeux
comme le premier coupable !

Ajoutons que la Chambre des pairs, constituée comme
elle l'était, n'était pas née viable [1]. Une pairie sans hérédité
est un non-sens, un *mezzo-termine* impossible à bien dé-

cipaux et commerciaux de Bordeaux, ayant à leur tête MM. le baron
Sers, préfet, D. Johnston, maire, Wustenberg, président de la
Chambre de commerce. Je conserve avec soin dans mes papiers les
témoignages écrits de ces marques de sympathie.

[1] 371 nominations de pairs ont eu lieu du 4 juin 1814 jusqu'au
16 septembre 1824, y compris 28 nominations doubles par suite de

finir. Certes, la question de l'hérédité de la Chambre haute
est une grave question sur laquelle je n'ose émettre une
opinion bien absolue ; toutefois, je crois que, si une Chambre
haute délibérante est nécessaire, elle ne peut être qu'héréditaire. La conduite libérale et nationale de la pairie sous
la Restauration le prouve d'une manière évidente. Que les
gens d'ordre veuillent bien se rappeler que le Roi Louis-
Philippe, MM. Thiers, Casimir Périer, de Salvandy, et, en
un mot, tous les esprits sérieux de 1830, défendirent l'hérédité, qui succomba, non devant la conviction d'hommes
sensés, désintéressés et monarchiques, mais devant le vote
d'hommes passionnés, sans conviction aucune, et ne voulant plus d'hérédité, de peur de ne pouvoir un jour se pré-
lasser sur les bancs de la noble Chambre. Il est certain que,
si la Chambre eût été héréditaire, elle se serait recrutée
différemment, et le Roi y eût regardé à deux fois avant
d'envoyer certains personnages au Luxembourg.

J'ajouterai que l'hérédité a produit, et aurait produit si
elle existait encore, de grands résultats. Il suffit de citer
quelques noms, tels que ceux du comte de Montalembert,
l'illustre orateur ; du duc d'Harcourt, ambassadeur ; des
marquis de Laplace, comte d'Astorg, marquis de Grouchy,
comte de Ségur, duc de Plaisance, marquis de Latour-
Maubourg, duc de Coigny, duc de Fezensac, lieutenants
généraux ; comte Lanjuinais, ministre ; marquis de Bar-
thélemy, excellent orateur ; comte Daru, comte Desèze,

---

l'ordonnance du 24 juillet 1815 et de l'art. 68 de la Charte de 1830 ;
94 nominations de pairs faites sous Charles X ont été annulées par
l'art. 68 de la Charte de 1830 ; 333 nominations ont été faites sous le
règne de Louis-Philippe ; 64 pairs ont été admis à titre héréditaire
de 1814 à 1831 ; 19 pairs, dont les droits étaient acquis antérieure-
ment à cette loi, ont été admis de 1831 à 1848. *(Note de l'éditeur.)*

marquis de Maleville, comte Montalivet, comte Herwyn de
Neuville, comte de Casabianca, ministres ; comte Duchatel,
ministre ; comte Lemercier, duc de Bellune, comte Pelet,
comte de Danrémont, ambassadeur ; comte de Marcellus,
duc de Bassano, marquis Turgot, duc de Dalmatie, comte
de Gouvion Saint-Cyr, comte de Sainte-Aulaire, baron
Portal, ancien conseiller d'État ; duc de Noailles, de
l'Institut ; comte Déjean, ancien directeur général des
Postes ; duc de Valmy, général de Salles, gendre du ma ·
réchal Vallée ; comte de Preissac fils, préfet ; vice-amiral
Bouet, gendre du comte Villaumez ; prince Al. de Bro-
glie, et une foule d'autres, enfin, dont j'oublie les noms.
Un de nos anciens collègues, très-fort en statistique (je
ne veux pas parler de M. Ch. Dupin), me démontra un
jour que plus de la moitié des pairs arrivés par l'hérédité
avaient marqué dans les fastes de la France par d'incon-
testables capacités; il expliquait ce résultat par l'éducation
première, et je crois qu'il avait raison[1].

[1] Depuis 1814 jusqu'en 1848, il a été nommé 798 pairs ; 270 à
300 ont laissé ou laisseront des descendants ; 500 environ sont morts
ou mourront sans enfants. Or, sur les 270 à 300 fils de pairs qui ont
succédé ou qui auraient succédé, plus de la moitié ont occupé ou
occupent aujourd'hui un rang distingué dans l'armée, la magistra-
ture, la diplomatie, les sciences ; les autres, trop jeunes encore,
ou arrêtés par les révolutions, n'ont pu mettre encore en évidence
les qualités que l'on ne saurait leur dénier au point de vue d'une
statistique. L'on peut donc conclure de ces faits que la moité au
moins de la Chambre des pairs, si la pairie et l'hérédité existaient
encore, serait à la hauteur de sa mission.
  Allant plus loin, nous dirons que la *moyenne* se serait élevée,
dans la suite des temps, par le seul fait de l'éducation. En effet,
l'on ne peut contester qu'une fois l'institution parfaitement assise,
les fils des pairs n'eussent été élevés en vue de leur destinée fu-
ture, et que, vivant dans le milieu le plus intelligent du monde, ils
ne fussent arrivés à devenir plus qu'aptes à remplir leur mandat,

Ce fut dans ce voyage à Paris que l'un de mes vieux amis, le docteur Alquié[1] m'annonça que mon nom était gravé sur le côté droit de l'Arc-de-Triomphe ; je n'en savais rien, et je fus très-sensible à cette galanterie toute spontanée du maréchal Soult et de mes amis.

par le fait d'une éducation forte et toute spéciale. — L'exemple de la pairie anglaise est là, d'ailleurs, pour réfuter tout raisonnement contraire. Ceci admis, nous dirons que, quelle que soit la forme du gouvernement, si elle n'est pas républicaine, l'une des deux Chambres, pairie ou sénat, doit être héréditaire. Il ne saurait en être autrement dans une société admettant le principe de l'hérédité *dans la famille, dans l'autorité, dans la propriété.* L'abolition de l'hérédité en 1830 (l'hérédité existante) fut donc un acte coupable et illogique ; coupable, au point de vue de la conservation ; illogique, au point de vue du raisonnement. Un seul fait le prouvera. La charte de 1830 reconnaissait au cens, c'est-à-dire à la propriété héréditaire, le droit d'élire les députés, et elle lui déniait immédiatement une représentation plus élevée, venant de donner de hautes preuves d'indépendance !

Il y a dix ans, nous n'eussions point exprimé ces idées : nous étions trop intéressé à les voir réussir ; dégagé, aujourd'hui, de *toute inquiétude à ce sujet,* nous émettons franchement notre opinion, en homme ne posant pas un principe sans en accepter les conséquences les plus rigoureuses.

Nous nous résumons. L'hérédité des Chambres hautes est tombée, en France, non devant le fait ou le raisonnement, mais bien devant les passions et les plaisanteries. *L'on ne verra plus la main d'une nourrice fouetter la pairie au berceau,* c'est très-vrai ; mais l'on verra toujours, il faut du moins l'espérer, la main d'une nourrice *pouvant* fouetter le futur chef de l'État, ce qui est bien autrement grave ! Passions et plaisanteries, voilà les armes du grand nombre ; elles sont plus terribles que les coups de fusil de la rue et font plus de mal, car elles ne s'attaquent pas au corps, mais bien à l'esprit, dont elles faussent les inspirations. *(Note de l'éditeur.)*

[1]Enfant de Montréjeau comme moi, Alquié débuta sous mes auspices, en 1812, dans le 18e de ligne, et fit les glorieuses campagnes de 1813, 1814 et 1815, et, plus tard, celles d'Afrique. Après avoir été attaché pendant plus de quarante ans au service médical de l'armée, et après avoir parcouru tous les degrés de sa

La même année, mes collègues de l'administration des Hospices et du Bureau central de charité m'appelèrent à la direction de ces commissions en qualité de vice-président ; j'en fus très-flatté, car j'étais heureux de consacrer mes dernières années au service des pauvres, et de contribuer, dans les limites de mes forces, à la prospérité de la ville de Bordeaux.

L'année suivante, M. Johnston, maire de Bordeaux, ayant donné sa démission, le Roi me fit appeler pour m'offrir la mairie de cette ville. Malgré les instances de Sa Majesté et du maréchal Soult, du baron Sers[1], préfet de la Gironde, de l'archevêque[2], des adjoints, et, je puis le dire, de toute la population, instances dont je conserve

hiérarchie et occupé dans l'enseignement les plus hauts emplois de sa profession, Alquié est aujourd'hui inspecteur général du service de santé des armées, commandeur de la Légion-d'Honneur, directeur de l'École impériale d'application de la médecine militaire, etc., etc.

Depuis l'époque où le général écrivait cette note, M. le docteur Alquié est devenu médecin inspecteur de l'établissement thermal de Vichy, médecin consultant de l'Empereur et commandeur de l'Ordre pontifical de Saint-Grégoire-le-Grand. *(Note de l'éditeur.)*

[1] Fils du comte Sers, sénateur et Bordelais, M. le baron Sers, pair de France, a été l'un des préfets les plus sérieux et les plus remarquables de France ; c'était un honnête homme et un magistrat d'une grande droiture d'esprit.

[2] Voici la lettre de M. le Préfet de la Gironde :

« Bordeaux, le 28 mars 1842.

» Monsieur le vicomte et cher général,

« Vous savez quel est, à Bordeaux, le vœu public. La popula-
» tion n'a pas hésité un seul instant, depuis que la démission de
» M. Johnston est connue, à vous souhaiter pour maire....

« J'ai été charmé, je l'avoue, d'apprendre que le séjour de Paris
» ne vous avait pas séduit ; j'aurais été surpris qu'il en eût été au-
» trement. Il me semble que la droiture et le bon sens y sont froissés.
» Ici, du moins, nous chercherons à les faire prévaloir de notre

précieusement les témoignages écrits, je refusai. Il ne pouvait, en effet, me convenir, à mon âge, de rentrer dans la vie publique, dans des fonctions aussi difficiles que celles de maire d'une grande ville. Le gouvernement, voulant à toute force me décider, me promit le grand cordon, et même un traitement ; je refusai toujours. Je fus assez heureux pour désigner au duc de Dalmatie M. Duffour-Dubergier, que j'estimais beaucoup, et dans la capacité duquel j'avais grandement confiance. Ce choix fut sanctionné.

Le souvenir si honorable de l'administration éclairée et populaire de M. Duffour-Dubergier est toujours trop présent à l'esprit de nous tous, pour que je n'aie pas encore à

« mieux. Si vous vous chargez de la mairie, vous verrez le bien
« surgir de tous côtés dans cette administration municipale, tout
« comme dans celle des Hospices, à laquelle il vous a suffi de tou-
« cher pour créer cinquante lits de plus pour les vieillards.

   « Le service que vous nous rendrez en acceptant sera immense.
« Vous êtes le *seul*, dans le Conseil municipal, dont la nomination
« puisse empêcher la dislocation complète de la mairie. Les adjoints
« resteront avec vous, je m'en suis assuré : tous sont venus me le
« déclarer spontanément pour ainsi dire........

   « Quant à moi, vous comprenez que je vous devrais de la recon-
« naissance ; chaque instant de nos relations serait appliqué à vous
« démontrer que j'en suis pénétré.

   « Revenez-nous donc maire de Bordeaux ; vous serez parfaite-
« ment libre de retourner à la Chambre des pairs aux époques où
« cela vous conviendra....

   « Soyez certain, Monsieur le vicomte et cher général, que les ser-
« vices de maire de Bordeaux, entés sur ceux si glorieux que vous
« avez rendus dans l'armée, vous placent dans la situation la plus
« belle où puisse se trouver un homme de bien. En y arrivant pair
« de France, nul ne peut même soupçonner que ce n'est pas le seul
« désir d'être utile à notre belle ville qui vous porte à accepter des
« fonctions laborieuses. Tout le monde, ici, connaît la simplicité de
« vos goûts ; on ne supposera pas que vous puissiez être séduit par

me féliciter de mon intervention dans cette circonstance.
Voici en quels termes je refusai :

« Monsieur le maréchal de Dalmatie,

» Après avoir pris l'avis de ma famille et consulté mes
» forces, je ne puis, à mon grand regret, me charger des
» honorables fonctions auxquelles m'appellent la confiance
» du gouvernement et le vœu des habitants de Bordeaux.
» Quarante-huit années de services non interrompus ont usé

» des honneurs que vous fuyiez lorsqu'ils étaient dus à votre posi-
» tion de commandant de la division.
    » Veuillez agréer, Monsieur le vicomte et cher général, l'hom-
» mage de ma bien haute considération et de mon attachement.

» SERS. »

Voici la lettre de l'archevêque de Bordeaux :

« Bordeaux, le 20 mars 1842.

    » Général,

    » On parle beaucoup à Bordeaux de votre nomination à la mairie,
» laissée vacante par la démission de M. Johnston ; mais on parle
» aussi des craintes qu'éprouvent les vrais amis de la chose publique
» de vous voir décliner le fardeau. S'il m'était permis de jeter un
» poids dans le bassin qui porte les grands intérêts de notre pays,
» je viendrais vous conjurer bien fort de nous venir en aide. Les
» vœux de tous vous appellent. Dieu vous laisse encore de belles
» années pour faire le bien. Si la carrière des premières amours et
» des beaux titres de gloire vous est fermée par le temps et avant
» le temps, une nouvelle s'ouvre devant vous ; il faut la fournir. Si
» le carême n'était pas fini, j'emploierais le sermon pour chercher
» à vous convaincre. Vous me permettrez l'espérance de n'avoir qu'à
» unir bientôt mes remercîments à ceux de tous nos chers diocé-
» sains. Vous serez généreux jusqu'au sacrifice : la générosité, le
» dévouement sont de vos péchés d'habitude ; il ne faut donc vous
» souhaiter que la persévérance.
    » Je suis avec un respectueux et bien cordial dévouement,

» Général,

    » Votre très-humble et très-obéissant serviteur.
    » † FERDINAND, archev. de Bordeaux. »

» ma vie ; et s'il me reste encore quelques facultés, je dois
» les consacrer à l'étude des questions d'intérêt général dont
» j'aurai à m'occuper dans la haute position politique à la-
» quelle le Roi a daigné m'élever. Soyez persuadé, Monsieur
» le maréchal, que, si je pouvais remplir utilement la tâche
» difficile et laborieuse laissée par M. David Johnston que
» toute la ville va regretter, je n'hésiterais pas à donner à
» mes concitoyens cette nouvelle preuve de mes sympa-
» thies et de mon dévouement.

    » Je vous prie, Monsieur le maréchal, de recevoir avec
» bonté mes excuses, et d'agréer l'hommage de mon pro-
» fond respect.

    » Veuillez agréer, etc. »

Débarrassé de toutes préoccupations, je vivais paisible
à Bordeaux, lorsqu'éclata la révolution de 1848[1]. Les
événements qui s'accomplirent à cette époque sont trop
près de moi, et j'y ai pris une part trop officieuse, pour
qu'il me soit permis d'en parler[2].

Je dois constater seulement l'honorable et courageuse
conduite tenue, pendant ces jours difficiles, par M. Duffour-Dubergier, maire de Bordeaux, et plus tard par le baron
Neveux[3], préfet de la Gironde, vigoureusement assistés par

---

[1] La famille conserve des notes très-curieuses sur cette époque, et
sur certains événements accomplis à Bordeaux ; elle ne croit pas
devoir les publier. *(Note de l'éditeur.)*

[2] C'est le 3 juin 1848 que je reçus du citoyen Charras une lettre
m'annonçant que le gouvernement, usant de son pouvoir révolutionnaire, me mettait à la retraite, contrairement à tous les droits
acquis. Je dois dire ici, à la louange de mon camarade le général
baron Subervie, qu'il avait donné sa démission de ministre de la
guerre pour ne pas contresigner cette spoliation odieuse.

[3] Préfet de la Gironde de 1848 à 1851, M. E. Neveux a su, pen-

une partie de la presse, la garde nationale, et les troupes sous les ordres du brave marquis de Grouchy et du général d'Arbouville, si populaire et si distingué.

Bordeaux s'est honoré, par son attitude et son profond dévouement aux grands principes de l'ordre, pendant les premières années de notre dernière révolution. Grâce au bon sens de notre belle population, il n'y a pas eu à Bordeaux, en 1848, un seul moment d'hésitation.

C'est vers cette époque que j'eus l'honneur d'entrer en relation avec l'illustre maréchal Bugeaud, venu à Bordeaux dans des circonstances graves pour mettre son épée au service des honnêtes gens.

Je dois avouer qu'avant cette entrevue, j'avais encore quelques doutes sur la haute capacité militaire et politique du duc d'Isly. Cette conversation changea bien vite ma manière de voir. Je fus enthousiasmé de tant de mérite, de vues pratiques et de haute raison. Le maréchal Bugeaud a été l'un des grands hommes de la France. — Notre conversation dura trois heures. Il m'entretint, entre autres choses, des événements de 1848; il était excessivement irrité, ne comprenait pas la *non-résistance,* et s'exprimait dans des termes très-durs sur le compte du Roi Louis-Philippe.

En 1852, lors du passage à Bordeaux du Prince-Président, j'eus l'honneur d'être reçu en audience particulière, avec mon brave camarade d'Armagnac, par Son Altesse Impériale. Vieux soldats d'Égypte et d'Italie, les anciens

dant ces quatre années si difficiles, se concilier l'estime des hommes d'ordre de tous les partis. Me parlant de sa tenue au sein du conseil général, l'illustre M. Ravez me disait un jour : *M. Neveux m'étonne.* Rapporter ce mot, c'est faire, je crois, un grand éloge de M. Neveux.

colonels des 18ᵉ et 32ᵉ demi-brigades semblaient avoir
voulu vivre encore pour venir saluer le neveu de l'Empereur. Avec sa verve habituelle, d'Armagnac dit au Prince :
Cesar, mortui et morituri te salutant[1]. C'était vrai. Le
Prince fut charmant pour moi. Je lui demandai une sous-
préfecture pour mon fils, ancien capitaine d'état-major de
la garde nationale bordelaise et secrétaire général de la
Société des Fêtes de Charité; il me l'accorda. Quelque
temps après, mon fils fut envoyé à Argelès (Hautes-Pyrénées). Je conserverai toujours un précieux souvenir de la
bienveillance de Son Altesse Impériale dans cette circonstance, et de l'appui que mon fils trouva plus tard dans
M. le comte de Persigny, ministre de l'intérieur[2].

Le 31 décembre 1853, je fus remplacé à la commission
des Hospices par suite de la mise en coupe réglée de cette
administration, système vicieux appliqué pour la première
fois sous un gouvernement qui, dans l'ordre politique, avait,
et très-sensément, protesté contre le principe de la non-
rééligibilité[3]. Ma sortie de cette commission, atténuée,
il est vrai, par une lettre des plus gracieuses de l'honorable
M. de Mentque, préfet de la Gironde, et une délibération
de mes collègues, me fut très-sensible. On n'abandonne

---

[1] Chose vraiment extraordinaire, le général d'Armagnac est mort
le jour même où le général Pelleport tombait malade, et ni l'un ni
l'autre de ces deux vieux soldats n'a eu connaissance de la mort de
son camarade. *(Note de l'éditeur.)*

[2] Homme politique aussi net qu'honorable, M. de Persigny a
épousé la petite-fille du plus illustre de mes anciens chefs, du maréchal Ney de la Moskowa.

[3] S'il vivait encore, le général serait bien heureux d'apprendre
que ce système vicieux à tous égards est enfin abandonné, et qu'un
membre dont les pouvoirs expiraient le 31 décembre 1856 vient
d'être renommé pour six ans. *(Note de l'éditeur.)*

pas sans de vifs regrets une administration au bien-être
de laquelle l'on a consacré vingt années de sa vie.

Voici la lettre de M. le Préfet :

« Monsieur le général,

» Je ne saurais vous exprimer à quel point la communi-
» cation que je vais avoir l'honneur de vous faire m'est pé-
» nible ; mais c'est pour moi une question de devoir, et, à
» ce titre, j'ai la confiance que vous ne m'en saurez pas
» mauvais gré. Le temps de vos fonctions comme membre
» de la Commission administrative des Hospices de Bor-
» deaux doit expirer le 31 de ce mois. Il résulte des ins-
» tructions de M. le Ministre de l'intérieur que nous ne
» devons pas laisser les commissions administratives s'im-
» mobiliser pour ainsi dire, et qu'il convient d'adjoindre
» successivement des membres nouveaux aux membres
» anciens. Le renouvellement aura lieu tous les ans, et la
» généralité de l'application de la mesure écarte ce qu'elle
» présenterait de pénible si elle avait un caractère exception-
» nel. C'est ainsi que, l'année dernière, l'honorable M. Dé-
» grange-Touzin, président de chambre à la Cour impé-
» riale, et membre du Conseil général, est sorti de la Com-
·» mission administrative des Hospices, bien qu'il joignît
» l'expérience et les lumières à une grande honorabilité per-
» sonnelle. Je me trouve, Monsieur le général, dans la
» même situation à votre égard, au moment où je vais
» nommer un nouveau membre de l'administration hospi-
» talière. En accomplissant cet acte, qui me coûte beau-
» coup, je vous prie de vouloir bien agréer l'hommage de
» la profonde reconnaissance qu'inspirent à tout le monde
» les services éminents que vous avez rendus.

» L'arrêté qui va pourvoir à la nomination d'un membre

» de la Commission administrative des Hospices consacre,
» à votre égard, Monsieur le général, le titre de membre
» honoraire de cette commission.

   » Veuillez agréer, etc.

         » *Le Préfet de la Gironde*,   E. DE MENTQUE. »

Le souvenir que j'emporte de mon passage dans la
Commission des Hospices de Bordeaux est destiné à
remplir les dernières années de ma carrière. Il me sera
difficile d'oublier mes relations si amicales avec les bonnes Sœurs des hospices, avec MM. Mathieu [1], Sylvestre
Delbos [2], Faure [3], Wustenberg [4], Duffour-Dubergier [5],
Gautier aîné [6], Dégrange-Touzin [7], Ravez fils [8], Feger-

---

[1] Ancien maire de Bordeaux sous l'Empire, ancien premier adjoint de la mairie sous Louis-Philippe, officier de la Légion-d'Honneur, M. Mathieu a été l'un des premiers hommes d'affaires de
Bordeaux, et je suis persuadé que partout il eût été remarquable.

[2] Ancien président du Tribunal de commerce, et chef de la maison
Delbos, de Bordeaux. *(Note de l'éditeur.)*

[3] Ancien président du Tribunal de commerce et l'un des chefs de
la maison Faure frères; nous quitta après le 2 décembre. M. Lucien
Faure a été l'un des membres les plus actifs et les plus dévoués de
la commission.

[4] Ancien pair de France, ancien député, ancien président de la
Chambre et du Tribunal de commerce, homme d'une distinction et
d'une modestie peu communes.

[5] Ancien maire de Bordeaux, ancien président du Conseil général,
de la Chambre de commerce, etc., etc. L'importance de M. Duffour-Dubergier, acquise par de grands services, est trop connue
pour avoir besoin de l'expliquer ici.

[6] Maire actuel de Bordeaux, ancien adjoint de maire de Bordeaux,
de 1830 à 1848, membre du Conseil général, etc. *(Note de l'éditeur.)*

[7] Président de chambre à la Cour, neveu de Martignac, homme
d'une haute intelligence.

[8] Ancien avocat général sous la Restauration, fils de l'illustre premier président. *(Note de l'éditeur.)*

Kerhuel [1], Basse [2], A. Léon [3], baron Sarget, Portal [4], avec le bon et intelligent Pelauque [5] et ce dévoué Jardel, avec tous ces hommes de cœur accomplissant, avec respect et dévouement, une noble et sainte mission.

Qu'il me soit permis de déplorer le mode employé actuellement pour la nomination des membres des administrations charitables. En remettant aux préfets la nomination des administrateurs, on a amoindri d'une manière très-sensible leur importance, et, par suite, la considération même du corps tout entier. Sous l'empire de l'ancienne législation, la Commission se recrutait elle-même et élisait ses membres; il y avait, dans le vote qui vous appelait à faire partie de la réunion, un je ne sais quoi d'extrêmement flatteur.

Je fus remplacé par un médecin. Laissant de côté les personnalités, je regarde, en principe, cette nomination comme très-dangereuse. L'ancienne Commission fut toujours opposée à admettre, dans les rangs d'une admi-

---

[1] Ancien membre de diverses administrations de charité, homme d'une grande activité.

[2] Ancien président du Tribunal et de la Chambre de commerce. Doué d'un esprit sage et cultivé, M. H. Basse devait devenir l'un des membres les plus influents de la Commission s'il avait voulu y rester.

[3] Membre de la Chambre de commerce et chef de la maison Léon frères, de Bordeaux, M. Alfred Léon est un excellent esprit. Avant de faire partie de la Commission, il avait rendu à l'administration charitable de Bordeaux de grands services, en faisant venir sans frais, dans un moment de crise, des blés d'Espagne.

[4] Ancien chef de la maison Balguerie-Stuttenberg, excellent homme, a rendu des services aux établissements de charité.

[5] Homme d'une rare intelligence, d'une grande honnêteté et d'une facilité de travail extraordinaire, Pelauque a été l'âme de la Commission des Hospices pendant de longues années. Nous perdîmes cet excellent collaborateur en 1850 ou 1851.

nistration appelée à ouvrir les portes des hôpitaux aux jeunes médecins, des hommes de l'art. Tout le monde connaît les rivalités sans nombre qui existent dans les corps médicaux [1].

Je transcris ici la délibération prise au sujet de mon remplacement par la Commission des Hospices :

' Qu'il nous soit permis de soulever ici une grave question : L'ancien mode d'administration des hospices et établissements de charité n'était-il pas préférable au système actuel? En un mot, ne valait-il pas mieux laisser aux administrations hospitalières leur salutaire indépendance, précieux legs des siècles passés, que de les absorber entièrement dans le rouage administratif? Nous le pensons.

Créés par la charité privée dès les premiers âges du christianisme, les administrations des *léproseries, maladreries*, et plus tard des hospices et hôpitaux, furent presque toujours indépendantes. Charlemagne, saint Louis, Charles IX, Louis XIV et Louis XVI ne voulurent intervenir dans les œuvres de bienfaisance que pour réformer les abus de la mendicité et activer, en la coordonnant, l'action des autorités locales.

Que l'État intervienne pour surveiller, contrôler, rien de mieux : c'est son droit, et, ce qui est plus, son devoir; mais qu'il intervienne au point de nommer les administrateurs et d'en faire des fonctionnaires, c'est ce que nous ne saurions admettre. C'est, du moins, ce que nous croyons contraire aux antécédents de l'institution et nuisible au but qu'elle se propose d'atteindre. Le système actuel est un *mezzo-termine* difficile à bien apprécier. Mieux vaudrait radicalement supprimer les commissions administratives, et créer dans chaque mairie ou dans chaque préfecture, selon que l'on admettrait que les établissements d'assistance seraient municipaux ou départementaux, une division hospitalière, qui administrerait les hospices comme la police, les contributions, la voirie. On gagnerait certainement, du moins, à l'adoption de ce système, en régularité et en promptitude. Revenir à l'ancien mode de nomination serait préférable toutefois et plus sympathique aux masses, qui savent, *par tradition et par instinct*, que, pour faire produire à l'esprit de charité de grands résultats, il faut lui laisser le choix de ses hommes et de ses moyens d'action. *(Note de l'éditeur.)*

« *Extrait des registres de délibérations de la Commission administrative des Hospices de Bordeaux.*

» Séance du 5 janvier 1854.

» Étant présents : MM. A. Gautier, maire de Bordeaux, président; Maillères, Ed. de Chancel, Alf. Léon et Gintrac, administrateurs,

» M. le Maire de Bordeaux donne lecture d'une lettre de M. le Préfet, en date du 29 décembre 1853, portant envoi, 1° d'une expédition d'un arrêté qui nomme M. le docteur Gintrac membre de la Commission administrative des Hospices civils de Bordeaux, par suite de la cessation des fonctions de M. le général vicomte de Pelleport, et qui confère à M. le vicomte de Pelleport le titre de membre honoraire de la Commission; 2° d'une copie de la lettre qu'il a écrite à M. le Général pour lui notifier cette décision.

» M. le Maire donne aussi lecture de cette lettre et de l'arrêté de nomination.

» Après avoir payé à M. le général vicomte de Pelleport le tribut de reconnaissance que méritent ses longs et honorables services dans l'administration des Hospices, et pris part au regret bien légitime que la Commission doit éprouver de se voir séparée d'un homme recommandable à tous les titres par les qualités qui le distinguent, et qui dirigeait ses travaux depuis plus de vingt ans, il se félicite. . . . . . .

» Puis reprenant, en ce qui concerne M. le général vicomte de Pelleport, que la Commission entourait d'une vénération justement méritée par les services éminents rendus par lui dans la longue et glorieuse carrière qu'il a parcourue, il propose d'ajouter, au titre de *membre ho-*

noraire qui vient de lui être conféré, l'expression écrite
des sentiments de respect, de gratitude et d'affection dont
la Commission est pénétrée pour sa haute honorabilité, et
de consacrer ainsi de plus en plus le souvenir de ses services et de ses hautes qualités.

» S'identifiant complètement avec la pensée de M. le
Maire, la Commission adopte sa proposition *à l'unanimité,
et délibère,* en outre, sur la demande d'un membre, que
la lettre si justement flatteuse écrite par M. le Préfet à
M. le général vicomte de Pelleport sera consignée tout au
long au procès-verbal de la séance, et qu'une sous-
commission portera au général un extrait du procès-verbal
de cette séance, afin de lui laisser un témoignage des
sentiments dont tous les membres de la Commission sont
animés pour sa personne.

» Délibéré par la Commission.

» *Le Maire de Bordeaux, président,*

» Signé A. GAUTIER aîné. »

Ici doivent enfin s'arrêter mes *Souvenirs.*

Le but que j'ai eu en les écrivant a été, comme je l'ai
déjà dit, d'occuper mes loisirs; en essayant de me poser
au naturel à une époque où tout le monde se pose en
beau, le vœu que je forme aujourd'hui en les terminant,
c'est que le récit de mes travaux, indiquant à mon fils la
ligne de conduite qu'il doit tenir, lui serve de protection en
lui aplanissant les difficultés de la carrière.

FIN DES SOUVENIRS.

PIÈCES COMPLÉMENTAIRES

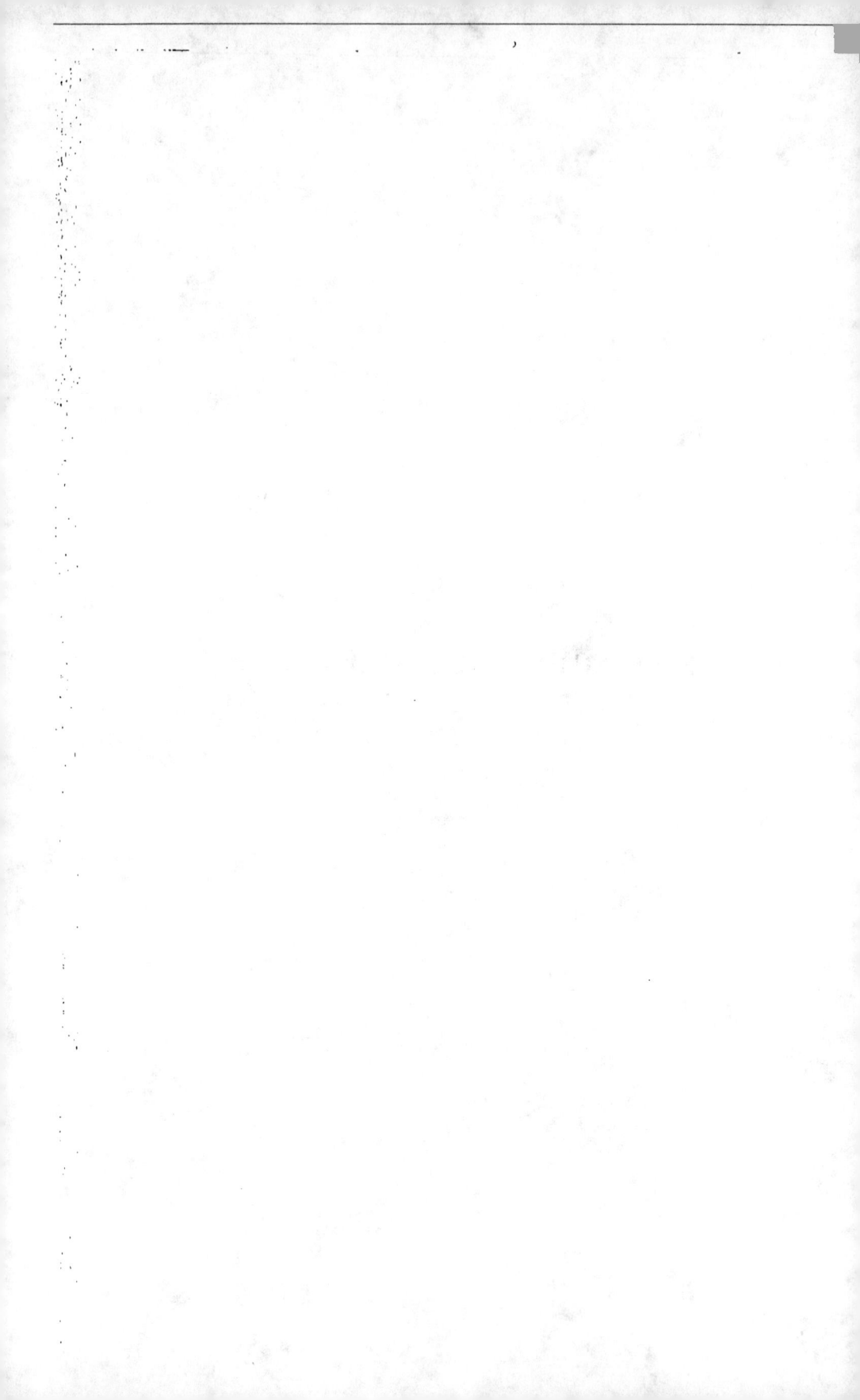

OBSÈQUES DU GÉNÉRAL

—·······—

EXTRAIT

DES JOURNAUX DE BORDEAUX

17 décembre 1856.

—

Aujourd'hui 17 décembre ont eu lieu, au milieu d'une foule immense, les obsèques du général de division vicomte de Pelleport, ancien pair de France, ancien membre du Conseil supérieur de la guerre, ancien commandant supérieur de la garde nationale de Bordeaux et des 21ᵉ et 11ᵉ divisions militaires, ancien président de la Commission des Hospices de Bordeaux et du Bureau central de charité, ancien membre du Conseil général de la Haute-Garonne, etc., etc.

On peut dire que tout Bordeaux était représenté à ces tristes funérailles, qui ont eu lieu dans l'église Saint-Louis avec une pompe extraordinaire.

Toutes les rues par où devait passer le cortége, depuis la maison mortuaire jusqu'à l'église, étaient encombrées d'une foule immense, et l'éloge de l'illustre défunt était dans toutes les bouches.

À dix heures, le cortége s'est mis en marche. Le char, attelé de quatre chevaux richement caparaçonnés de noir, portait, sur les quatre faces, les armes du défunt. Le chapeau et l'uniforme du général reposaient sur le cercueil.

Un maître de cérémonies portait, sur un coussin de velours noir, l'épée du général et les nombreuses décorations du défunt, parmi lesquelles on remarquait le cordon rouge de Saint-Louis, la grande plaque de la Légion-d'Honneur, l'Ordre de 4ᵉ classe de Saint-Ferdinand d'Espagne, la croix de la Couronne de Fer.

Le deuil était conduit par M. le vicomte Ch. de Pelleport, ancien sous-préfet d'Argelès et ancien capitaine d'état-major de notre garde nationale, actuellement attaché à l'administration centrale du ministère de l'intérieur, fils unique du général, et par MM. J. Alauze, ancien colonel de la garde nationale bordelaise, chevalier de la Légion-d'Honneur; Limoges, conseiller en la Cour impériale; Jean Guilhou, et Charles Balguerie junior, fils de l'ancien député de la Gironde, beaux-frères de l'illustre défunt.

Les coins du poêle étaient tenus par MM. de Mentque, préfet de la Gironde; Gautier aîné, maire de Bordeaux; Favereau, général de brigade, ancien commandant de la garde nationale bordelaise; de Lafitte, intendant militaire de la division; le colonel de gendarmerie; le colonel Espivent de la Villeboisnet, colonel d'état-major; Wustenberg, ancien pair de France; Duffour-Dubergier, président de la Chambre de commerce, ancien maire.

Dans le nombreux cortége, on remarquait MM. de la Seiglière, premier président; le secrétaire général de la Préfecture; les membres de la Cour impériale; M. le Procureur général; tous les chefs des administrations; le colonel Carvalho, ancien commandant de la garde nationale bor-

delaise ; MM. G. Curé, ancien maire de Bordeaux ; C. Lopès-
Dubec, ancien représentant ; le corps municipal, la
Chambre et le Tribunal de commerce, les administrations
charitables de Bordeaux, le Bureau de la Société des Fêtes
de Charité dont M. de Pelleport fils fut longtemps secrétaire
général, et toutes les notabilités commerciales de notre
grande cité.

Une députation de la garnison de Bordeaux ; le bataillon
des sapeurs-pompiers, qui, sous la conduite du brave
commandant Laporte, avait spontanément pris les armes ;
une députation de l'Hospice des Vieillards, des Enfants-
Trouvés, des Sourds-Muets, des Sœurs de Saint-Vincent
et des divers hospices de Bordeaux, ainsi que MM. les curés
de la ville, suivaient le char funèbre.

L'église Saint-Louis, richement décorée de tentures
noires semées de larmes d'argent, portait de tous côtés des
inscriptions rappelant les diverses fonctions remplies par
le général. Des drapeaux, reliés par des écussons aux
armes du défunt, brillaient de toutes parts le long de la
nef et aux quatre coins du catafalque.

Après l'absoute, M. le curé de Saint-Louis, prenant la
parole, a prononcé les paroles pleines d'à-propos que
l'on va lire, et qui sont un éloquent hommage rendu aux
sentiments religieux de celui qui, brave comme Bayard et
Turenne, mourut comme eux avec la foi et l'espérance du
chrétien.

Voici ce discours :

« Je laisserai à des bouches plus autorisées que la mienne
» le soin de raconter les actions guerrières de l'illustre gé-
» néral dont nous entourons la mortelle dépouille. Malgré
» l'éclat de sa carrière militaire, je vois en lui quelque

» chose qui captive davantage mon attention, et qui attache
» plus fortement mon cœur. Le général Pelleport était
» chrétien, il est mort en chrétien. Je le vois encore, le
» dimanche, confondu avec la foule dans un des coins
» obscurs de cette église, toute remplie, en ce moment,
» de sa renommée militaire... Je l'entends encore me dire
» d'une voix émue, l'avant-dernier jour de sa vie, après
» une prière récitée au pied de son lit : « Monsieur le
» curé, la prière que vous venez de faire, je l'ai récitée,
» au moins maintenant, tous les jours de ma vie. » C'était
» l'*Oraison dominicale* et la *Salutation angélique*. —
« Général, lui répondis-je, ce sont les deux plus belles
» prières que nous ayons : la première nous a été enseignée
» par Notre-Seigneur Jésus-Christ lui-même ; la seconde est
» presque tout entière textuellement dans le saint Évan-
» gile. » La veille, il avait demandé lui-même à recevoir
» le saint viatique. Quoique mourant, son noble front et
» son regard assuré commandaient encore ; mais il s'inclina
» devant son Dieu, et son air de foi, de piété sincère
» nous édifia, nous toucha, nous émut profondément.
» Quelques pauvres femmes avaient accompagné le Saint-
» Sacrement, et pénétré jusque dans les appartements du
» moribond. Je savais que cet humble cortége, qui va si
» bien d'ailleurs à notre Dieu, plairait au bon général, qui
» a tant aimé les pauvres, les faibles, les petits, les mal-
» heureux ; il leur a consacré les dernières années d'une
» vie si bien remplie.

» Ah ! Messieurs, ou plutôt mes frères, mes très-chers
» frères, écoutez-moi bien. Demandez à Dieu que cette
» histoire soit un jour la vôtre. Tous ne sont pas appelés
» à commander des armées, tous ne sont pas même ap-
» pelés au noble métier des armes ; mais tous nous devons

» mourir, et tous nous sommes appelés, par le baptême
» et notre éducation, à mourir en chrétiens. Ranimons nos
» sentiments de foi aux exemples que la Providence nous
» fournit aujourd'hui.

» Voyez encore, mes frères, le grand enseignement qui
» ressort de cette vie d'héroïsme et de dévouement. Le
» nom du général Pelleport figure glorieux sur un arc-de-
» triomphe, monument de nos victoires. L'histoire con-
» servera le souvenir des principales affaires dans lesquelles
» il s'est illustré... *Mais que de faits plus héroïques peut-*
» *être dans sa longue et honorable carrière resteront in-*
» *connus ou seront oubliés!* Les hommes ne savent pas
» tout; et la part la plus noble et la plus belle de l'hé-
» roïsme guerrier, la part de l'âme, celle du sentiment et
» du cœur, reste dans l'obscurité de la conscience. Or,
» l'œil de Dieu pénètre partout; la main de Dieu burine
» tout ce qui est fait pour lui, et le héros chrétien ne perd
» rien de ce qui peut honorer sa vie, lorsque son intention
» a rapporté toute la vie à Dieu. Oui, mes frères, et le
» sang versé pour la patrie, et les larmes données à un
» malheureux, et les soins consacrés à l'indigence, et même
» le verre d'eau froide de l'Évangile, Dieu voit tout, Dieu
» pèse tout, Dieu garde tout!... Oh! quel motif pour nous
» de servir Dieu avec plus de fidélité! Guerriers qui
» m'entourez, c'est à vous surtout que je m'adresse, parce
» que ce cercueil, cette cendre et cette gloire vous appar-
» tiennent plus particulièrement. Je vois, d'ailleurs, sur
» vos mâles visages se réfléchir tout ce que je viens de
» vous dire. Oui, vous connaissez l'héroïsme du devoir!
» Oui, vous sauriez vous sacrifier seuls, tout seuls à une
» consigne, dussent votre nom et votre héroïsme rester
» ignorés, oubliés!... Eh bien! soyez chrétiens, soyez-le

» toujours. Et regardez! Vous avez un chef bien au-dessus
» de vos chefs, qui toujours vous suit, toujours vous re-
» garde : c'est Jésus-Christ ! Il tient dans ses mains une
» croix, qui est aussi, comme les vôtres, un signe d'hon-
» neur. Aucun de ceux qui auront vaillamment combattu
» pour lui ne sera privé de sa palme et de sa couronne ; et,
» ne l'oubliez pas, si les lauriers de la gloire humaine se
» flétrissent, si la main glacée de la mort nous arrache tout
» ici-bas, les richesses, les honneurs, même la gloire...,
» la palme que Jésus-Christ vous remettra sera immor-
» telle. »

L'office terminé, le cortége s'est remis en marche vers
le cimetière; là, en présence de la foule immense qui
n'avait cessé de suivre la dépouille mortelle de l'illustre
défunt jusqu'à sa dernière demeure, trois discours ont été
prononcés : le premier, au nom de l'armée, par le général
Favereau; le second, au nom de la ville, par M. le Maire
de Bordeaux; le troisième, par M. Feger-Kerhuel, ancien
membre de la Commission des Hospices de Bordeaux.

Nous ne pouvons reproduire la chaleureuse improvisa-
tion prononcée par le général Favereau. Nous savons,
toutefois, que l'ancien commandant supérieur de notre
garde nationale a su trouver d'heureuses expressions pour
peindre en un mot la vie si grande et si glorieuse du
défunt.

DISCOURS DE M. GAUTIER.

« Messieurs,

» Au moment de nous séparer pour toujours de la dé-
» pouille mortelle de notre illustre compatriote, qu'il me

» soit permis de prononcer encore quelques mots. Le gé-
» néral Pelleport m'a longtemps honoré de son amitié ; et
» l'affectueux respect qu'il m'avait inspiré me fait un de-
» voir de rendre à ses vertus un témoignage public, der-
» nière expression de dévouement et d'admiration.

» La vie du général ne s'est pas tout entière déroulée
» sur les champs de bataille. Lorsque l'âge l'eut forcé de
» déposer sa ceinture de commandant, ce citoyen illustre
» ne se crut pas quitte envers sa patrie. Il n'avait encore
» rien perdu de ce dévouement éclairé, de cet esprit juste,
» de ce culte de l'honnête et du vrai qui l'avaient fait briller
» à l'armée comme au conseil général de la guerre ; il les
» mit au service de sa ville adoptive. Il ne dédaigna pas
» d'organiser et de commander notre garde civique ; il ne
» dédaigna pas, lui qui avait été appelé par la monarchie
» aux conseils où avaient été délibérées la guerre d'Espagne
» et la conquête de l'Algérie, de devenir membre du con-
» seil de notre cité.

» Tout entier à ces nouveaux devoirs que lui imposait
» son dévouement au bien, il étudiait toutes les questions
» avec cette simplicité à la fois nette et profonde qui était
» le principal caractère de son esprit. La ville lui doit de
» longues et patientes études sur le projet d'un système
» hydraulique que Dieu ne lui a pas permis de voir réalisé.
» Deux fois ses concitoyens adoptifs l'ont ramené dans le
» conseil. A la troisième fois, songeant sans doute que son
» âge lui faisait un devoir de rétrécir le cercle dans lequel
» il devait agir, il déclina sa place au Conseil municipal ;
» mais, désireux encore de faire le bien, il se laissa
» nommer vice-président de la Commission des Hospices.
» Là, comme partout, il a montré, non seulement un es-
» prit d'ordre et de prévoyance, mais un cœur noble et gé-

» néreux. Le général Pelleport possédait au plus haut degré
» toutes les vertus qui font le vrai chrétien. Son intelli-
» gence, qu'une longue expérience des choses et des
» hommes avait agrandie, était prompte et sûre. Quoique
» l'un des fils d'une grande révolution, ses doctrines so-
» ciales étaient marquées au coin de la sagesse et de
» l'amour de l'ordre. Ami du progrès réel, il ne repous-
» sait pas les idées nouvelles ; mais, sage et circonspect,
» il les soumettait à l'épreuve de sa raison, si pratique et
» si ferme.

» Toujours bon et bienveillant, le général Pelleport,
» sans qu'on pût s'en étonner, prenait partout la première
» place ; il ne la cherchait pas, elle venait bien plutôt
» qu'il ne la saisissait ; et puis, enfin, un jour vint où il
» crut devoir quitter même la Commission des Hospices,
» et se renfermer dans sa famille pour y attendre, dans
» une existence modeste, mais entourée de respect et
» d'amour, sa dernière heure.

» La Providence a voulu qu'elle arrivât trop tôt pour sa
» famille et pour ses amis. Mais une belle mort couronne
» une belle vie. Peu d'hommes ont eu des jours aussi rem-
» plis que le citoyen que nous pleurons ; peu de vies, au-
» tant que la sienne, peuvent être offertes comme modèle
» aux grands et aux petits ; peu d'hommes ont mérité plus
» de respect et plus d'affection ; peu d'hommes, enfin, ont
» été plus véritablement grands, parce que peu d'hommes
» ont été plus réellement sages et bons.

» Toutefois, ce cœur si simple et si modeste ne meurt
» pas tout entier, et laisse des écrits précieux ; et, à moins
» que ses volontés dernières ne les aient condamnés à de-
» meurer des titres de famille, ils pourront donner un
» nouveau lustre à la mémoire du général.

» *Rien de plus simple que le plan de ces récits; ils ne*
» *sont que l'histoire du régiment dans lequel Pierre*
» *Pelleport est entré soldat, et des rangs duquel il est*
» *sorti général, après y avoir conquis tous ses grades.*
» *Mais ce soldat, qui parcourt, en grandissant, l'Es-*
» *pagne, l'Italie, l'Égypte, la Hollande, l'Allemagne*
» *et la Russie, touche à tant de questions, coudoie tant*
» *d'hommes, raconte tant de faits historiques, que l'his-*
» *toire d'une demi-brigade devient, sous sa plume,*
» *l'histoire d'une grande époque.*

» Cet écrivain, Messieurs, c'était le vicomte de Pelle-
» port, homme de foi et de dévouement, quittant Montre-
» jeau en 1793 comme volontaire, servant son pays
» soixante ans, et mourant général de division, ancien
» pair de France, chargé d'honneurs et de gloire, mais
» toujours simple, bon et dévoué à ses amis.

» Puisse sa mémoire rester à jamais gravée dans nos
» cœurs ! et puisse surtout cette belle vie qui vient de
» s'éteindre servir d'exemple à nos enfants; car ce sont
» ces nobles cœurs qui font les grandes nations ! »

DISCOURS DE M. FEGER-KERHUEL.

« Nous adressons le dernier adieu à la dépouille mor-
» telle d'un homme dont la vie militaire fut honorable et
» glorieuse, dont la carrière politique fut empreinte de la
» connaissance profonde qu'il avait des hommes et des
» choses, dont la vie intérieure fut exemplaire, dont les
» fonctions civiles furent nombreuses, gratuites, hospita-
» lières.

» Je ne raconterai pas les remarquables services mili-
» taires de celui qui ne quitta, que pour recevoir les épau-

» lettes de général, le régiment dans lequel il avait par-
» couru tous les degrés de la hiérarchie.

» Ces services, qui le conduisirent en Égypte, en Italie,
» dans le nord de l'Europe, en Espagne, qui virent cha-
» cune de ses campagnes marquée par de profondes bles-
» sures, le soin et l'honneur de le dire appartiennent à
» d'autres voix.

» Mais il me sera permis, à moi qui, pendant plus de
» vingt ans, ai vécu dans l'intimité du général Pelleport ;
» qui fus investi de sa confiance, honoré de son amitié ;
» qui, dans les œuvres où il me fut donné de lui prêter
» mon concours, cherchai toujours à m'inspirer de sa
» haute raison et de son cœur généreux, il me sera permis
» de ramener vos souvenirs sur ses fonctions civiles.

» Conseil municipal, Institution des Sourds-Muets,
» Dépôt de Mendicité, Bureau de Bienfaisance, Commis-
» sion des Hospices, voilà les administrations auxquelles,
» dans notre ville, sa patrie adoptive, le général consacra
» tout le temps dont ses autres fonctions publiques lui per-
» mirent de disposer ! Voilà les fonctions honorifiques dans
» l'exercice desquelles il continua à acquitter la dette qu'il
» pouvait avoir contractée envers le pays, en recevant les
» justes récompenses données à de beaux services ! Voilà
» les administrations dans chacune desquelles son passage
» a laissé des traces, et de profonds comme de reconnais-
» sants souvenirs ! Voyez ces vieillards qui l'ont accom-
» pagné ; ces enfants qui font partie du convoi ! Voyez ces
» respectables Sœurs qui nous entourent !

» Près de deux années se sont écoulées depuis que ces
» dernières fonctions hospitalières ont quitté le général.
» Durant cette période, il aimait à s'entretenir, non de ses
» travaux, mais de ce qu'il y avait encore de bien à faire.

» Son esprit, toujours frais et maître de sa pensée, ne
» cessait d'étudier les questions administratives qui l'avaient
» longtemps et si sérieusement occupé ; ses paroles, sous
» l'inspiration d'une raison puissante et d'un cœur chaleu-
» reux, contenaient toujours de profitables enseignements.

    » La fin du général Pelleport a présenté le reflet de sa
» vie entière : cette vie, digne à tous les points de vue,
» avait été sans reproche. Ses derniers jours ont respiré le
» calme et la sérénité ; ils ont, en même temps, fourni
» une nouvelle preuve des sentiments religieux dont ce
» noble cœur était pénétré.

    » Jeune héritier d'un nom révéré, qui retournez mêler
» vos larmes à celles de votre mère, portez-lui l'assurance
» que l'étendue de sa douleur est comprise, que la dou-
» leur qui l'un et l'autre vous accable est partagée, que les
» amis de votre père sont les vôtres et les siens ! Peut-
» être cette assurance concourra-t-elle, avec les soins de
» votre piété filiale, à lui faire supporter moins pénible-
» ment les chagrins que la loi commune déverse aujourd'hui
» et sur elle et sur vous ! »

    C'est ainsi que s'est terminée cette triste et imposante
cérémonie, et la foule attendrie s'est retirée en emportant
la conviction bien réelle qu'elle ne venait pas seulement de
rendre un dernier devoir à un grand personnage, mais
encore à un honnête homme dont le souvenir vivra éter-
nellement dans le cœur du soldat comme du Bordelais.

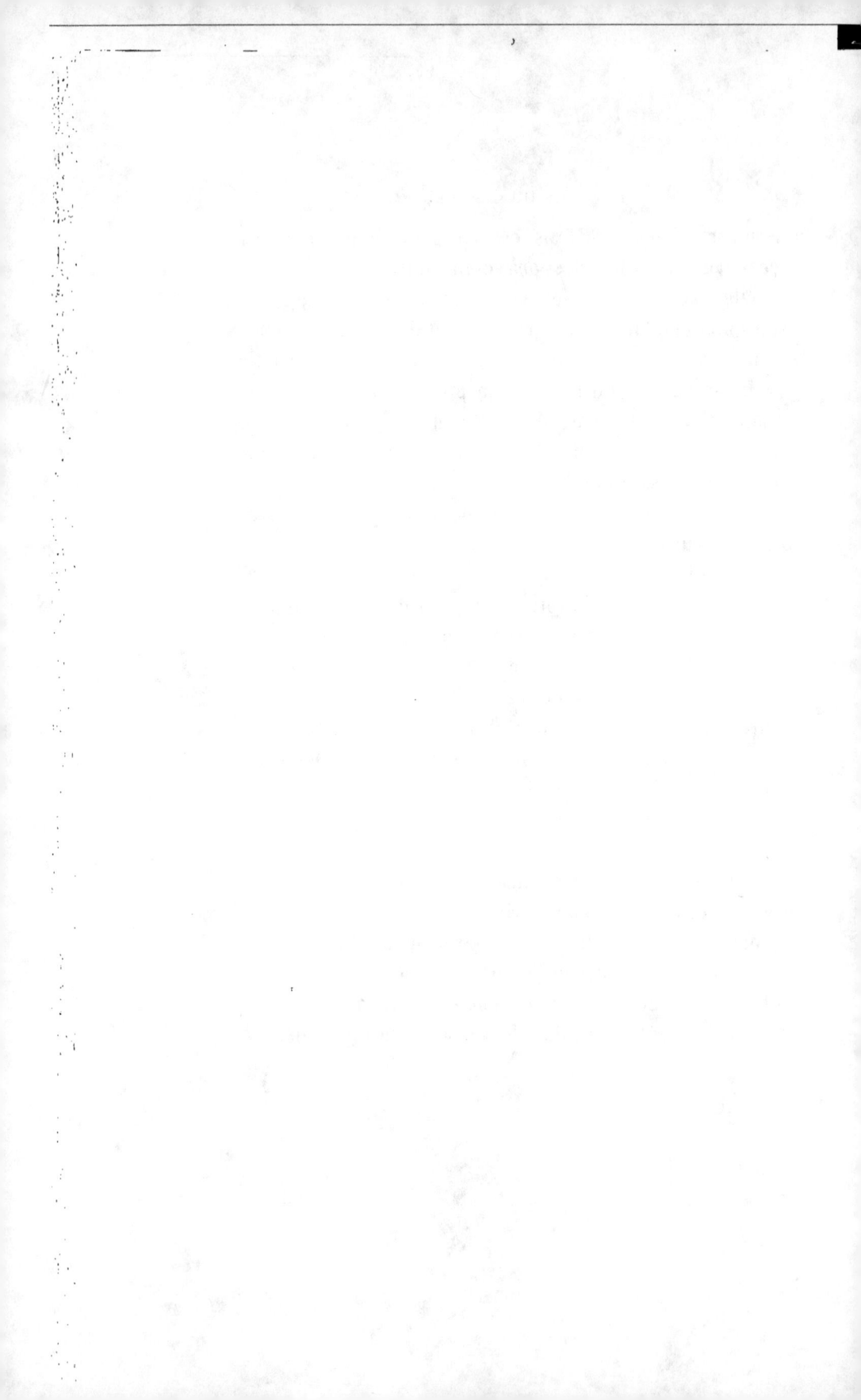

BIOGRAPHIES DU GÉNÉRAL

—~~.~—

EXTRAIT

DES BULLETINS DE LA GRANDE ARMÉE

tome IV, page 394.

—

Le vicomte de Pelleport, pair de France, grand officier de la Légion-d'Honneur, commandeur de l'Ordre royal et militaire de Saint-Louis, chevalier de la Couronne de Fer et de Saint-Ferdinand d'Espagne (4e classe), est né à Montréjeau (Haute-Garonne), le 26 octobre 1773.

Il entra au service comme soldat, dans le 8e bataillon de son département, le 24 juin 1793. Il fit, dans ce corps, les campagnes des Pyrénées-Orientales; il se trouva aux combats de la Perche et du Boulon, et à la prise du fort de Saint-Elme; il fut nommé sous-lieutenant le 5 nivôse an II.

Le 8e bataillon de la Haute-Garonne fut incorporé dans la 18e demi-brigade de ligne à l'époque de l'embrigade-ment général de l'infanterie française. C'est dans ce dernier corps que Pelleport obtint son avancement jusqu'au grade de général de brigade, qui fut la récompense de vingt an-nées de guerre.

Dans les campagnes d'Italie, ans IV et V de la République, Pelleport combattit à Lonano, à Rivoli, à Lonato, à Peschiera, à Arcole, etc. ; il fut nommé lieutenant au choix de ses camarades, et adjudant-major par le conseil d'administration de sa demi-brigade.

Après le traité de Campo-Formio, la 18ᵉ demi-brigade passa en Suisse, et, après la prise de Fribourg et de Berne, il s'embarqua à Toulon pour faire partie de l'armée d'Orient.

Pelleport se trouva à la prise d'Alexandrie, au siège de Saint-Jean-d'Acre, où il fut nommé capitaine, aux batailles des Pyramides, d'Aboukir, d'Héliopolis et de Canope.

Le capitaine Pelleport fut admis dans la Légion-d'Honneur, à la création de cet Ordre (1804).

Il fit les campagnes d'Austerlitz, d'Iéna et d'Eylau, reçut plusieurs blessures dans cette dernière affaire, et fut promu au grade de chef de bataillon à Berlin.

Pelleport commandait le 18ᵉ régiment à Essling ; il fut nommé colonel dans l'île de Lobau, le 31 mai 1809, et, après la bataille de Wagram et de Znaym, il reçut la croix d'officier de la Légion-d'Honneur et le titre de baron.

Dans la campagne de Russie (1812), le 18ᵉ régiment était dans le 3ᵉ corps (maréchal Ney) ; le colonel Pelleport combattit à Valoutina-Gora, où il fut nommé commandeur de la Légion-d'Honneur, à la Moskowa, à Wiasma, à Krasnoë, surnommé le combat des héros ; dans cette dernière affaire, il commandait une brigade composée de trois régiments ; il fut nommé maréchal de camp après la campagne. Présenté déjà à l'Empereur au Kremlin par le maréchal Ney pour être promu à ce grade, Napoléon répondit : « J'ai besoin de mes vieux colonels pour me sortir d'ici. »

Dans la campagne de Saxe (1813), à Lutzen, à Bautzen, à Dresde et à Leipzig, il commandait la 1re brigade de l'artillerie de marine, fut blessé à Schoenweffeld et nommé chevalier de la Couronne de Fer.

En France (1814), il commanda la 1re brigade formée d'une partie des débris de l'armée, 6e corps.

Il se trouva à Wassy, à la Rothière, à Champ-Aubert, à Montmirail, à Vauxchamps, à Max, où il fut blessé. Il commandait la division Lagrange à la bataille de Paris, et fut blessé d'un coup de feu à la poitrine dans les rues de Belleville.

Dans les premiers jours de la Restauration, il prit le commandement d'une brigade de la garnison de Paris, et fut nommé chevalier de Saint-Louis.

En 1815, il fut employé dans le midi de la France.

De 1817 à 1823, le général Pelleport inspecta plusieurs régiments d'infanterie, et reçut le titre de vicomte. Dans la campagne de 1823, il entra en Espagne avec les 24e et 39e régiments de ligne; il commandait la 6e division d'infanterie du corps du maréchal Molitor à Campillo de Arenas, et fut nommé lieutenant général.

De 1824 à 1830, le général Pelleport fut appelé successivement au commandement du camp de Bayonne, à des commissions de législation, d'administration militaire et de manœuvres, et au Conseil supérieur de la guerre; il fut nommé grand officier de la Légion-d'Honneur et commandeur de Saint-Louis, en récompense de ses travaux.

De 1830 à 1841, le général Pelleport commanda la garde nationale de Bordeaux, puis le camp de Saint-Omer, et, enfin, les 21e et 11e divisions militaires, et inspecta plusieurs régiments d'infanterie.

Le 26 octobre 1841, il passa au cadre de réserve, et fut

élevé à la dignité de pair de France le 25 décembre de la
même année.

Nous n'avons retracé ici que bien sommairement les
principaux événements de la vie militaire du vicomte de
Pelleport. Cet officier général, de 1793 à 1823, c'est-à-
dire pendant une période de trente ans de services, a assisté à plus de cent combats ou batailles rangées, et reçu
plus de trente blessures. Doué d'un jugement sain, d'un
esprit cultivé et précis, d'un caractère plein de noblesse et
dégagé de toutes préoccupations politiques, il serait à désirer que le général consacrât les loisirs de sa belle carrière
à retracer la part glorieuse qu'ont prise, dans les guerres
de la République et de l'Empire, le 18e régiment de ligne
et les autres troupes placées sous son commandement. Ces
documents seraient d'autant plus précieux, que l'histoire
des légions républicaines et celle des légions impériales
n'ont été retracées que pour servir de relief à la gloire des
chefs de l'armée.

EXTRAIT

DE LA REVUE GÉNÉRALE BIOGRAPHIQUE ET NÉCROLOGIQUE

1847

Né à Montrejeau (Haute-Garonne), le 26 octobre 1773,
Pierre Pelleport entra au service, le 24 juin 1793, comme
simple soldat [1] lors de la levée en masse des premières an-

[1] Le général Pelleport n'est pas le seul de sa famille qui ait servi
la France sur les champs de bataille; deux de ses frères ont servi

nées de la Révolution. Il fit, dans le 8ᵉ bataillon de son département, les campagnes des Pyrénées-Orientales, s'y distingua dans plusieurs affaires, notamment dans les combats de la Perche et du Boulon; se fit aussi remarquer à la prise du fort de Saint-Elme, et obtint l'épaulette de sous-lieutenant le 5 nivôse an II.

Passé dans la 18ᵉ demi-brigade de ligne, dans laquelle fut incorporé le 8ᵉ bataillon de la Haute-Garonne, il prit part aux campagnes d'Italie en l'an IV et l'an V, combattit à Lonano, à Rivoli, à Lonato, à Peschiera, à Arcole, etc., et fut nommé lieutenant d'après l'élection de ses camarades, et adjudant-major par le conseil d'administration de sa demi-brigade. A la suite du traité de Campo-Formio, il passa en Suisse avec la même 18ᵉ demi-brigade, contribua à la prise de Fribourg et de Berne, et s'embarqua à Toulon pour faire partie de l'expédition d'Égypte.

dans la marine, où ils sont devenus, l'un capitaine et l'autre lieutenant de vaisseau; trois autres ont servi dans l'armée de terre; un sixième fut tué dans les Pyrénées-Orientales.

Un frère du général, officier de marine depuis 1791, se fit remarquer, dans de nombreux engagements contre les Anglais, auxquels il prit part, par son courage et ses talents. Sa brillante conduite dans le combat d'Algésiras, où il reçut une grave blessure, lui valut le grade de lieutenant de vaisseau.

Lors du bombardement de Cadix en 1823, il commandait le vaisseau *le Colosse,* monté par l'amiral Duperré.

Nommé au commandement de la frégate *la Clorinde,* il se rendit, avec ce bâtiment, aux Antilles en 1825.

M. Pelleport, dont la santé était depuis longtemps affaiblie par les fatigues qu'il avait éprouvées dans ses campagnes, est mort à Paris le 7 juillet 1827, laissant dans une profonde affliction sa famille et ses nombreux amis. Le capitaine de vaisseau Pelleport était chevalier de Saint-Louis, officier de la Légion-d'Honneur, chevalier de Saint-Ferdinand d'Espagne (2ᵉ classe), et commandeur de l'Ordre d'Isabelle-la-Catholique.

Pelleport prit part à la prise d'Alexandrie, au siége de
Saint-Jean-d'Acre, où il fut blessé et nommé capitaine,
enfin aux batailles des Pyramides, d'Aboukir, d'Héliopolis
et de Canope.

De retour en France, il fut compris (1804) dans la première promotion de la Légion-d'Honneur, et appelé, lors
de la reprise des hostilités, à faire les campagnes d'Autriche, de Prusse, de Pologne; participa, en conséquence,
aux batailles d'Austerlitz, d'Eylau, où il reçut trois blessures, et à celle d'Iéna, qui lui valut l'épaulette de chef
de bataillon, de plus une honorable dotation, que l'Empereur accompagna d'éloges d'autant plus flatteurs, que
cette bouche ne les prodiguait pas.

La bataille d'Essling lui fournit une nouvelle occasion de
se distinguer; il y conquit, aux applaudissements des braves
du 18ᵉ régiment qui avaient combattu sous ses ordres, le
titre de colonel, qui lui fut donné dans l'île de Lobau, le
31 mai 1809. A Wagram, il fut fait officier de la Légion-
d'Honneur, et, à Znaym, Napoléon le nomma baron de
l'Empire avec une dotation nouvelle.

Pendant la campagne de Russie, placé dans le corps du
maréchal Ney [1], il se couvrit de gloire à l'affaire de Valoutina-Gora, et obtint, sur ce terrible champ de bataille, la
croix de commandeur de la Légion-d'Honneur; combattit
encore à la Moskowa, à Wiasma, à Krasnoë, cette journée
des héros, où il commandait une brigade composée de
trois régiments. Sur la proposition du prince de la Moskowa, qui l'avait déjà proposé au Kremlin à l'Empereur,
mais auquel Napoléon avait répondu : « J'ai besoin de mes
» vieux colonels pour sortir d'ici », il fut promu, après

[1] C'était le 3ᵉ corps de l'armée.

cette campagne, au grade de maréchal de camp, emploi qu'il avait déjà rempli durant la campagne. C'est en cette qualité que, dans la campagne de Saxe (1813), il assista aux batailles de Lutzen, Bautzen et Leipzig, où il commandait la première brigade de l'artillerie de marine ; fut blessé à Schoenweffeld, et décoré de la croix de chevalier de la Couronne de Fer.

Il regagna ensuite nos frontières, et, quoique à peine rétabli, prit part à cette admirable campagne de France, où l'Empereur, se reproduisant sans cesse comme par enchantement, sut, pendant plusieurs mois, tenir tête à des forces supérieures qui s'acharnaient sur un ennemi devant lequel elles avaient tremblé si longtemps. Le général Pelleport commandait alors (1814) la première brigade, formée par une partie des débris du 6e corps. Il se trouva à Vassy, à la Rothière, à Champ-Aubert, à Montmirail, à Vauxchamps, à Max, où il fut blessé. A la bataille de Paris, il commandait la division Lagrange, et reçut un coup de feu à la poitrine dans les rues de Belleville.

A la première Restauration, il fut nommé chevalier de Saint-Louis et investi du commandement d'une des brigades de la garnison de Paris. Au moment où l'Empereur débarqua à Cannes, il se trouvait à Grenoble comme inspecteur général. Il répondit que ses lettres de service étaient signées Louis XVIII, et qu'il ne pouvait consentir à se rendre auprès de l'Empereur. Il passa sous les ordres du duc d'Angoulême jusqu'à la capitulation de la Palud, se mit ensuite à la disposition du ministre de la guerre, et en reçut des lettres de service ; mais sur ces entrefaites eut lieu la bataille de Waterloo, et le général Pelleport rentra dans ses foyers.

Le duc d'Angoulême, au second retour des Bourbons,

n'oublia pas la loyale conduite de ce général. Le Dauphin
l'attacha à l'armée d'Espagne (1823), lui donna le commandement de la 6º division d'infanterie du corps du maréchal Molitor à Campillo de Arenas, et le fit nommer
lieutenant général après la victoire remportée dans ce
dernier lieu. Le Roi lui accorda ensuite le titre de vicomte
et la croix de grand officier de la Légion-d'Honneur. Celle
de commandeur de Saint-Louis lui fut donnée au camp de
Saint-Omer. La croix de Saint-Ferdinand de 4º classe lui
avait été conférée par le Roi d'Espagne, après la campagne
de 1823. Enfin, le vicomte Pelleport fut appelé à faire
partie du Conseil supérieur de la guerre.

Après la révolution de 1830, le général de Pelleport resta
chez lui; mais ayant été réclamé par la population bordelaise pour commander la garde nationale de cette ville, il
l'organisa et ne cessa qu'au bout de trois ans de la commander. En 1834, son nom fut replacé sur le cadre d'activité. De cette époque à 1841, il a été successivement
nommé inspecteur général et commandant supérieur du
camp de Saint-Omer, et appelé au commandement des
21º et 11º divisions militaires. Nommé, en 1841 (25 décembre), membre de la Chambre des pairs, il avait quitté
le commandement pour passer, le 26 octobre précédent,
au cadre de réserve.

Ajoutons encore que, depuis 1830, le noble pair a
exercé durant douze ans les fonctions de conseiller municipal de Bordeaux, et celles de président de la Commission
des Hospices de la même ville, qu'il remplit encore aujour-
d'hui.

Le nom, enfin, de cet officier général, inscrit sur le côté
droit de l'Arc-de-Triomphe, y brille dignement parmi les
noms les plus chers au pays, et qui, dans une période de

plus de cinquante ans, ont le plus honoré nos fastes militaires. Et quant à ces fastes mêmes, il serait à souhaiter
qu'un officier général qui a assisté comme M. de Pelleport à
plus de cent combats, où il a reçu plus de trente blessures,
se décidât à consacrer ses loisirs à retracer, d'une main qui
ne pourrait qu'être impartiale, la part glorieuse que les
troupes placées sous son commandement, notamment le
18ᵉ de ligne, ont prise aux guerres de la République et de
l'Empire.

FRÉDÉRIC DEVILLE.

FIN DU TOME SECOND.

TABLE

DES

MATIÈRES CONTENUES DANS LE SECOND VOLUME.

———ᗱᗺᗱ———

CHAPITRE Ier.

Campagne de Russie ; la Moskowa.

1812.

CHAPITRE VI.

Campagne d'Espagne.

1823.

PIÈCES COMPLÉMENTAIRES.

Obsèques du Général.

Extrait des journaux de Bordeaux, 17 décembre 1856.

Biographies du Général.

FIN DE LA TABLE DU TOME SECOND.

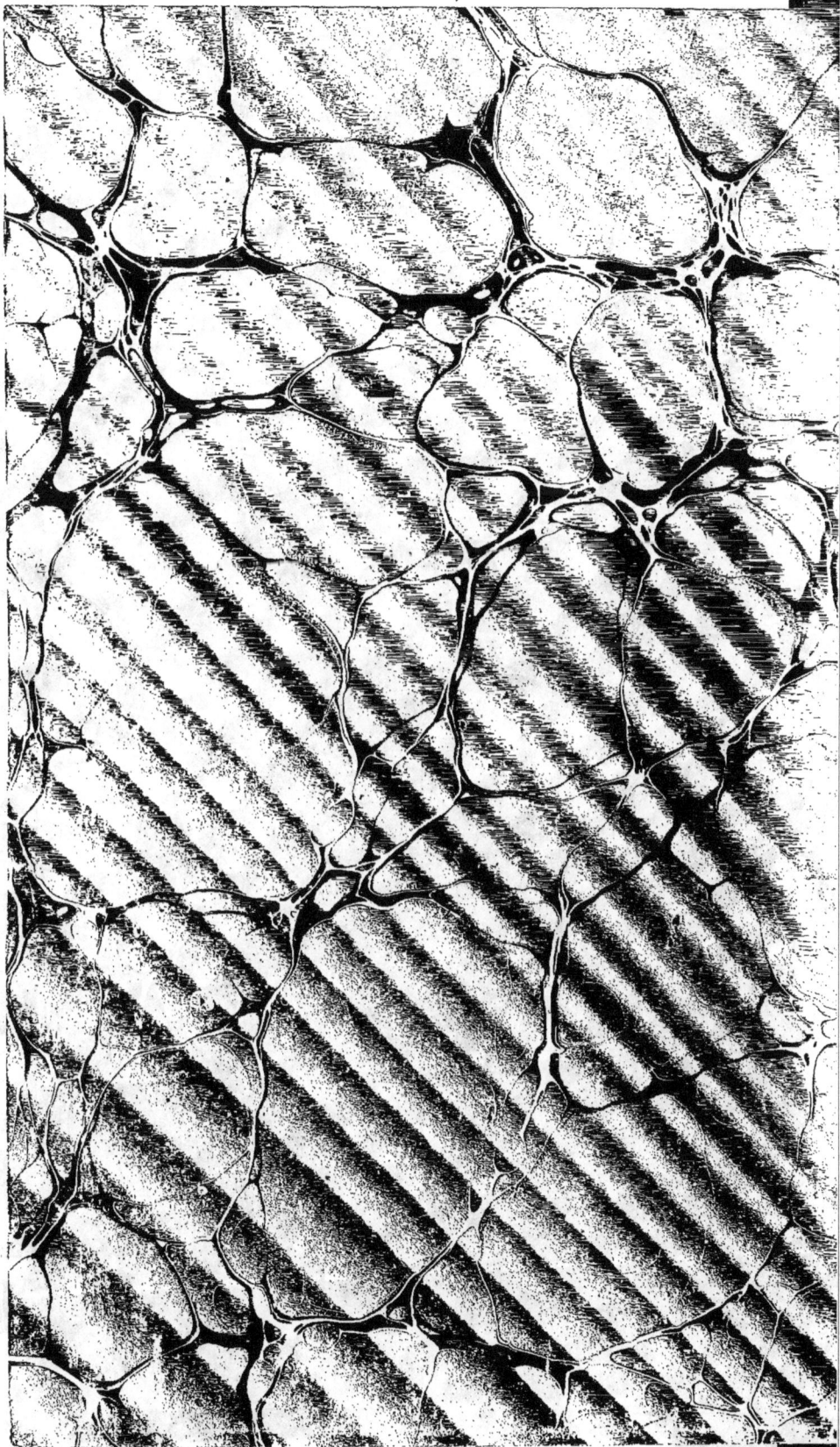